St. Johannis

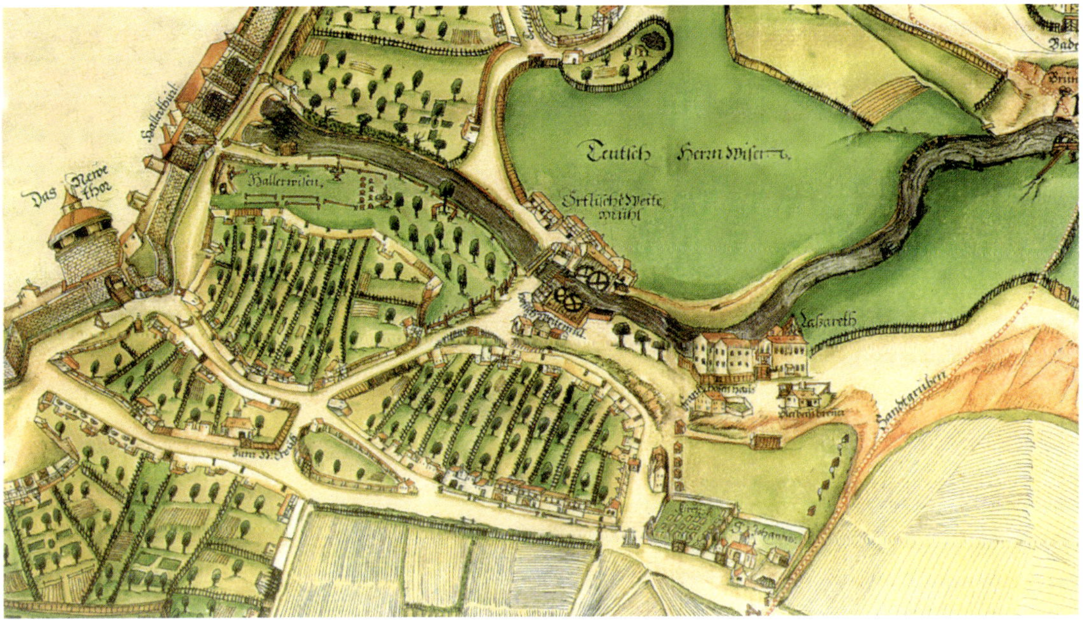

NÜRNBERGER STADTTEILBÜCHER
Herausgegeben von Geschichte Für Alle e.V. -
Institut für Regionalgeschichte
Nr. 7

Zum Gedenken an Andrea Mahler († 16. 11. 2000)

Wiesentalstr. 32
90419 Nürnberg

1. Auflage, Nürnberg 2000
Gestaltung: Norbert Kühlthau, Nürnberg
Druck: Druckhaus Oberpfalz, Amberg

ISBN 3-930699-21-4

Bernd Windsheimer
Martin Schieber
Alexander Schmidt

St. Johannis

Geschichte eines Stadtteils

mit Beiträgen von
Dorothea Freese, Matthias Honold, Mary Küst,
Andrea Mahler, Christian Jörg Zink

Geschichte Für Alle e.V –
Institut für Regionalgeschichte

Inhalt

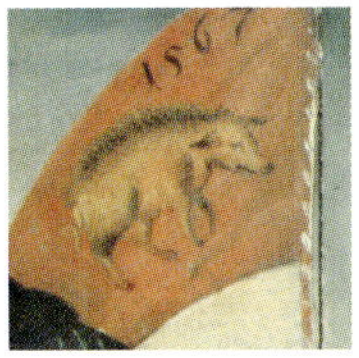

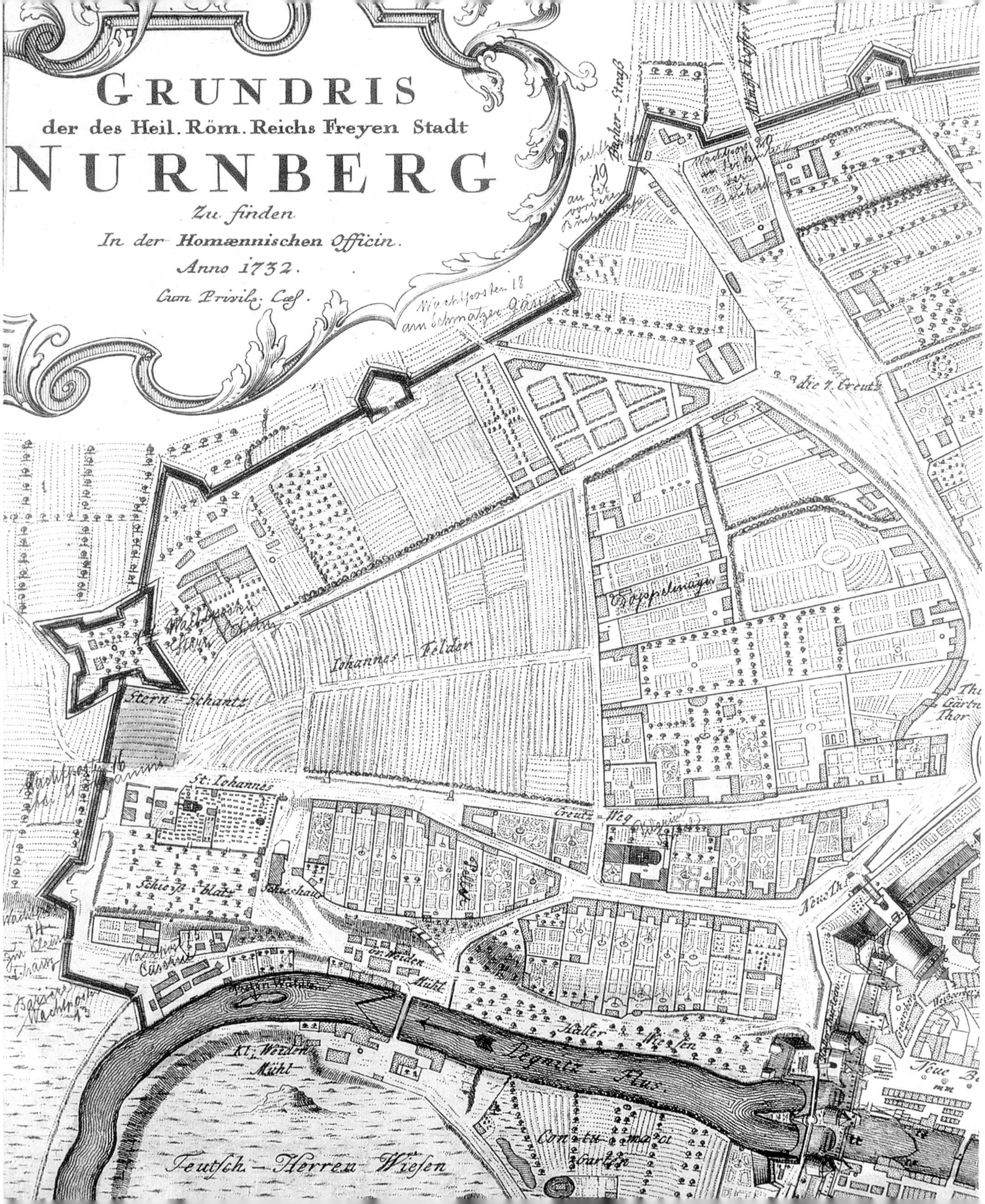
GRUNDRIS
der des Heil. Röm. Reichs Freyen Stadt
NURNBERG
Zu finden
In der Homænnischen Officin.
Anno 1732.
Cum Privile: Caes.
Stern Schantz
Johannes Felder
St. Johannes
Schieß Blatz
Creutz Weg
Haller Wiesen
Legnitz Flus
Teutsch Herren Wiesen

Editorial

Die wbg-Siedlung St. Johannis, Kirschgartenstraße Ecke Krugstraße.
FOTOGRAFIE UM 1927.

(Links) St. Johannis im Jahr 1732. Ausschnitt aus einem Stadtplan der berühmten Nürnberger Homannschen Kartenoffizin.
KUPFERSTICH.

Mit *St. Johannis – Geschichte eines Stadtteils* legt Geschichte Für Alle e.V – Institut für Regionalgeschichte den siebten Band seiner Reihe Nürnberger Stadtteilgeschichten vor. Der wohl schönste und historisch bedeutendste Nürnberger Stadtteil außerhalb der Altstadt kann mit einer Vielzahl interessanter Themen aufwarten: Angefangen mit dem berühmten Johannisfriedhof, den Aquarellen Albrecht Dürers, den Kreuzwegstationen Adam Krafts, der großen Gartenkultur der Hesperidengärten und der Vielzahl für die Stadt wichtiger Gesundheitseinrichtungen bis hin zur Denkmalswerkstatt Daniel Burgschmiets, der bedeutenden Bleistiftindustrie und den Villen und Arbeiterquartieren. Nicht zuletzt errichtete die Wohnungsbaugesellschaft der Stadt Nürnberg (wbg) ab Mitte der 1920er Jahre am Sandberg eine Siedlung mit über 1.000 Wohnungen, welche die Presse damals begeistert als „beste Anfänge (…) einer ganz neuzeitlichen Wohnkultur" beschrieb.
Die wbg der Stadt Nürnberg ermöglichte durch ihre finanzielle Unterstützung auch die Erarbeitung und die hochwertige Ausstattung dieses Buches. Nach Langwasser und dem Nürnberger Nordosten mit der Siedlung Nordostbahnhof ist St. Johannis bereits der dritte Band der Nürnberger Stadtteilgeschichten, der in Zusammenarbeit mit der wbg entstand. Diese Bücher machen deutlich, wie stark die engagierte Wohnungsbau- und Siedlungspolitik der Wohnungsbaugesellschaft der Stadt Nürnberg seit ihrer Gründung im Jahr 1918 die Nürnberger Stadtteile und damit auch die Gesamtstadt geprägt hat.

Unser Dank gilt daher an erster Stelle der wbg mit deren Geschäftsführern Peter H. Richter und Ernst Voigt sowie Dieter Barth, in dessen Händen die Koordination lag.
Des weiteren danken wir all jenen Menschen und Einrichtungen, die mit Rat und Tat, der Bereitschaft zum Gespräch und der Ausleihe von Bildmaterial zum Zustandekommen des Buches beigetragen haben:
Diakoniearchiv Neuendettelsau, dem Germanischen Nationalmuseum, Herrn Helfrecht von der Graphischen Sammlung der Museen der Stadt Nürnberg, Frau Jakir (Grundschule Schnieglinger Straße), dem Katholischen Pfarramt St. Michael, Susanne Kaiser (Firma Schöller), Herrn Kupfer (VP Leonhardy), Frau Kurz (H. C. Kurz), Matthias Mende, Herrn Päch (Turn- und Sportverein Johannis 1883), Pfarrer Hirschmann, Pfarrer Jurkat und Matthias Müller vom Evangelischen Pfarramt St. Johannis, Herrn Piechula (Friedhofsverwaltung St. Johannis und St. Rochus), Uwe von Poblocki, Herrn Pscherer (Sportvereinigung Johannis 07), Herrn Rudnau (Firma Lyra), Lucia Schraudolf, Herrn Streng, Herrn Werner (Firma Staedtler), den Mitarbeitern des Stadtarchivs Nürnberg und der Stadtbibliothek Nürnberg.

Geschichte Für Alle e.V. –
Institut für Regionalgeschichte

St. Johannis

Nürnbergs schönster Stadtteil?

Festschießen auf dem Schießplatz St. Johannis vom 12. bis 14. Oktober 1842 anläßlich der Vermählung des Kronprinzen Maximilian von Bayern.
LITHOGRAFIE VON BUCHNER, 1842.

Ohne die anderen Nürnberger Stadtteile hintanstellen zu wollen, kann dennoch behauptet werden, daß St. Johannis etwas Besonderes ist. Seine Nähe zur Altstadt und seine zahlreichen Spuren aus reichsstädtischer Zeit lassen es wie keinen anderen Stadtteil zum Ziel von Besuchern und Touristen werden. Sowohl Nürnberger selbst als auch Reisende aus aller Herren Länder sind beim Streifzug über den Johannisfriedhof anzutreffen, wo sie sich auf die Suche nach den Gräbern der „großen" Nürnberger Albrecht Dürer, Veit Stoß oder Ludwig Feuerbach begeben. Vielleicht verweilen sie anschließend auch bei einem Kaffee in einem der Barockgärten und lassen sich von den Brunnen, Statuen und Gartenanlagen zum Träumen von einer scheinbar besseren Zeit verführen. Doch Friedhof und Hesperidengärten sind nur ein Aspekt der Geschichte und Gegenwart von St. Johannis. Ein Streifzug durch die Vergangenheit des Stadtteils bietet auch Gelegenheit, einiges über die Geschichte des Gesundheits- und Fürsorgewesens zu lernen, sich über die Bedeutung der Nürnberger Bleistift- und Pinselindustrie zu informieren oder etwas über den Wohnungsbau der Weimarer Republik zu erfahren. Neben einem Gartenenthusiasten des frühen 18. Jahrhunderts begegnet der Spaziergänger durch die Johanniser Geschichte auch Persönlichkeiten wie einem herausragenden, heute aber vergessenen Radierer oder einem Bildhauer und Bronzegießer, dessen Werkstatt zahlreiche deutsche und europäische Denkmäler des 19. Jahrhunderts entstammten. All diese Facetten versucht dieses Buch mit seinen Texten und zahlreichen Abbildungen in einem bunten Mosaik der Geschichte von St. Johannis einzufangen.

Wie Wöhrd oder Gostenhof zählte St. Johannis zu den Vorstädten der Reichsstadt Nürnberg und lag an einer der großen Handelsstraßen, über die buchstäblich der wirtschaftliche Erfolg Nürnbergs rollte. Die Kaufmannszüge von und nach Frankfurt und damit in den europäischen Nordwesten passierten hier seit dem 13. Jahrhundert einen Siechkobel: Ein nicht gerade „angenehmer" Kern des heute eher als „vornehm" geltenden Stadtteils, denn in den Siechköbeln, die an den großen Ausfallstraßen Nürnbergs entstanden, wurden die an der äußerst ansteckenden Lepra (Aussatz) erkrankten Menschen vom Rest der Bevölkerung separiert.

Zum Siechkobel gesellten sich bald weitere Einrichtungen der sozialen und Gesundheitsfürsorge: Die Familie Haller stiftete Mitte des 14. Jahr-

(Links) Blick über die seit dem 14. Jahrhundert zum Siechkobel St. Johannis gehörenden Johannisfelder auf die Lange Zeile, im Hintergrund die Burg.
GOUACHE VON FRIEDRICH ALBERT ANNERT (1759-1800), ENDE 18. JAHRHUNDERT.

St. Johannis um 1580.

Ausschnitt aus dem Rundprospekt der Nürnberger Landwehr von Steffan Gansöder. Holzschnitt.

hunderts die Pilgerherberge Heilig-Kreuz, die jahrhundertelang Wallfahrern Obdach bot. Neben dem Friedhof des Siechkobels, aus dessen Kapelle die für den Stadtteil namengebende Johanniskirche hervorging, richtete 1395 der Nürnberger Rat einen Pestfriedhof ein, der ab 1518 die Toten der gesamten Sebalder Stadt aufnahm und immer wieder erweitert wurde. Mit seinen liegenden Grabsteinen und den auf ihnen angebrachten Epitaphien gehört er heute zu den sehenswertesten Friedhöfen Europas und bietet wie ein aufgeschlagenes Bilderbuch ein Spiegelbild der Stadtgeschichte. Im 16. Jahrhundert folgten das Sebastianspital – Deutschlands erstes Pestspital – und das „Franzosenhaus" für an Syphilis erkrankte Menschen. 1897 etablierte sich St. Johannis mit dem Bau des neuen Städtischen Klinikums an der Flurstraße erneut als der „Gesundheits-Stadtteil" Nürnbergs.

„Der Gottesacker zu St. Johannis, eine Viertelstunde von Nürnberg".
Kupferstich von Johann Adam Delsenbach, 1717.

Der Wacht Posten bei St. Johannes.

„Der Wacht-Posten bei St. Johannis". Die ehemalige Handelsstraße nach Frankfurt war an den Schanzen – heutige Kreuzung Brückenstraße/ Kirchenweg – mit einer Schranke und einem Wachhäuschen versehen, die von einem Soldaten bewacht wurde.
Kupferstich von Georg Christoph Gottlieb von Bemmel, 18. Jahrhundert.

Im ausgehenden Mittelalter entdeckten die Nürnberger aber auch die Vorzüge der Lage von St. Johannis. Hier, im sogenannten Burgfrieden der Reichsstadt, wo eine dichte Bebauung aus verteidigungstechnischen Gründen nicht erwünscht war, blühte eine Gartenkultur auf, deren Reste bis heute zu bewundern sind. Trotz der mehrmaligen Zerstörung der Gärten in den Markgrafenkriegen und im Dreißigjährigen Krieg entstanden sie immer wieder neu, geprägt vom jeweiligen Geschmack der Zeit. Johann Christoph Volkamers Buch „Nürnbergische Hesperides" setzte dem Faible der Nürnberger Bürger für ihre Gärten ein hervorragendes Denkmal.

Unter den Gartenbesitzern fand sich auch Albrecht Dürer, dessen Schaffen es zu verdanken ist, daß St. Johannis einen außerordentlichen Rang in der Kunstgeschichte einnimmt, entstanden doch hier die ersten Landschaftsaquarelle der deutschen Kunstgeschichte. Doch nicht nur Dürer, sondern auch Adam Kraft ist der kunsthistorische Ruhm von St. Johannis zu verdanken, da er um die Wende vom 15. zum 16. Jahrhundert mit seinen Kreuzwegstationen eine Verbindung zwischen Stadt und Vorstadt herstellte.

Bis ins 19. Jahrhundert hielten Künstler immer wieder den Blick von St. Johannis aus über die Johannisfelder zur Nürnberger Kaiserburg hin fest – eine Ansicht, die zu den schönsten Burgblicken zählt, heute aber durch die dichte Bebauung des Stadtteils nur noch von wenigen Punkten, etwa vom Turm der Friedenskirche aus, genossen werden kann.

Einmal, im Jahr 1796, wurden die Verbindungslinien zwischen Stadt und Vorstadt gekappt, als Preußen, das per Erbfolge die fränkischen Markgrafentümer der Hohenzollern erhalten hatte, die komplizierten Rechtsverhältnisse Frankens im Handstreich beseitigte und die alten Ansprüche der Hohenzollern auf das Nürnberger Umland militärisch durchsetzte. Die Preußen bauten die Fürther Straße neu und degradierten damit die Johannisstraße zu einer Nebenstraße. 1806, als sowohl St. Johannis und Nürnberg selbst Teil des Königreichs Bayern geworden waren, war diese unnatürliche Trennung wieder beseitigt.

Langsam kündigte sich eine neue Zeit an, die auch das Gesicht von St. Johannis gänzlich verändern sollte. Zwar entstand der neue Hauptbahnhof Nürnbergs nicht wie zeitweilig geplant vor dem Neutor – und damit in St. Johannis –, sondern vor dem Frauentor, doch ließen sich zahlreiche Gewerbebetriebe in der Vorstadt nieder. So entwickelte sich St. Johannis mit Firmen wie Lyra oder Staedtler zum Zentrum der Nürnberger Bleistiftindustrie, gab aber auch Pinsel-, Munitions- oder Nachtlichtproduzenten eine Heimat. Parallel zur Industrialisierung wuchs das 1825 von der Vorstadt zum Stadtteil mutierte St. Johannis zum dichtbebauten Wohnbezirk. Bei der großen Eingemeindungswelle von 1899 wurde auch das heutige St. Johannis westlich der Brückenstraße – damals noch Neuwetzendorf genannt – Teil des Nürnberger Stadtgebiets.

Mit der Bebauung verschwanden nach und nach große Teile der Johanniser Gärten, auch wenn

St. Johannis um 1870. Die Bebauung wird noch klar von den Pegnitzauen, dem Johannisfriedhof und den Johannisfeldern (rechts) begrenzt. In den ehemaligen Gärten sind bereits die Fabrikschlote zu erkennen. Das kleine Wäldchen in der Bildmitte steht auf dem ehemaligen Schießplatzgelände.
Ausschnitt aus einer Fotografie von Ferdinand Schmidt, um 1870.

im „Villenquartier" um die Campestraße eine großzügige Bebauung mit viel Grünflächen vorherrschte. Im Bereich des Sandbergs, also zwischen Pegnitz, Brücken- und Johannisstraße, wuchsen dagegen dichtbebaute Arbeiterwohnbezirke empor. In diesem Bereich errichtete die städtische Wohnungsbaugesellschaft (wbg) in den zwanziger Jahren des 20. Jahrhunderts eine große zeitypische Wohnsiedlung, die eine beachtliche Leistung in schwierigen Zeiten darstellt.

Diese Trennung von St. Johannis in ein bürgerliches Quartier und ein Arbeiterviertel spiegelte sich in den Wahlen während der Weimarer Republik und noch am 5. März 1933 wider, als der „rote" Sandberg in der Mehrzahl SPD oder KPD wählte, während das bürgerliche St. Johannis weitaus häufiger der NSDAP seine Stimmen gab. Die häßliche Fratze der Verfolgung Andersdenkender, von Rassismus und Antisemitismus zeigte sich auch in St. Johannis, etwa bei der Verschleppung von Kommunisten oder Sozialdemokraten in Konzentrationslager oder bei der Reichspogromnacht 1938, als unter anderem die Villa der Familie Kohn in der Campestraße verwüstet wurde. Die Kohns waren 1850 die erste jüdische Familie, die sich seit 1499 wieder in Nürnberg niederlassen durfte. Auch St. Johannis brachte der Zweite Weltkrieg Todesopfer und Zerstörung von Baudenkmälern, wie des Heilig-Kreuz-Spitales.

Der Wiederaufbau der Nachkriegsjahre, die Zeit des Wirtschaftswunders und der Wandel in Industrie und Gewerbe veränderten das Bild des Stadtteils bis in die Gegenwart erneut: Alte Fabrikanlagen verschwanden und machten Wohnungen Platz, die wiederum „trendiges" Publikum anzogen. So blieb St. Johannis ein „Stadtteil mit Weltruhm", der dennoch kein Museum, sondern lebendiges Lebensumfeld mit verschiedensten Facetten und vielleicht Nürnbergs schönster Stadtteil ist.

Der Johannisfriedhof

Ursprung und Endstation

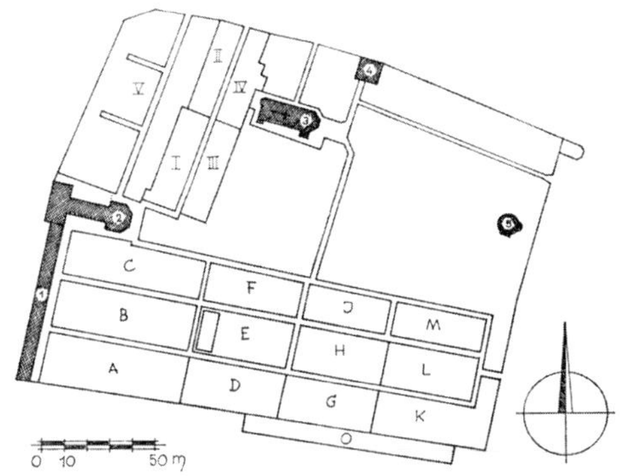

Nicht nur Liebhabern morbiden Charmes und außergewöhnlicher Grabmalskunst ist der Johannisfriedhof ein Begriff. Bei einer Aufzählung der eindrucksvollsten und interessantesten Begräbnisstätten Europas findet sich der Johanniser Friedhof stets unter den ersten drei: Oft wird er in einem Atemzug mit dem Prager Judenfriedhof und dem Wiener Zentralfriedhof genannt. Die große Anziehungskraft dieses Friedhofes hat viele Gründe. Neben dem ganz speziellen Reiz der streng axial ausgerichteten Reihen liegender Grabsteine ist hier die kunsthistorische Bedeutung des Johannisfriedhofes zu nennen, die in der Ausgestaltung der Epitaphien sowie der Ausstattung der Johanniskirche und der Holzschuherkapelle faßbar wird. Jedoch kommt nicht nur der Kunstliebhaber bei einem Besuch des Johannisfriedhofes auf seine Kosten. So eröffnet sich dem Friedhofsbesucher ein Blick auf die Nürnberger Stadtgeschichte aus der Perspektive einer kleinen Ansiedlung vor den Toren der mittelalterlichen Stadt. Daß St. Johannis samt seinem Friedhof, dessen historische Keimzelle der Siechkobel auf dem Johannisfriedhof war, seit 1520 an Bedeutung für Nürnberg gewinnen sollte, auch dies verrät der Friedhof dem aufmerksamen Besucher. Denn jahrhundertelang fanden an diesem Ort Abertausende von Nürnbergern aus der Sebalder Stadthälfte in rund 6.500 Gräbern ihre letzte Ruhestätte. Wie schon vor Jahrhunderten werden hier Menschen unterschiedlichsten Standes und Ansehens bestattet, erreichen mehr oder minder bewegte Existenzen ihre Endstation.

Der Johannisfriedhof ist ein regulärer Kirchfriedhof der evangelisch-lutherischen Altstadtgemeinden zur gesamten Hand, der jedem Kirchenmitglied offensteht. Doch dieses Angebot wird seit Beginn der 1990er Jahre immer weniger genutzt, so daß die Friedhofsverwaltung aufgrund der rückläufigen Grabbelegung bei entsprechender Nachfrage heute wieder neue Grabbriefe ausstellen könnte. Unabhängig vom Zweck des Friedhofsbesuchers – sei es das Grab eines Angehörigen zu pflegen, eine der größten Sehenswürdigkeiten Nürnbergs zu besuchen oder einfach einen Sonntagsspaziergang zu unternehmen – erliegt man leicht dem Charme des Johannisfriedhofes und seinen mit den Jahreszeiten wechselnden Reizen.

Blick über den Johannisfriedhof mit der Holzschuherkapelle über die Vorstadt auf die Nürnberger Burg.
Fotografie von Ferdinand Schmidt, um 1880.

(Oben) Plan des Johannisfriedhofes.

Bewegte Geschichte einer letzten Ruhestätte

Der Johannisfriedhof ist nicht der erste Friedhof Nürnbergs, denn hier sind in erster Linie die Kirchhöfe von St. Sebald und St. Lorenz zu nennen. Erst 1518 verknüpft ein Ratsbeschluß den Johannisfriedhof offiziell mit der Reichsstadt Nürnberg. Wie andernorts auch, wurden die Toten der Stadt ursprünglich in geweihter Erde, also innerhalb der Gotteshäuser, im Kreuzgang oder je nach Ansehen auch im Vorhof der Kirchen St. Sebald oder St. Lorenz bestattet. Diese Kirchhöfe erreichten jedoch infolge des schnellen Wachstums der Stadt einerseits und durch die Folgen von Epidemien andererseits rasch die Grenzen ihrer Aufnahmefähigkeit. An eine Erweiterung der bestehenden Kirchhöfe war durch ihre Lage innerhalb der Reichsstadt Nürnberg nicht zu denken. Durch den Bau der gewaltigen Ostchöre von St. Sebald und St. Lorenz erfuhren die bestehenden Friedhöfe sogar noch wesentliche Gebietsverkleinerungen, so daß es innerhalb der Stadtmauern nicht genügend Platz gab, die Masse der von den Seuchen Dahingerafften zu bestatten.

Das Jahrhundert nach der Einschleppung der Pest nach Europa (1347/48) ging als Zeit der „großen Sterb" in die Annalen ein. Seit jener ersten verheerenden Pestwelle forderte der „Schwarze Tod" auch in Nürnberg immer wieder seinen Tribut. So brach die Seuche mehrfach aus, beispielsweise in den Jahren 1374, 1437, 1462 und 1486. In diesen außerordentlichen Pestzeiten hatte sich der Rat bereits damit beholfen, die Toten nur mehr außerhalb der Stadt begraben zu lassen. Hierzu bot sich ein Geländestreifen in St. Johannis an, der sich in direkter Nachbarschaft zu dem bereits bestehenden Friedhof für die Verstorbenen des Siechkobels rund um die kleine Johanniskirche befand. So wurde im Jahre 1395 auf Betreiben des Rates östlich der Johanniskirche ein Pestfriedhof mit einer kleinen, dem Pestheiligen Stephanus geweihten Kapelle, an deren Stelle sich heute die Holzschuherkapelle befindet, eingerichtet. Im 15. Jahrhundert gelangte man zwischenzeitlich wieder an die Kapazitätsgrenze des Gottesackers bei St. Johannis, so daß bereits 1427, 1437 und 1457 Erweiterungen nötig wurden und damit die beiden getrennten Bestattungsareale, Pestfriedhof und Siechkobelfriedhof, näher zusammenrückten. Daß immer wieder ein enormer Platzbedarf entstand, zeigt die Zahl von mehr als 300 Bestattungen im Jahr 1462 infolge einer Pestepidemie.

Jahrzehnte später verunsicherten Prophezeiungen einer bevorstehenden Pest die Bevölkerung wie die Stadtväter. In weiser Voraussicht und mit banger Vorahnung wurde am 8. November 1518 eine erneute Erweiterung des Johannisfriedhofes beschlossen, gleichzeitig wurde die Errichtung des Rochusfriedhofes in Angriff genommen. Die mit diesen Beschlüssen eng verbundene Schließung des Sebalder und Lorenzer Kirchhofes stieß auf wenig Gegenliebe in der Bevölkerung, daher brauchte es sogar kaiserliche Unterstützung durch Maximilian I. für diese Maßnahmen. Fortan sollten die Toten der Sebalder Stadtseite auf dem Johannisfriedhof, die der Lorenzer Stadtseite auf dem Rochusfriedhof bestattet werden. Damit war Nürnberg eine der ersten Städte, die unter anderem aus seuchenhygienischen Gründen die Friedhöfe vor die Mauern der Stadt verlegte. Diese verwaltungstechnische Teilung erklärt auch, weshalb sich auf dem Rochusfriedhof überwiegend Handwerkszeichen auf den Bronzepitaphien finden, auf dem Johannisfriedhof hingegen neben den Handwerkergräbern viele Patrizierwappen auffallen: Die Sebalder Stadthälfte war traditionell die „vornehmere" Wohngegend. Im Sommer 1520 sollte sich der fortschrittliche Beschluß des Rates erstmals bezahlt machen, da erneut eine große Zahl Pesttoter bestattet werden mußte. Aus diesem Jahr datieren die ältesten liegenden Grabdenkmäler des Johannisfriedhofes.

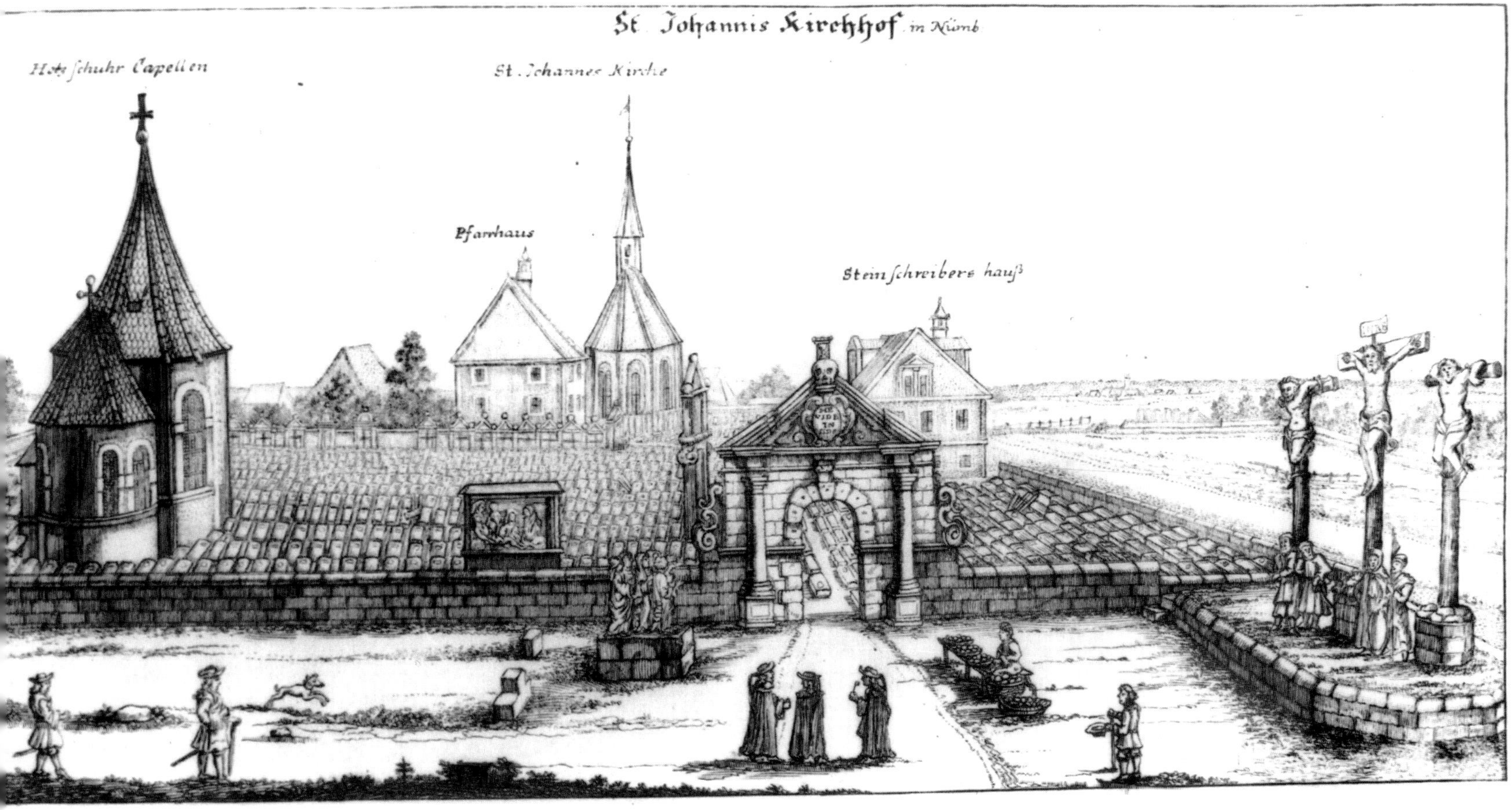

Durch mehrfache Erweiterungen nördlich, vor allem aber südöstlich der Johanniskirche und südwestlich der Pestkapelle wuchsen die drei mittelalterlichen Begräbnisareale des Siechkobels, des Pestfriedhofes und des Anwesens des Johannisbauern langsam zusammen. Noch zwei weitere Gebietsstreifen wurden im 16. Jahrhundert dem Gottesacker zugewiesen, so daß 1592 die Stephanuskapelle, die ursprünglich außerhalb des Friedhofes lag, nun mit in den Kirchhof eingeschlossen wurde. Die mittlerweile störenden Binnenmauern der ehemaligen Bestattungsareale wurden entfernt, wodurch Platz für die benötigten Geh- und Erschließungswege geschaffen wurde und schließlich 1644 endgültig der Dorffriedhof mit dem restlichen Gottesacker verschmolz. In diesem Jahr errichtete man auch das Nordportal, womit der Friedhof seine heutige Ausdehnung in nördlicher Richtung bis an die Johannisstraße erreichte. Durch die Errichtung einer großen Umfassungsmauer und des Ostportales 1662, begann sich der Johannisfriedhof auch nach außen hin als scheinbar einheitlicher Kirchhof zu präsentieren. Jedoch spiegeln die damals eingeführten und heute noch gängigen Bezeichnungen für die einzelnen Friedhofsteile das Bewußtsein für das organische

Der Johannisfriedhof von Osten.
Anonym 18. Jahrhundert. Radierung.

Anwachsen des Friedhofsgebietes wider. So nannte man den ältesten Teil nördlich der Johanniskirche bis zum heutigen Steinschreiberhaus in Erinnerung an die Stelle „do man prediget“ Predigerkirchhof. Gemeint waren vor allem die Gottesdienste anläßlich der von 1575-1663 jährlich stattfindenden Sondersiechenschauen des Siechkobels. Von der Stadtseite kommend wurde der neuere Ostteil bis zur heutigen Holzschuherkapelle als Vorderer Friedhof bezeichnet.

Den Veränderungen des 17. Jahrhunderts ging unter anderem eine Planaufnahme des gesamten Areals mit entsprechenden Erweiterungsvorschlägen durch den Ingenieur Johann Carl im Jahre 1624 voraus. Auch im 18. und 19. Jahrhundert war man gezwungen, den bestattungstechnischen Anforderungen der expandierenden Stadt Nürnberg gerecht zu werden. Weitere Fläche erhielt man durch den Abriß des alten Steinschreiberhauses, das an günstigerer Stelle rund 20 Meter nördlich (Johannisstraße 55) neu errichtet wurde. 1807 wurde der Siechkobel aufgelöst und verkauft. Das Hauptgebäude in unmittelbarer Nähe der Johanniskirche wurde noch bis zu seinem Abbruch 1888 als „Wirtshaus zum Schwarzen Adler“ genutzt. Durch weitere Flächengewinne kam der sogenannte Hintere Kirchhof in westlicher und später südlicher Richtung hinzu. Damit grenzte der Friedhof direkt an das Übungsgelände der Schützengesellschaft und Bürgerartillerie. Die ungewöhnliche Nachbarschaft des ruhe- und andachtgebietenden Gottesackers mit dem Schießplatz, auf dem am Ende des Dreißigjährigen Krieges das große Friedensfeuerwerk präsentiert wurde, ging 1856 nach dem Abbruch des Herrenschießhauses zu Ende. Das freigewordene Areal des ehemaligen Schießplatzes wurde in den Friedhof miteinbezogen. Ab 1860 wurden auf diesem neuen Friedhofsteil Bestattungen durchgeführt, wobei die alte Vorschrift der liegenden Grabsteine, nachdem sie auf dem Hinteren Kirchhof bereits gelockert worden war, nun gänzlich aufgegeben wurde. Am Ende des 19. Jahrhunderts erreichte der Johannisfriedhof durch die Einbeziehung der Fläche des Johannisbauernhofes mit Abbruch sämtlicher Wirtschaftsgebäude seine endgültige Ausdehung in Richtung Westen bis an die Brückenstraße.

Zu dieser Zeit schienen weitere in der Zukunft nötig werdende Vergrößerungen des Johannisfriedhofes nicht möglich, so daß wegen des Platzmangels und fehlender Expansionsmöglichkeiten auf den kirchlichen Friedhöfen 1880 der heutige Westfriedhof als kommunaler „Centralfriedhof“ eröffnet wurde.

Die letzte Friedhofserweiterung stammt aus der Nachkriegszeit, als 1955 in der Südost-Ecke ein letzter, kleiner Geländestreifen hinzugewonnen wurde. 1978 scheiterte im Stadtrat der von der CSU und dem Bürgerverein St. Johannis-Schniegling-Wetzendorf getragene Vorschlag, im Rahmen der Stillegung der Desinfektionsanstalt eine Friedhofserweiterung im Süden des Geländes durchzuführen. Seither fand die Flächenentwicklung des Johannisfriedhofs ein Ende, und es kehrte nach zumindest 15 tatsächlich nachweisbaren Erweiterungen im Lauf der Jahrhunderte Ruhe auf dem Gottesacker ein.

Gräberreihen, Gusshandwerk und Epitaphien

Der Charakter des ältesten Teiles des Johannisfriedhofes zwischen Kirche und Kapelle wird durch die liegenden, sarkophagartigen Sandsteingrabmäler geprägt. Der Strenge der fast durchgehend eingehaltenen axialen West-Ost Ausrichtung der Gräber steht die zwar enge, aber oftmals unregelmäßige Reihung gegenüber. Verstärkt wird dies durch die scheinbar wirre Numerierung innerhalb des Gräberfeldes. Seit dem späteren 16. Jahrhundert wurde jeder Grabstein an seinem Ostende mit einer eingemeißelten Nummer gekennzeichnet.

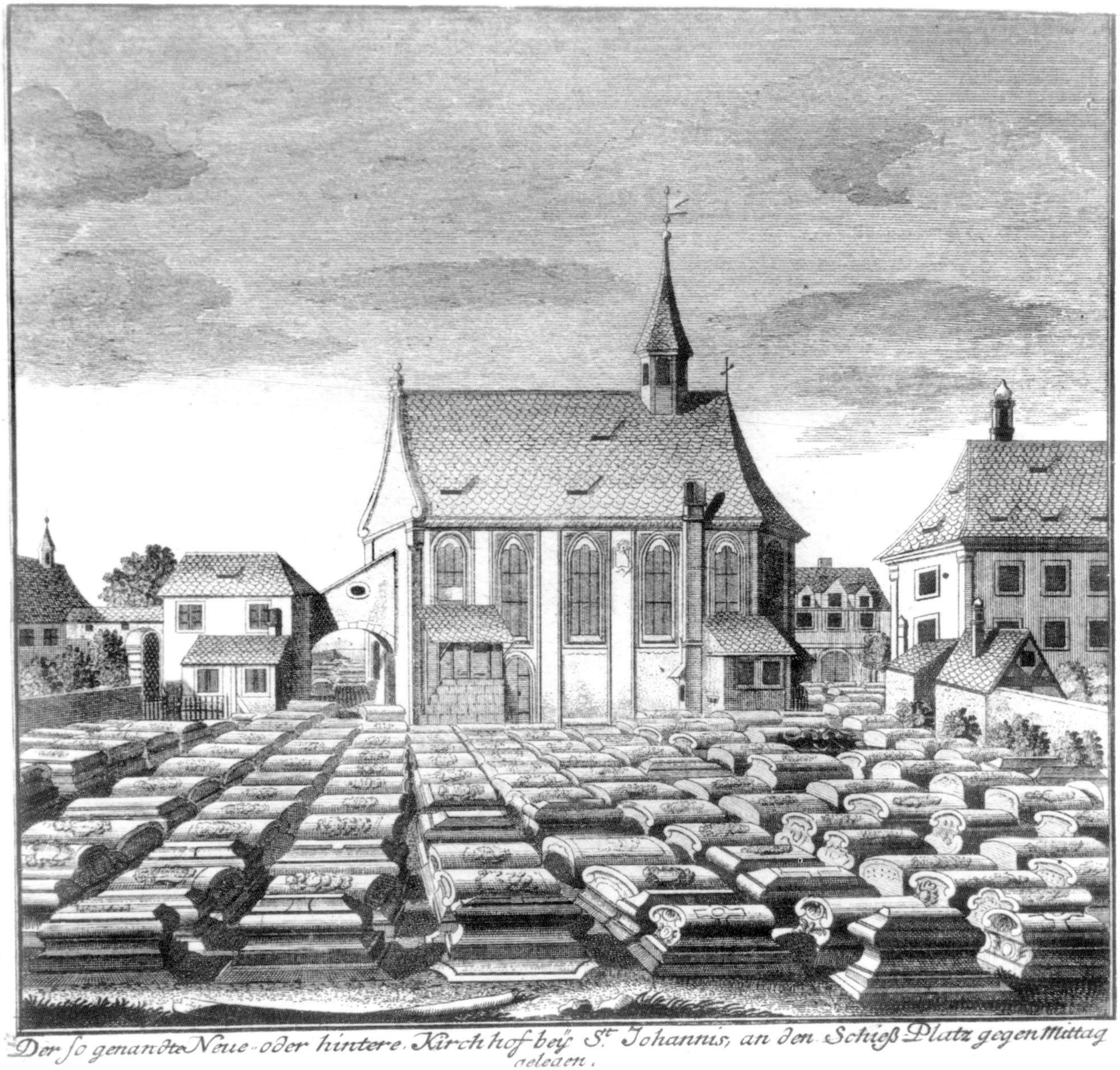

Die Johanniskirche von Süden mit dem angebauten Siechkobelgebäude (links) und dem alten Pfarrhaus (rechts) inmitten der Sandsteingräberreihen.
Kupferstich aus J.M. Trechsel, Gedächtnis des Johannisfriedhofs, Nürnberg 1736.

Anhand der Bezifferung der Grabsteine lassen sich auch heute noch die verschiedenen Erweiterungsschritte des Friedhofes rekonstruieren.

Ursprünglich waren die liegenden, sargähnlichen Grabsteine ein Vorrecht der gehobenen Nürnberger Bürgerschaft, denn im Jahre 1520 erlaubte der Rat zunächst nur dem Ratsherren Sigmund Fürer

und mit ihm allen Patriziern, ihr Grab mit einem solchen Stein zu schließen. Jedoch erreichte die gesamte Bürgerschaft noch im gleichen Jahr zumindest im Tod die Gleichstellung mit der patrizischen Oberschicht. Damit wurde es zur Regel, nur liegende Sandsteingrabsteine anzubringen. Die Gleichbehandlung aller Stände wurde auch durch eine Größenvorgabe für die Grabsteine von maximal drei zu sechs Nürnberger Werkschuhen (83,52 cm : 167,04 cm) erreicht. Die Einhaltung der vorgegebenen Größe kontrollierten die Steinschreiber. Zu diesem Zweck ist ein entsprechender Normmaßstab an der südwestlichen Außenwand der Holzschuherkapelle eingelassen. Freilich wurde im Lauf der Jahrhunderte auf die korrekte Einhaltung dieser Vorgabe immer weniger Wert gelegt. Die Steinschreiber führten auch die Bücher über die Grabbelegung, welche uns heute noch Auskunft über die manchmal äußerst wechselvolle Geschichte einer Grabbelegung wie zum Beispiel des Dürergrabes (Nr. 649) geben. Als Nachfolgeamt der früheren „Steinschreiberey" ist heute die evangelische Friedhofsverwaltung St. Johannis und St. Rochus im Steinschreiberhaus untergebracht. Nach knapp 300 Jahren verwaltungstechnischer Trennung der beiden Stadthälften im Bezug auf Bestattungsangelegenheiten wurde jene Trennung 1821 aufgehoben. In der Südostecke des Erdgeschosses des Steinschreiberhauses befindet sich die Amtsstube mit einer einfachen Holzvertäfelung, im Obergeschoß eine Dienstwohnung. Die Türen weisen zum Teil noch die originalen Beschläge aus der Erbauungszeit um 1682 auf.

Durch die Größenverordnung der Möglichkeit zur individuellen Ausstattung der Gräber beraubt, suchte man diesen Wunsch durch verschiedenartigste Bronzegußplatten (Epitaphien) zu kompensieren. Diese werteten jeden der zumeist schmucklosen Grabsteine zu einer individuellen Ruhestätte auf. Wie aufgeschlagene Seiten der Nürnberger Sozialgeschichte geben sie dem Friedhofsbesucher

Bilderbuch der Nürnberger Sozialgeschichte: Epitaph des Bäckers Caspar Mellfürer. Links er selbst mit seinen Söhnen, rechts seine Frauen mit den Töchtern. Die jeweils mit einem Kreuz markierten, früh verstorbenen Kinder verweisen auf die hohe Kindersterblichkeit im frühneuzeitlichen Nürnberg. Von den 14 Söhnen starben neun, von den sechs Töchtern alle.
FOTOGRAFIE 2000.

einen Einblick in das Leben, Sterben und die Einstellung zur eigenen Sterblichkeit früherer Jahrhunderte. Die Epitaphien, anfangs einfache, rechteckige Inschrift- und Wappentafeln, wandelten sich unter Beifügung von Ornamenten zu bild- und gestaltungsreichen Tafeln in Medaillon-, Drei- oder Vierpaßform. Neben dem Namen der Grabbesitzer und ihrer Angehörigen weisen die Tafeln später üblicherweise ikonographische Elemente wie biblische Szenen, Familiendarstellungen oder Berufswerkzeuge auf. Dabei werden Inschrift, szenische Darstellung und Wappen durch neben- oder übereinandergestellte Rahmenarchitekturen getrennt. Nichtadelige Familien legten sich in Anlehnung an patrizische Wappen Hausmarken zu, die ebenso wie die speziellen Handwerkszeichen der einzelnen Berufsstände Rückschlüsse auf das Leben der Verstorbenen zulassen. Zumeist handelt es sich bei den Tafeln um Flachreliefs. Leere Flächen auf der Inschrift lassen erkennen, daß man sich bereits zu Lebzeiten Gedanken über die Gestaltung des eigenen Grabes machte und das Epitaph gießen ließ. Seltener als die erhabenen Darstellungen von Flachreliefs sind Gravierungen. Meist wurde eine Gravur dann aufgebracht, wenn der Guß der Platte bereits abgeschlossen war und sich eine nachträgliche Änderung nicht umgehen ließ. Dies war beispielsweise der Fall, wenn die gesamte Kinderschar des Grabbesitzers dargestellt war und die hohe Kindersterblichkeit ihren Tribut forderte: die bereits zu Lebzeiten des Grabbesitzers verstorbenen Kinder tragen über ihren Köpfen meist erhabene, gegossene Kreuze, die erst später verstorbenen sind durch eingeritzte Kreuze gekennzeichnet. Zum 17. Jahrhundert hin erweitern sich die dargestellten Themenkreise. Neben den auferstandenen Christus treten der Gekreuzigte, das Jüngste Gericht, alttestamentarische Szenen (Jonas und der Wal) sowie die Überführung des Verstorbenen in den Himmel durch eine Engelschar (beispielsweise Nr. 911, 917, 1.785). Neben der Veränderung der Themenkreise läßt sich der Stilwandel der Jahrhunderte am Wandel der Ornamentik ablesen, beispielsweise werden rahmende Band- und Rollwerke von die Schrifttafel rahmenden Palmwedeln abgelöst. Durchgängig sind jedoch die verschiedensten Allegorien des Todes, mal drastisch als Totenkopf mit Schlange oder Sense, mal heiter verspielt in Form einer die Vergänglichkeit symbolisierenden, seifenblasenden Putte (beispielsweise Nr. 623, 795, 508).

Die Herstellung der Epitaphien kam nach Material (Bronze oder Messing) und Technik grundsätzlich dem Handwerk der Rotgießer zu. Jedoch waren sie bei aufwendigeren Epitaphien beim Entwurf und Modell auf die Mithilfe von Bildschnitzern angewiesen. Obwohl die Bronzegüsse im 16. bis ins 17. Jahrhundert hinein nicht signiert wurden, lassen sie sich dennoch recht eindeutig den führenden Rotgießern jener Zeit – allen voran Peter Vischer d. Ä., seinen Söhnen, seinem Schwiegersohn Pankraz Labenwolf sowie dessen Nachfolger Benedikt Wurzelbauer zuordnen. Durch die seit dem 17. Jahrhundert allmählich aufkommende Gewohnheit, die Epitaphien zu signieren, lassen sich mehr als 80 Meister nachweisen. Jedoch ist nicht in allen Fällen eine Auflösung der verwendeten Initialen möglich. Neben eher unbekannten Meistern des späten 17. und frühen 18. Jahrhun-

(Links) Epitaph des Barbiergesellengrabes mit den typischen Berufswerkzeugen.
FOTOGRAFIE UM 1900.

Tafel an der Holzschuherkapelle.
FOTOGRAFIE 2000.

Die Auswahl von Epitaphien zeigt die Entwicklung von der schlichten Form (rechts unten das Epitaph des Grabes der Freys, in dem auch Albrecht Dürer als Ehemann der Agnes Frey begraben wurde) bis hin zu barocker Pracht (rechts oben das Epitaph für Martin Peller mit einer Darstellung seines Namenspatrons). Handwerker ließen oftmals ihre Arbeitsgeräte oder Arbeitsweisen darstellen: links unten der Töpfer Hans Warbach an der Töpferscheibe, rechts in der Mitte das Epitaph des Bäckers Hans Beck mit Semmeln. Die Patrizierfamilien rückten ihre stadtbekannten Wappen ins Blickfeld, so unten in der Mitte die Schlüsselfelder. Eher ungewöhnlich ist die liegende Darstellung der Bestatteten: Eine Ausnahme bildet das Müntzersche Grab mit dem Epitaph für Alexius und Katharina Müntzer (links oben).
Im Epitaph für Bernhard und Maria Engelschall (oben, 2. von links) sinnt ein Totengräber im Angesicht

derts wie Georg Schweigger, Sebastian Denner oder Friedrich Hinterhäusl tritt der mit IW signierende Jakob Weinmann auch durch seine enorme Produktivität von mehr als 200 Epitaphien auf dem Johannis- wie Rochusfriedhof in den Vordergrund. Für das 19. Jahrhundert ist der bedeutsame Bildgießer Jakob Daniel Burgschmiet zu nennen; heutzutage führt die Kunstgießerei Lenz in der Burgschmietstraße die alte Rotgießertradition fort.

Insgesamt haben sich auf dem Johannisfriedhof auf rund 1.600 Grabsteinen jeweils ein oder mehrere Epitaphien erhalten, wobei hunderte durch Einschmelzungen oder Diebstähle verloren gingen. Auch durch die Zerstörungen des Zweiten Weltkrieges wurden etliche Epitaphien in Mitleidenschaft gezogen. Traditionsbewußt hat man bei der Neuvergabe von Gräbern stets darauf geachtet, die alten Tafeln aus reichsstädtischer Zeit auf den Gräbern zu belassen und nur zusätzlich ein Epitaph für die Neubelegung anzubringen. Durch diese Verordnung, die heute alle Epitaphien bis zur Wende vom 19. zum 20. Jahrhundert schützt, läßt sich die Grabbelegung oftmals lückenlos bis in frühere Jahrhunderte zurückverfolgen. Spätestens alle zwei Jahre wird jedes unter Denkmalschutz stehende Epitaph durch die Friedhofsverwaltung einer sorgfältigen Konservierungsmaßnahme unter Einsatz von Wachs und Terpentin unterzogen.

Grüfte, Gräber und Friedhofsordnung

Der Johannisfriedhof umfaßt etwa 6.500 Gräber, wobei rund 70 davon als gemauerte Grüfte angelegt wurden, die entgegen landläufiger Meinung nicht begehbar sind. Die am steinernen Gruftkranz erkennbaren Grüfte verfügen über ein unterschiedlich großes Platzangebot: Die Kapazität reicht von Einer- und Zweiergrüften über die standardisierten Grüfte der Arkadenhalle mit zwölf bis 24 Plätzen bis zum Raumwunder der Behaimgruft (Nr. 1.441-1.444) im älteren Teil des Friedhofes nahe der Holzschuherkapelle. Hier können bis zu 32 Särge untergebracht werden. In Gegensatz zu den einfach oder doppelt tiefen Sandgräbern (1,50 oder 2,40 Meter) müssen in den Grüften nicht die vom örtlichen Gesundheitsamt verordneten Mindestruhezeiten von zehn Jahren eingehalten werden. Verstirbt innerhalb der Ruhefrist ein weiteres Familienmitglied, so ist für ein normales Sandgrab nur die Urnenbestattung möglich, wobei die Urne in einer Tiefe von etwa 65 cm schräg unter dem Grabstein zu liegen kommt, ohne daß dieser bewegt und die Grabruhe gestört wird. Andernfalls ist nur die Bestattung in die sogenannte Übergangsgruft in der Arkadenhalle möglich, um dann nach Ablauf der Ruhefrist eine Umbettung ins Familiengrab vorzunehmen.

Grundsätzlich kann jedes freigewordene Grab angemietet werden. Eine Ausnahme bilden nur rund 20 Gräber, die die Stadt Nürnberg in Gedenken an die prominenten Verstorbenen erworben hat. Hierzu zählen unter anderem die Gräber von Albrecht Dürer (Nr. 649), Veit Stoß (Nr. 268), Wenzel Jamnitzer (Nr. 664), Willibald Pirckheimer (Nr. 1.414), Veit Hirsvogel (Nr. 903) oder Anselm Feuerbach (Nr. 715). Bei der Anmietung eines Grabes sind neben allgemeinen Bestimmungen, wie dem Verbot von Eichensärgen auf dem alten Friedhof, auch denkmalschützerische Bestimmungen einzuhalten. Das Entfernen alter denkmalgeschützter Epitaphien ist nicht erlaubt, nur eine zusätzlich angebrachte, neugegossene Tafel weist auf den aktuellen Grabbesitzer hin. Diese wird allerdings nach Erlöschen des Grabrechtes wieder entfernt. Auch für alte, baufällig gewordene Grabsteine gelten die Bestimmungen. Muß ein Grabstein ersetzt werden, geschieht dies nach den Vorgaben des Denkmalschutzamtes, wobei die vorher entfernten Epitaphien auf den neuen Grabstein umgesetzt werden müssen. Während es sich bei den alten Sandsteingrabmälern um Sandstein aus dem ehemaligen Steinbruch am Schmausenbuck handelte,

von Knochen und Totenschädeln über die Vergänglichkeit nach. Vergänglichkeitssymbolik verbindet sich auf dem Epitaph für den Buchhändler Wolff Endter und seine Ehefrau Maria (oben, 3. von links) mit einer Darstellung des Johannisfriedhofs: Ein zerbrochenes Haus steht für den toten Leib, der in das schon geöffnete Grab gelegt wird. Die Seele des Verstorbenen wird von Engeln in das Himmlische Jerusalem gebracht. In der Inschrift darüber ein Memento Mori: „Hodie michi, cras tibi“ („Heute [holt der Tod] mich, morgen dich“).

Fotografien 1896.

Die Grabsäule des Wolfgang Müntzer (1524-1577) ragt unübersehbar aus dem Gräberfeld des Johannisfriedhofs. Sie erinnert an eine Episode aus der Lebensgeschichte Müntzers: Bei einer Pilgerfahrt ins Heilige Land wurde er wegen falscher Anschuldigungen verhaftet und befand sich fast drei Jahre lang in Konstantinopel in osmanischer Haft. Aus Dankbarkeit für seine Rückkunft ließ er um 1560 neben dem Grab seiner Eltern die Säule errichten.
GEZEICHNET VON G.C. WILDER, GESTOCHEN VON J. POPPEL, UM 1834/1841.

Der Eingang zum unterirdischen Felsengang auf dem Johannisfriedhof ist mit einer Steinplatte abgedeckt.
FOTOGRAFIE 2000.

wird heute mehrheitlich Worzeldorfer Quarzit oder Material aus der Maingegend verarbeitet.

Neben den Gräbern und Grüften birgt der Johanniser Gottesacker einen unterirdischen Stollen, über dessen eigentlichen Nutzungszweck bislang noch keine gesicherten Kenntnisse vorliegen. Der rund 35 Meter lange und 1,30 Meter breite Felsengang verläuft in ostwestlicher Richtung. Sein Treppenausgang befindet sich unter dem Pfarrhaus (Am Johannisfriedhof 32), auf sein westliches Ende wird man durch einen senkrechten, mit einem Gitter gesicherten Schacht auf dem neueren Friedhofsteil nahe des Hauptweges aufmerksam.

DER EINHEITLICHKEIT ZUM TROTZ – BESONDERE GRÄBER

Die vom Rat der Reichsstadt Nürnberg verordnete Einheitlichkeit der Bürgerschaft über den Tod hinaus durch die größengenormten Grabsteine wurde nicht nur durch zunehmend höher werdende Grabmäler und kunstvolle Epitaphien umgangen. Im Lauf der Jahrhunderte schafften es einige Familien, sich aus dem normierten Gräberfeld hervorzuheben. Neben der sieben Meter aufragenden Gedächtnissäule des Wolfgang Müntzer, zu deren Füßen sich das Grab seiner Eltern befindet, ist hier die Holzschuherkapelle zu nennen. Mit dieser Grablege innerhalb einer Kapelle son-

Sprechendes Wappen der Nürnberger Patrizierfamilie Holzschuher an der gleichnamigen Kapelle.
FOTOGRAFIE 2000.

dert sich die alte patrizische Familie der Holzschuher seit dem 16. Jahrhundert nicht nur vom gemeinen Volk, sondern auch von ihren patrizischen Standesgenossen ab. Deutlich wird dies durch das direkt am Eingang zur Holzschuherkapelle gelegene, ins einheitliche Gräberfeld eingebettete Grab der Tucher. Ursprünglich als eine dem Pestheiligen St. Stephanus geweihte und dem Pestfriedhof zugehörige Kapelle angelegt, wechselte der kleine Sakralbau seit seiner ersten Nennung im Jahr 1395 mehrfach das Patrozinium (Zur Mutter Angst, St. Rochus, Heilige Zwölfboten), die Stifter (Heinrich Marschalk von Rauheneck, Familie Imhoff) und auch sein Aussehen. Durch Dürers berühmtgewordenes Aquarell von 1494 erhält man einen Eindruck vom ursprünglichen Aussehen. Heute zeichnet sich die Holzschuherkapelle durch ihren halbrunden Grundriß in Form des Heiligen Grabes und die von Adam Kraft geschaffene Grablegung Christi aus.

Wie eingangs erwähnt, mußte sich der Friedhof im Lauf der Jahrhunderte immer wieder den bestattungstechnischen Erfordernissen der Stadt Nürnberg anpassen. Zu diesem Zweck wurde 1856/60 nach den Plänen des Stadtbaurates Bernhard Solger im Anschluß an die Leichenhalle im neueren Friedhofsteil eine Grufthalle mit 25 nach Osten offenen Spitzbogenarkaden im neugotischen Stil geschaffen. Die älteste Arkadengruft stammt aus dem Jahre 1862. Genutzt wurden die Grüfte überwiegend vom Nürnberger Geldadel, der sich hier einkaufte, um sich von den mittlerweile stehenden Grabmälern des durch die Hinzunahme des Schießplatzareales neugewonnenen Gräberfeldes abzugrenzen. Jedoch findet sich hier auch die Sammelgruft der Friedhofsverwaltung, in welcher die Gebeinreste von neu zu belegenden Gräbern aufbewahrt werden. Gleich neben dieser Sammelgruft hat sich die „Nürnberger Handlungsdiener Hülfskassa“ in die Grufthalle eingekauft und stellt damit einen deutlichen Kontrast zu den Nobelgrüften der Nürnberger Oberschicht dar. Am 13. Januar 1743 wurde diese Selbsthilfeorganisation als erste ihrer Art gegründet, um „Mit Gott und Alles zur Ehre Gottes“ Handlungsgehilfen Unterstützungs- und Solidarisierungsmöglichkeiten zu bieten. So nahm sich die Hilfskasse im Krankheitsfalle des Handlungsgehilfen und seiner Familie an und sorgte nötigenfalls für ein würdevolles Begräbnis. Bis in die achtziger Jahre des 20. Jahrhunderts läßt sich die Aktivität dieses Vereins auf Gegenseitigkeit noch nachweisen.

Die Exklusivität der Arkadenhalle scheint jedoch Theodor von Cramer-Klett nicht ausreichend gewesen zu sein, denn mitten im neuen Gräberfeld erhebt sich das Grab der Industriellenfamilie Cramer-Klett überdimensional hoch wie auch breit. Der mehrere Meter hohe künstliche Felsen aus verrostetem Gußeisen weist auf den Ursprung des Familienreichtumes im metallverarbeitenden Gewerbe hin. Auf dem mit einem Metallzaun umgebenen Geviert hätten rund 30 Gräber des alten Friedhofes Platz gehabt. Die Ausstattung und Ausdehnung dieses Grabes zeigt deut-

Das Innere der Holzschuherkapelle in einer idealisierten Ansicht nach Osten. Rechts hinter dem Gitter befindet sich die Grablegungsgruppe von Adam Kraft.
KUPFERSTICH VON RÖSLER, 18. JAHRHUNDERT.

Der erweiterte Johannisfriedhof mit der 1860 nach Plänen von Bernhard Solger errichteten Arkadenhalle an der heutigen Brückenstraße. Seit den 1860er Jahren waren liegende Grabsteine nicht mehr gestattet.
Fotografie von Ferdinand Schmidt, vor 1884.

lich, was der Rat der Reichsstadt ursprünglich hatte verhindern wollen: den Protz und Prunk einzelner Familien zu Repräsentationszwecken.

Ein scheinbar unscheinbares Kirchlein

Die heutige Johanniskirche ist als einzige mittelalterliche Nürnberger Kirche im Zweiten Weltkrieg weitgehend unzerstört geblieben, nur das Gesprenge über dem Hauptaltar verbrannte. Sie weist somit noch den ganzen Reichtum ihrer ursprünglichen Ausstattung auf.

Bereits 1238 genehmigte Papst Gregor IX. dem Deutschen Orden als Träger des Siechkobels einen Friedhof mit einer eigenen Kapelle. Ein knappes Jahrhundert später, im Jahr 1323, scheint diese Kapelle erneuert worden zu sein. Der Chor des heutigen Sakralbaues wurde 1377 geweiht, im gleichen Jahr wurde ebenfalls der gewaltige Ostchor der Mutterkirche St. Sebald geweiht. 18 Jahre später, 1395, wurde das Langhaus geweiht. Mitte des 15. Jahrhunderts erfolgt der Sakristeianbau. Im 17. und 18. Jahrhundert wurde die Kirche mehrfach renoviert und die Ausstattung restauriert. Einer grundlegenden Instandsetzung mit Restaurierung der Altäre im Jahre 1905 folgte nach 1945 die Erneuerung der westlichen Giebelwand. 1970/71 fand eine umfassende Gesamtrestaurierung statt.

Gleich beim Eintreten in das Langhaus wird der Besucher nochmals an den historischen Kern der Kirche erinnert: An der Südwand auf der rechten Seite befinden sich zwei Gedenktafeln mit der Aufschrift „Namen und Wappen der Herren Pfleger dieses Gotteshauß' u. des Kobels bey St. Johan(is)". Die Tafeln stammen aus dem späten 17. Jahrhundert und fassen die zusammengetragenen Pflegerdaten von 1307-1667 (Tafel I mit 28 Namen) sowie von 1679-1800 (Tafel II mit 13 Namen, darunter neun freie Streifen mit leeren Wappenschilden) zusammen und zeigen deutlich, daß das Amt des Siechkobelpflegers nur mit renommierten, ratsfähigen Geschlechtern besetzt wurde und mit großem Ansehen verbunden war.

Offiziell hatte der Rat der Stadt Nürnberg die Aufsicht über die Siechköbel, welche er aber an die jeweiligen Pfleger übertrug. Die Pfleger waren überwiegend verwaltungstechnisch tätig, so waren sie auch an der Organisation der regelmäßig durchgeführten „Sondersiechenschau" beteiligt. Diese Schau diente der Aussonderung von Aussätzigen und Gesunden durch geschworene Leibärzte. Mit der „Sondersiechenschau", die seit 1574 in der Johanniskirche stattfand, war die Spendung des „Sondersiechenalmosens" verbunden, das zur materiellen Unterstützung der Leprakranken und deren geistlicher Versorgung gestiftet worden war.

Die enge Verbindung, die seit Erbauung der Johanniskirche zwischen dieser und dem Siechkobel bestand, läßt sich nicht nur an den Pflegertafeln ablesen. Jahrhundertelang existierte sogar eine Verbindung baulicher Art von der Johanniskirche zum benachbarten Siechkobel: Auf Emporenhöhe war an der Westfront ein überdachter, hölzerner Gang zum Siechkobel hinüber angebracht. Auf diese Weise konnten die Leprakranken ohne jeglichen Kontakt mit den sonstigen Besuchern am Gottesdienst in der Kirche teilnehmen. Da man die Krankheit für unheilbar hielt, betrieb man eine völlige Absonderung der an Lepra Erkranken, obwohl man sie als „Gottes liebe Arme“ und „Märtyrer Christi“ betrachtete. Als architektonische Manifestation der gesellschaftlichen Aussonderung der Leprakranken war ein derartiger Holzgang auch am Siechkobel von St. Peter zu finden.

Fragt sich der Kirchenbesucher nach dem Namenspatron der Kirche, so erhält er noch nicht einmal vom gotischen Hochaltar aus dem Jahre 1511 eine eindeutige Antwort: Im Zentrum des Altares steht links neben Maria Johannes der Täufer und rechts Johannes der Evangelist. Gekennzeichnet werden die beiden Namenspatrone durch ihre gängigen Attribute: Johannes Baptista mit dem Buch und dem Lamm, Johannes Evangelista durch den vergoldeten Kelch. Die farbig gefaßten Schnitzfiguren stammen aus der Hand eines unbekannten Nürnberger Bildschnitzers, der dem Stilkreis des Bildhauers Veit Stoß zugerechnet wird. Als Wandelaltar konnte die Holzschuhersche Stiftung den Erfordernissen des Kirchenjahres angepaßt werden, so daß es neben der normalen Altaransicht auch eine Festtagsseite durch die geöffneten Altarflügel gab.

Die Darstellung der Mutter Gottes als Himmelskönigin mit einer goldenen Zackenkrone und Zepter verweist deutlich auf die Stiftung des Altares in vorreformatorischer Zeit. Gestiftet wurde der Altar von dem Nürnberger Patrizier Fritz Holzschuher († 1511) und seiner Frau Barbara Kreß (1457-1521). Nur neun Jahre nach der Fertigstellung des Altares im Jahr 1516 wäre die Darstellung Marias in dieser Art nicht mehr vorstellbar gewesen, denn 1525 hatte die Reformation Einzug in Nürnberg gehalten.

Blick über die Friedenskirche auf den Johannisfriedhof.

Luftaufnahme 1980er Jahre.

Das Fortbestehen des Johanniser Gottesackers als kirchlicher Friedhof bis in die heutige Zeit ist nur eine der Besonderheiten, die der Johannisfriedhof zu bieten hat. Die faszinierende, aber nur scheinbare Einheitlichkeit des Begräbnisfeldes offenbart beim näheren Hinsehen das jahrhundertelange Zusammenwachsen mittelalterlicher Friedhöfe und folgende Gebietserweiterungen, welche die bewegte Geschichte einer Reichsstadt erahnen lassen. Wie aufgeschlagene Seiten einer Nürnberger Sozialgeschichte ermöglichen die Epitaphien einen Einblick in das Alltagsleben vergangener Jahrhunderte.

A.M.

St. Johannis und Albrecht Dürer

Erstes Landschaftsaquarell und Dürerkult

Albrecht Dürer und seine Frau Agnes bei einem Spaziergang in der Nürnberger Vorstadt St. Johannis.
Aquarellierte Bleistiftzeichnung von Hans Röhm 1893.

(Links)
„Sant Johans Kirche“.
Aquarell von Albrecht Dürer 1494.

Ein Spaziergang vor den Toren Nürnbergs: Albrecht Dürer und seine Frau Agnes schlendern durch St. Johannis, vorbei an einem Bauernhaus und einer der Kreuzwegstationen Adam Krafts. Diese Szene, die der Künstler Hans Röhm auf einem Aquarell 1893 darstellte, erinnert in Motiv und Maltechnik an den besonderen Bezug, den Albrecht Dürer zu St. Johannis hatte. Die Vorstadt St. Johannis lag nicht nur in direkter Nachbarschaft zu seinem Wohnhaus, sondern Dürer besaß auch einen Garten an der heutigen Bucher Straße. Die Landschaft in seinem unmittelbaren Lebensumfeld nutzte Albrecht Dürer als künstlerische Anregung. Vier der von Dürer überlieferten Aquarelle zeigen Motive aus St. Johannis. Diese Aquarelle Dürers stellen den Beginn der deutschen Landschaftsmalerei dar und wurden deshalb in der kunsthistorischen Literatur ausführlich gewürdigt.

Daß St. Johannis zu einem Ort des Dürerkultes wurde, hat jedoch wenig mit den Landschaftsdarstellungen und Dürers Kunst zu tun, sondern damit, daß Albrecht Dürer auf dem Johannisfriedhof begraben wurde. Schon früh wurde das Grab zu einer regelrechten Pilgerstätte und zu einem Anziehungspunkt für Nürnberg-Reisende.

„Sant Johans Kirche“ – das erste deutsche Landschaftsaquarell

Das wohl erste deutsche Landschaftsaquarell zeigt den Johannisfriedhof mit Johanniskirche samt Siechkobel und auf der linken Bildseite die Reihe der Gartenhäuser entlang der heutigen Johannisstraße. Den Vordergrund bilden die Johannisfelder, der Blick weitet sich über das Pegnitztal hinweg in die Landschaft. Das Blatt stammt wohl aus dem Jahr 1494, der Zeit nach Dürers Wanderjahren und vor seinen großen Italienreisen. Damals hatte der junge Maler mit abgeschlossener Ausbildung noch keine eigene Werkstatt und keine Aufträge, so daß er Zeit fand, die Landschaft um Nürnberg zu erkunden und Blätter anzufertigen, die nicht konkret für den Verkauf oder einen Auftraggeber bestimmt waren.

Landschaft als autonomes Motiv zu wählen und sie auch möglichst genau (später sogar stimmungsvoll) zu erfassen, ist eine absolute Neuerung in der deutschen Kunst. Zwar konnte sich Dürer auf einige Vorbilder in der fränkischen Malerei beziehen, mit der „Erfindung“ des Aquarells stellt er sich jedoch einmal mehr als eine außergewöhnliche Künstlerpersönlichkeit dar.

„trotzsich müll“.
Aquarell von Albrecht Dürer, vermutlich Sommer 1494.

Während die ältere deutsche Kunstgeschichtsschreibung sämtliche Landschaftsaquarelle Dürers als vor 1500 entstandene Frühwerke einordnete und seine eigentliche Leistung nicht in den Aquarellen, sondern in den Kupferstichen und deren feiner Linienführung sah, hat sich dieses Urteil in der neueren Kunstgeschichtsbetrachtung grundlegend gewandelt. Heute stellt man sich Dürer als einen Künstler vor, der sich dauerhaft (und nicht nur in seiner Jugend) mit Landschaft und Aquarell beschäftigt hat. Bis hin zum letzten erhaltenen Aquarell, einer Dürer 1525 im Traum erschienenen, von Wasser überfluteten Landschaft, gelten gerade die auf die Zeit nach 1500 datierten Aquarelle als Höhepunkte im Schaffen des Künstlers.

Dürers „Sant Johans kirche“ stellt so gesehen erst den Beginn einer künstlerischen Entwicklung dar. Bei näherer Betrachtung des Blattes wird deutlich, daß die perspektivische Darstellung der einzelnen Häuser als nicht ganz stimmig erscheint. Auch topografisch entspricht die Lage des Johannisfriedhofes zu der Zeile der Gartenhäuser nicht den tatsächlichen Gegebenheiten. Dürer hat die Gartenhäuser in der Darstellung so verschoben, daß sie den Blick in das Bild hineinführen und in Richtung des Johannisfriedhofes lenken. Dies kann als bewußter Perspektivenwechsel durch das Einnehmen verschiedener Standpunkte beim Malen gedeutet werden. Auf bauliche Details wie Fachwerk und Dachformen wird besonderer Wert

gelegt. Die Stimmung in der Landschaft, Wetter und Tageszeit erschließen sich jedoch nicht. Dies wird sich auf späteren Blättern Dürers ändern.

„trotzsich müll", „Weier Haws" und „weyden mull"

Das Ensemble der Groß- und Kleinweidenmühle an der Pegnitz, unmittelbar vor dem Hallertor und der Hallerwiese gelegen, ist auf zwei weiteren Aquarellen Dürers zu sehen. Das vierte Blatt mit Motiven aus St. Johannis schließlich zeigt ein Weiherhaus, das etwas weiter außerhalb im Pegnitzgrund bei St. Johannis in einem heute nicht mehr vorhandenen Teich lag.

Das vom Künstler eigenhändig „trotzsich müll" (Drahtziehmühle) beschriftete Blatt, das die Groß- und Kleinweidenmühle zeigt, ist wohl unmittelbar nach dem Aquarell „Sant Johans kirche" entstanden – Papierformat und Farbbehandlung sprechen jedenfalls für einen engen zeitlichen Zusammenhang. Die sehr vielschichtige perspektivische Darstellung, Tiefe und Detailreichtum der Landschaft um die Drahtziehermühle zeigen jedoch im Vergleich zum Blatt „Sant Johans kirche" eine weitere künstlerische Entwicklung Dürers. Es werden nicht nur die Fachwerkhäuser und ihre Architektur sowie Baumgruppen und Büsche gezeigt, sondern auch die Landschaft im Hintergrund ist wesentlich detaillierter als der Hintergrund auf dem Blatt mit

„weyden mull".
Aquarell von Albrecht Dürer, nach 1506.

Albrecht Dürers Grab.

Stich von Christoph Wilhelm Bock, Anfang 19. Jahrhundert.

der Johanniskirche. Vom Spittlertor über Gostenhof am linken Bildrand bis hin zum Kirchlein von St. Leonhard in der Mitte und dem Geudersgarten am rechten Bildrand wird die Gegend im Westen Nürnbergs genau dargestellt. Allerdings sind Häuser und Landschaft „gotisch" und damit überhöht gesehen. Am linken unteren Bildrand wird als kompositorisches Mittel eine in Wirklichkeit so nicht verhandene Mauer (als Abgrenzung zur Hallerwiese) genutzt. Die Hügelkette am Horizont, wie sie auf dem Aquarell erscheint, ist so nur von einem ganz anderen Standpunkt zu sehen, etwa vom Sinwellturm auf der Nürnberger Burg nach Süden. Auch dies spricht für die Nutzung unterschiedlicher Standpunkte in einem Bild, um die Wirklichkeit nicht in einem fotografischen, sondern einem umfassenderen Sinn einzufangen.

Im Oktober 1494 brach Dürer zu seiner ersten Reise nach Venedig auf und schuf auf dieser Reise eine Vielzahl von Stadtansichten und Landschaftsaquarellen. Seine künstlerische Entwicklung spiegelt sich in dem Aquarell „Weier haws" wider, das Dürer wohl nach seiner Rückkehr 1495 schuf. Das Blatt zeigt ein kleines Weiherhaus des Fischers Angerer im Pegnitzgrund bei St. Johannis. Erstmals werden wir auf einer Landschaftsdarstellung Dürers mit der Darstellung einer Landschaftsstimmung konfrontiert. Am Himmel zeigen sich dunkle Wolken, im still daliegenden Teich spiegeln sich das Weiherhaus, die Bäume der kleinen Insel und ein Boot im Vordergrund.

Noch einmal gesteigert ist der Versuch einer Erfassung von Atmosphäre, Wetter und Tageszeit in einem sehr späten Landschaftsaquarell, dem Blatt „weyden mull", das wohl nach Dürers zweiter Italienreise und damit nach dem Herbst 1507 entstanden ist. Es zeigt die an der Pegnitz gelegene Klein- und Großweidenmühle mit dem verbindenden Steg, rechts sind Bäume der Hallerwiese zu sehen. Das Blatt wird in fast dramatischer Weise von dem in Rottönen gehaltenen Himmel dominiert. Nicht mehr Häusergruppen und architektonische Details, sondern Fluß, Himmel, Landschaft und Natur sind das zentrale Motiv des Blattes. Dürer hatte auf seiner zweiten Italienreise in Venedig die Künstler Tiziano Vecello und Giorgione kennengelernt, die ihn stark beeindruckt hatten. Giorgione begründete mit seinem 1507 entstandenen Werk „La tempesta" (Das Gewitter) den Malstil der Stimmungslandschaften. Die Farbgebung der Dürerschen „weyden mull" ist von einer derartigen Pracht und Brillanz, daß der italienische Einfluß faßbar wird und das Blatt jedenfalls ganz deutliche Unterschiede zu den frühen Ansichten von St. Johannis und der Darstellung des Weiherhauses aufweist.

Damit läßt sich anhand der Aquarelle, die Dürer nach Motiven in St. Johannis geschaffen hat, wesentliches über das Werk des Künstlers erfahren: Wurzeln des Landschaftsaquarelles liegen – wie die Blätter „Sant Johans kirche“ und „trotzsich müll“ belegen – schon in seiner Nürnberger Zeit vor den Italienreisen, ja vielleicht auch schon vor seiner Wanderschaft als Geselle. Vertieft hat Dürer seine künstlerischen Ausdrucksmöglichkeiten auf seinen Italienreisen, die Blätter „Weyer haws“ und „weyden mull“ zeigen dies jeweils nach seinem ersten und zweiten Italienaufenthalt.

Daß Motive aus St. Johannis einen wichtigen Anteil im Werk Dürers ausmachen, ist auch Ergebnis zufälliger Überlieferung. Dürer hat wohl nicht nur auf Reisen, sondern auch in der Umgegend Nürnbergs noch eine Vielzahl von anderen Aquarellen geschaffen. Erhaltene Blätter mit Motiven aus dem Erlenstegener Forst, aus dem Westen Nürnbergs oder aus Kalchreuth belegen dies. Der Dürerexperte Matthias Mende schätzt den Anteil der nicht erhalteten Aquarelle Dürers auf etwa achtzig Prozent.

„...da an diesem Grab vereint“ – Dürergrab und Dürerkult auf dem Johannisfriedhof

1528 wurde Albrecht Dürer auf dem Johannisfriedhof begraben. Elf Jahre später folgte ihm seine Frau Agnes ins Grab nach. Der berühmte Humanist und Gelehrte Willibald Pirckheimer, ein Freund Albrecht Dürers, entwarf eine lateinische Grabinschrift: Me[moriae], Al[berti], Dv[reri], qvicqvid Alberti Dvreri mortale fvit, sub hoc conditvr tvmulo / emigravit, VIII, Idvs Aprilis / M.D. XXVIII / AD (Zum Gedenken an Albrecht Dürer; was von Albrecht Dürer sterblich war, liegt unter diesem Grabhügel. Er ging von uns am 6. April 1528).

So war das Dürergrab, ursprünglich das Familengrab der Familie von Dürers Frau Agnes Frey, seit der Bestattung eine Gedenkstätte zum Andenken an Nürnbergs berühmtesten Künstler. Allerdings scheint das Andenken in dem Jahrhundert nach Dürers Tod nicht besonders gepflegt worden zu sein.

Da das Ehepaar Dürer keine Kinder hatte, blieb das Grab über hundert Jahre leer. Erst 1651 beschloß der Nürnberger Rat, es ausräumen zu lassen und für einen besonderen Zweck zu nutzen. Es sollte dem Heilig-Geist-Spital überlassen werden, damit dort untergebrachte Dienstboten bestattet werden konnten. Allerdings war nur an Dienstboten adeliger Nürnberger Familien gedacht, die sich immer wohlverhalten hatten. Man kann dies als besondere Ehre deuten, die der Rat nur wenigen der Insassen des Spitals gewähren wollte – im Bewußtsein, daß es sich um das Grab Albrecht Dürers handelte. Dafür spricht auch die Festlegung des Rates, daß die beiden an Dürer und an die Familie Frey erinnernden Grabplatten erhalten bleiben sollten.

In der Folgezeit wurden zwischen 1653 und 1663 fünf ehemalige Insassen des Heilig-Geist-Spitals im Dürergrab beerdigt. Diese neue Nutzung des Grabes erschien Joachim von Sandrart, einem der Gründungsväter der Nürnberger Kunstakademie, als unwürdig. Er tauschte 1680 ein ihm gehörendes Grab auf dem Johannisfriedhof gegen das Dürergrab und verfügte, daß von nun an niemand mehr dort bestattet werden dürfe. Um den Gedenkcharakter des Grabes noch stärker zu betonen, ließ Sandrat an den Seiten des Grabsteins die Inschriften „Skulptura, Pictura, Architektura“ und „Renov. A. 1681“ sowie eine zusätzliche Grabplatte anbringen. Der Text der Grabplatte dichtete Joachim von Sandrart in barockem Pathos selbst:

> „Hier ruhe edler Künstlerfürst! Du mehr als großer Mann!
> In viel Kunst hat es Dir noch keiner gleichgetan.
> Die Erd war ausgemalet, der Himmel dich jetzt hat;
> Du malest, heilig nun, dort an der Gottes-Stadt.
> Die Bau-, Bild-, Malerkunst, die nennen Dich Patron
> und setzen Dir nun auf im Tod die Lorbeerkron.“

Morgenfeier am Grabe Dürers am 6. April 1828. Radierung von Ludwig Emil Grimm.

Außerdem ziert die Platte ein Text in lateinischer Sprache, dessen deutsche Übersetzung lautet:

„Die Zierde seines Deutschland ist gestorben,
Albrecht Dürer
Der Künstler Glanz, der Künstler Sonne,
Der Noris seiner Vaterstadt Zierde,
Ein Maler, Kupferstecher und Bildhauer,
der seinesgleichen nicht hatte.
Weil er in allen Wissenschaften erfahren war,
Haben ihn die Ausländer würdig erachtet,
Daß sie sich ihm zum Muster vorgestellt.
Er war ein Magnet, der vornehme Herren an sich zog,
und zwar noch nach anderthalb hundert Jahren.
Weil er nun seinesgleichen nicht hatte,
So muß er alleine hier liegen.
Wanderer streue Blumen auf sein Grab."[1)]

Das Gedicht ist ein frühes Beispiel der großen Verehrung für „die Sonne der Künstler" Albrecht Dürer. Dies sollte sich im 19. Jahrhundert zu einem regelrechten Kult steigern.

Anfang des 19. Jahrhunderts begrub man drei Menschen im Dürergrab und mißachtete damit das Vermächtnis Joachim von Sandrarts. Die Begräbnisse geschahen auf Veranlassung der Nürnberger Akademie, die in dieser Zeit irrtümlich annahm, daß sie über das Grab verfügen dürfe und dies 1811 fälschlicherweise auch von der zuständigen bayerischen Behörde bestätigt bekam.

Im selben Jahr öffnete man das Grab Albrecht Dürers noch einmal, um anhand des Schädels des Meisters sein Genie nachzuweisen. Allerdings mußte man sich mit dem Schädel von Johann Gottlieb Bärenstecher begnügen, der erste auf Veranlassung der Akademie 1801 im Dürergrab bestattete Künstler. Durch diesen Mißgriff blieb der Dürerforschung ein Aufsatz über die schon in der Schädelform sichtbare Genialität Dürers erspart. Nach Bärenstecher ehrte die Akademie nur noch zwei Künstler mit einer Bestattung im Grab von Nürnbergs berühmtestem Künstler: Den Kupferstecher Heinrich Guttenberg sowie den Maler und Kupferstecher Heinrich Hessel. Er war 1819 der wohl endgültig letzte Mensch, der im Dürergrab bestattet wurde.

Albrecht Dürer war zu dieser Zeit schon wichtiger Anknüfungspunkt einer romantischen Entdeckung des alten Nürnberg und seiner Kunst. Es erschien so geradezu als Sakrileg, weiterhin seine Ruhestätte für andere Künstler zu nutzen. Seit 1820 versammelten sich an Dürers Grab Kunstschaffende und Verehrer des Meisters zu morgendlichen Feiern. Im Jahr 1828, zum 300. Todestag Dürers, wurde dies zu einem überregionalen Ereignis, das Künstler aus ganz Deurtschland anzog und erhebliches Aufsehen erregte. „Um sechs Uhr war alles um Dürers Grab versammelt, und in schönen Gruppen standen die vielen Künstler aus den verschiedensten Teilen Deutschlands auf einmal da an diesem Grab vereint, ein großer Efeukranz lag auf diesem, und eine feierliche Stille war eingetreten. Da fingen die mächtigen Posaunen an, und ihre erhabenen und ergreifenden Töne hallten ringsum wider und verkündeten die hohe Feier und die Stunde des Tages! Der Sturm legte sich, die Wolken teilten sich, und die Sonne stand in all ihrer Pracht über der Burg, beleuchtete den schönen Kirchhof und die feierlich große Gruppe! Da haben wir gewünscht, daß alle unsere Freunde den schönen Anblick mitgenießen könnten.“[2)]

Die Morgenfeiern an Dürers Grab wurden zum festen Bestandteil von Dürerfesten in Nürnberg. 1928, zum 400. Todestag, legte Oberbürgermeister Hermann Luppe in Anwesenheit von Vertretern des bayerischen Staates und der Nürnberger Künstlerschaft einen Kranz auf dem Grab nieder. Zum 500. Geburtstag des Meisters 1971 sah man den Schirmherren der Feier, den SPD-Politiker Carlo Schmid, mit Oberbürgermeister Urschlechter und weitere Honoratioren hier in stillem Gedenken versammelt.

Das Grab am Johannisfriedhof war vor allem im 19. Jahrhundert ein beliebtes Motiv bei Malern und Graphikern, oftmals als melancholische Erinnerung an den größten deutschen Künstler der Vergangenheit gedacht. Heute ist es Ziel vieler Nürnberg-Touristen und, wie andere Gräber bekannter Künstler, Handwerker und Gelehrter, mit besonderen Hinweispfeilen leicht zu finden. Neben einer manchmal übersteigerten romantischen Verehrung mußte sich Dürer im 19. und 20. Jahrhundert auch eine politische Vereinnahmung in einem bisweilen dumpf-nationaldeutschen Sinn gefallen lassen. Das Dürergrab eignete sich jedoch weniger für derartige Reden, die eher in Festsälen oder am Dürerdenkmal und nicht auf dem stillen Johannisfriedhof stattfanden.

Man kann bei einem Spaziergang durch St. Johannis bis zum Grab auf dem Johannisfriedhof Dürer näher kommen. Ein Satz aus einem Aufsatz Thomas Manns über Dürer mag dabei helfen: „An Dürer denken heißt Lieben, Lächeln und Sich erinnern.“[3)]

A.S.

Carolus Joachim Haller de Hallerstein fecit A: 1748.

Herberge für fromme Reisende

Das Pilgerspital Heilig-Kreuz

Der Spitalkomplex mit der Gaststätte Heilig-Kreuz, dem „Kreuzla“. Postkartenausschnitt um 1900.

Eine typische Häuserfassade des Wiederaufbaus der 1950er Jahre erhebt sich an der nordöstlichen Ecke der Kreuzung Johannisstraße – St.-Johannis-Mühlgasse. Zeittypisch schmückt ein Sgraffito die Wand: links das Wappen der Familie Haller, rechts das bayerische Rautenwappen und das kleine Nürnberger Stadtwappen. Eine Inschrift berichtet über die Baugeschichte: „Errichtet 1953/54 vom Evangelischen Siedlungswerk in Bayern (...) auf ehemals von Hallerschem Grund“. Am unteren Rand des Kunstwerkes ist eine Kirche dargestellt: ein Hinweis auf den Vorgängerbau, der bis zum 2. Januar 1945 an dieser Stelle stand. Es handelte sich dabei um das Pilgerspital zum Heiligen Kreuz, eine der zahlreichen sozialen Stiftungen des Mittelalters in Nürnberg. Durchschreitet man von der St.-Johannis-Mühlgasse eine Durchfahrt in den Hof, wird ein Hauch des Idylls, das – so Helmut Haller von Hallerstein in seiner Geschichte des Pilgerspitales – „so sehr das alte Nürnberg verkörperte“ spürbar: Reste der Grundmauern lassen den gotischen Bau der Heilig-Kreuz-Kirche noch erahnen.

Die Hallersche Familienstiftung

Die Geschichte des Pilgerspitals ist untrennbar mit der Familie Haller verbunden, die mit Ulrich Haller ab 1293 in Nürnberg nachweisbar ist und nahezu ununterbrochen seit 1318 dem Inneren Rat angehörte. Die Ausstattung mit Finanzen und Immobilien geschah nahezu ausschließlich durch die Haller, die sich bis in die Gegenwart ihrer Familienstiftung besonders verbunden fühlen. Die eigentliche Stiftungsaufsicht wurde allerdings dem Rat übertragen, der meist einen Haller als Stiftungspfleger einsetzte.

Im Bereich westlich der Stadtmauer zwischen Pegnitz und etwa der heutigen Wielandstraße verfügte die Familie über großen Grundbesitz, woran die Namen Hallerwiese, Hallerstraße oder Hallertor erinnern. Auch das Areal des Pilgerspitals Heilig-Kreuz gehörte zu diesem Besitz. Es lag neben der wichtigen Handelsstraße Nürnberg – Frankfurt, dort, wo ein tief eingeschnittener Hohlweg (die heutige St.-Johannis-Mühlgasse) kreuzte. Die Herberge war so für aus Westen und Norden heranziehende Pilger gut zu erreichen.

(Links) Der 15jährige Carl Joachim Haller von Hallerstein malte diese Ansicht des Heilig-Kreuz-Spitals von der Johannisstraße. Er war der Sohn des damaligen Pflegers Hans III. Joachim Haller von Hallerstein. Aquarell 1748.

Der Begriff „Spital" umschreibt das Wesen von Heilig-Kreuz falsch, obwohl er sich im Laufe der Zeit für diese Institution eingebürgert hat. Die Aufgabe der Einrichtung bildete nicht die Aufnahme von Armen, Alten oder Kranken, sondern die Beherbergung von Pilgern, die auf ihrer Wallfahrt nach oder durch Nürnberg kamen. Die Lage an einer der nach Nürnberg führenden Hauptstraßen, kurz bevor sie das Stadttor erreichte, war ideal: Es konnten auch Pilger Aufnahme finden, die erst nach Einbruch der Dunkelheit ankamen, als die Stadttore bereits geschlossen waren.

Als sich Bertold I. Haller (um 1310-1379), der von 1340 bis 1346 und von 1361 bis zu seinem Tod im Rat saß und neben Konrad Groß einer der einflußreichsten Ratsherren seiner Zeit war, nach 1350 entschloß, eine wohltätige Stiftung zu errichten, war Nürnberg mit Spitälern bereits gut versorgt. Vor allem die Stiftung von Heilig-Geist durch Konrad Groß hatte in diesem Bereich gut ein Jahrzehnt vorher die Fürsorgesituation deutlich verbessert. Ein weiteres „klassisches" Spital kam deshalb für Bertold Haller nicht in Frage, er kam auf eine andere Idee: Als häufig reisender Fernhandelskaufmann kannte er wohl die Situation von Pilgern, die oftmals vor den Stadttoren kampieren mußten. Wahrscheinlich waren durch solch „wildes Campen" auch schon die Hallerschen Grundstücke im Westen Nürnbergs in Mitleidenschaft gezogen worden, so daß die Stiftung der Pilgerherberge zugleich eine Art Hallersche Selbsthilfemaßnahme darstellte.

1354 fand Heilig-Kreuz erstmals Erwähnung, das genaue Gründungsdatum ist allerdings nicht überliefert. Nur wenige Jahre später (1363) entstand als Stiftung der Familie Waldstromer das zweite Nürnberger Pilgerspital, St. Martha in der Königstraße, damals ebenfalls noch vor der Stadtmauer gelegen.

Obdach für „bilgram und weller"

Auf den mittelalterlichen Straßen reisten Scharen von Menschen umher: Fahrende Studenten, pfründelose Geistliche, Minnesänger, Musikanten, bettelnde Mönche, fahrende Handwerker, Pilger (oftmals mit weit entfernten Zielen wie Rom oder Santiago de Compostela) und Kaufleute bevölkerten die Straßen und brauchten Herbergen. Dieses „Vagantentum" wird etwa in der Liedersammlung der „Carmina Burana" lebendig. Auch Geoffrey Chaucers „Canterbury Tales" erzählen von den Mühen und den Lustbarkeiten einer mittelalterlichen Pilgerreise, in diesem Falle aus der Sicht von Menschen sämtlicher Stände, die nach Canterbury zum Grab des heiligen Thomas Becket wallfahrten.

Zur Beschreibung der Buntheit des fahrenden Volkes auf den mittelalterlichen Straßen muß aber gar nicht Chaucers Literatur bemüht werden; es reicht, aus den Richtlinien für den Spitalmeister von Heilig-Kreuz zu zitieren. Sie zählen nämlich die Leute auf, die keine Aufnahme fanden: „kainen mit kindern, kainen blinden mit einem hundt, kainen lantfarer, kainen kruppel und gayler (d. h. Gaukler), kainen mit dem hinfallenden sichtumb, kainen außsetzel, kainen mit einem kram oder refe (d. h. Rückentrage)"[1]. Es durften ausschließlich „bilgram und weller (d. h. Wallfahrer), arm priester, arm studenten und schuler, die ir gereth und pucher mit ine tragen" aufgenommen werden. Auch für sie begrenzte die Spitalordnung die Aufenthaltsdauer jedoch rigoros: Sie lag bei nur einer Übernachtung; allein schlechtes Wetter, das eine Weiterreise unmöglich machte, oder eine Erkrankung konnten eine Verlängerung bewirken, allerdings nur mit ausdrücklicher Erlaubnis des Pflegers.

Die Aufgenommenen waren vom Spitalmeister, seiner Frau sowie dem Knecht und der Magd mit Speis und Trank zu versorgen, meist Brot, Erbsen, Schmalz, Salz und Bier. Das Spital verfügte 1496

Blick in den Chor der Heilig-Kreuz-Kirche mit dem Peringsdörferaltar. Fotografie 1938.

über 34 Schlafplätze. Für vornehmere Besucher standen im ersten Stock zwei Kammern zur Verfügung, während der Großteil der Gäste im Männer- oder Frauenschlafsaal unterkam.

Die Anzahl der Beherbergten stand in Abhängigkeit zur politischen Situation und zur daraus resultierenden Sicherheit auf den Straßen und schwankte zwischen 850 Personen im Jahr 1475 und 2.300 Personen in den Jahren 1482 und 1496. Einen besonderen Anziehungspunkt bildete die sogenannte Osterspeisung. In der Karwoche wurden an alle Armen und Bedürftigen Eier, Brot und Bier ausgegeben, was einen enormen finanziellen und organisatorischen Aufwand bedeutete. So nahmen in den Jahren von 1561 bis 1571 jährlich etwa 12.000 bis 15.000 Menschen an dieser Armenspeisung teil, 1572 sogar 24.000 Menschen. Bei den engen räumlichen Verhältnissen bedeutete dies eine wahre Massenveranstaltung, die nach 1575 eingestellt wurde.

Auch nach der Reformation diente Heilig-Kreuz weiterhin dem Stiftungszweck, der Aufnahme von Pilgern.[2)] Die sogenannten Wochenzettel, in die der Spitalmeister Name, Herkunftsort und Ziel der Gäste eintragen mußte und die für das 18. Jahrhundert nahezu lückenlos überliefert sind, geben darüber detailliert Auskunft. Wallfahrer aus katholischen Regionen nahmen auf ihrem Weg nach traditionellen Pilgerzielen wie Rom oder Aachen oder zu „moderneren" Wallfahrtsorten wie der Wies bei Steingaden gerne die Dienste der Hallerschen Stiftung in Anspruch. Im 17. Jahrhundert kamen meist zwischen 2.000 und 4.500 Personen jährlich, zu Ende der reichsstädtischen Zeit nur noch etwa 300 Personen. Insgesamt wurden in den viereinhalb Jahrhunderten seines Bestehens wohl über eine Million Menschen in Heilig-Kreuz beherbergt. In Krisenzeiten, etwa im Dreißigjährigen Krieg oder bei Überfüllung der Spitäler und Siechköbel, diente das Pilgerspital auch zur Aufnahme von Kranken und Verwundeten.

Die bauliche Entwicklung

Das Spital bestand aus drei Hauptgebäuden: Kirche, Pilgerherberge und Pfründnerhaus. Dazu kamen Nebengebäude wie Stallungen oder Gartenhäuschen. Die Anlage war von eher bescheidenem Ausmaß: Die Herberge selbst war 27 Meter lang und 10 Meter breit, die Kirche 25 Meter lang und 8 bis 11,5 Meter breit. Insgesamt galt das Ensemble mit seinem Garten aber als eines der malerischsten Anwesen Nürnbergs. Im Pfründnerhaus lebte der Priester, der für die geistliche Betreuung der Stiftung zuständig war.

Die Ausstattung der Heilig-Kreuz-Kirche glich den anderen Nürnberger Kirchen: Totenschilde, spätmittelalterliche Kunstwerke und Altäre. Zwei Stücke sind davon besonders hervorzuheben: der Peringsdörferaltar und der Vierzehn-Nothelfer-Altar, die sich heute nach wie vor in St. Johannis, in der Friedenskirche, befinden.

Heilig-Kreuz im 19. und 20. Jahrhundert

1796 wurden Heilig-Kreuz und die gesamte Vorstadt St. Johannis von preußischen Truppen besetzt. Die preußische Regierung anerkannte die Stellung der Heilig-Kreuz-Stiftung als reine Privatstiftung der Hallerschen Familie und ließ sie unbehelligt weiterarbeiten.

Als Nürnberg 1806 dem Königreich Bayern zugeschlagen wurde, kam allerdings das Ende für die Heilig-Kreuz-Stiftung. Es wurde überlegt, die mildtätigen Stiftungen Nürnbergs zu einem sinnvolleren Fürsorgesystem zusammenzufassen und jeder Einrichtung einen speziellen Zweck zu geben. Eine Verwendung von Heilig-Kreuz als Spital für ansteckende Kranke wurde zwar geplant, aber nicht umgesetzt. Stattdessen löste die bayerische Verwaltung die Stiftung auf und teilte sie 1808 in drei Teile: Die Kirche und ein Teil des Vermögens ging an die Kultusverwaltung, die restlichen Immobilien und der größte Teil des Vermögens an die Fürsorgeverwaltung, das Pflegerhaus mit Wohnrecht, Kirchenempore und einem Teil der fälligen Abgaben an die Familie Haller. Dieses Nebeneinander von drei Nutzungsberechtigten und Eigentümern führte zu verwirrenden Rechtsverhältnissen, etwa wenn es um die Frage der Kostenübernahme bei der Kirchenrenovierung ging.

Vielen alten Johannisern ist noch die Gastwirtschaft im Pilgerspital, kurz „Kreuzla" genannt, ein Begriff. Das Recht, Bier auszuschenken, geht bereits auf das Mittelalter zurück; erst 1809 wurde dieses Recht allerdings wirklich genutzt und die ehemalige Herberge an einen Wirt verpachtet. Die so entstandene stimmungsvolle Gaststätte erfreute sich rasch großer Beliebtheit. Dies rief natürlich die Konkurrenz auf den Plan, denn 1810 strengten die Wirte des Schießhauses bei St. Johannis und der Gaststätte Luzner an der Bucher Straße eine Klage an, da sie die Rechtmäßigkeit des Getränkeausschankes bezweifelten. In dem Gerichtsverfahren wurde jedoch festgestellt, daß Heilig-Kreuz seit seiner Gründung über ein Schankrecht verfüge und dieses auch an einen Wirt verpachten dürfe. Die Obrigkeit reihte das „Kreuzla" somit in die Wirtschaften II. Klasse ein: Es durften also Getränke und Speisen ausgegeben werden. Der Wirt bewirtete seine Gäste auch im Hof, wodurch eine der schönsten Nürnberger Gartengaststätten entstand. Die Bomben eines Luftangriffs am 8./9. März 1943 ließen vom „Kreuzla" nur noch Trümmer übrig.

Dem Luftangriff auf Nürnberg am 2. Januar 1945 fiel das Heilig-Kreuz-Spital dann fast vollständig zum Opfer. Die ausgelagerten Kunstwerke überlebten und sind heute in der Friedenskirche und in der Großgründlacher Laurentiuskirche zu sehen. Aus den Wohngebäuden konnten nur wenige Möbel und Antiquitäten gerettet werden, dazu zahlreiche Archivalien aus den besonders dick ummauerten Archivräumen.

Die verwirrenden Rechtsverhältnisse, die seit 1808 bestanden, verhinderten einen raschen Wiederaufbau: Die Familie Haller hatte keine Mittel dazu zur Verfügung, während sich die Stadt als eigentliche Eigentümerin des Grundstücks zurückhielt und die Entscheidungen der Familie überließ. Als die Baupolizei 1950 aus Einsturzgründen den Abriß der Ruinen forderte, entschied sich die Familie Haller im Einvernehmen mit der Stadt gegen eine Rekonstruktion und für die Schaffung von dringend benötigtem Wohnraum. Es fand sich eine Lösung mit dem Evangelischen Siedlungswerk, das einen Wohnblock auf dem Grundstück errichtete. Zuschüsse des Freistaates Bayern, der Stadt Nürnberg und der Henry-Ford-Stiftung ermöglichten den Bau der Wohnungen. Als Erinnerung an die Geschichte des Ortes wurde die eingangs erwähnte Fassadengestaltung angebracht und blieb im Hof die Ruine der Kirche erhalten. Auf die Tatsache, daß der Neubau im Jahr 1954, also genau 600 Jahre nach der ersten Erwähnung des Pilgerspitals vollendet wurde, nahm man in einem zweiten Sgraffito an der Ecke St.-Johannis-Mühlgasse – Burgschmietstraße Bezug: „Kleidung im Wandel der Jahrhunderte" könnte man die Darstellung überschreiben. Sie reicht von einem Ritter des Jahres 1354 über die Kleidung städtischer Bürger 1454, barocke Pracht 1654, biedermeierliche Idylle 1854 zur Funktionalität des 20. Jahrhunderts mit dem Jahr 1954.

M.S.

Die Via Dolorosa von St. Johannis

Der Kreuzweg des Adam Kraft

Das Beten und Gehen auf der Via Dolorosa in der Altstadt von Jerusalem zwischen dem Palast des Pilatus und der Grabeskirche gehört heute zu den Höhepunkten einer christlichen Pilgerreise ins Heilige Land. Dabei wird der letzte Weg Jesu in vierzehn Stationen nachgegangen, den er dem Bericht der Evangelien gemäß nach seiner Verurteilung durch den römischen Statthalter Pontius Pilatus mit dem Kreuz auf den Schultern zur Hinrichtungsstätte auf dem Hügel Golgatha zurücklegen mußte. Den Kreuzweg von vierzehn Stationen und die dazugehörige Andacht kennt die katholische Frömmigkeit bis heute, die vierzehn Kreuzwegstationen gehören zur Grundausstattung katholischer Kirchen und werden auch in den Formen moderner Kunst gestaltet, so in den von dem Schwabacher Künstler Reinhard Zimmermann im Jahr 1985 ausgeführten Glasmalereien in der Kirche Corpus Christi im Stadtteil Herpersdorf.

Doch so sehr verankert diese Frömmigkeitsform auch sein mag: Den auf vierzehn Stationen festgelegten Kreuzweg gibt es erst seit dem Barock; 1731 wird diese Zahl durch ein päpstliches Schreiben festgelegt. Erst am Beginn des 19. Jahrhunderts wurde die Vierzehnzahl der Stationen nach Jerusalem „rückübertragen".

Der Nürnberger Kreuzweg des Adam Kraft zwischen Tiergärtnertor und Johannisfriedhof, der als eine Art frühes Bindeglied zwischen Stadt und Vorstadt betrachtet werden kann, legt Zeugnis für eine ältere Form der Passionsfrömmigkeit ab, die sogenannten Sieben Fälle Jesu. Daneben können die Reliefs als der wohl älteste erhaltene Kreuzwegszyklus überhaupt gelten.

Die „Sieben Fälle Jesu"

Gehören noch heute drei Stationen mit dem Titel „Jesus fällt (zum ersten-, zweiten-, dritten Mal) unter dem Kreuz" zu einem Kreuzweg, so setzten sich die ersten mittelalterlichen Kreuzwegandachten aus insgesamt sieben „Fällen" zusammen. Dabei herrschte die Vorstellung, daß Jesus im Laufe seines Kreuztragens durch die Gassen Jerusalems bei sieben Gelegenheiten unter der Last oder wegen der bewegenden Begegnungen mit seiner Mutter, mit weinenden Frauen am

Die erste Station des Kreuzweges zeigt links Maria, wie sie beim Anblick ihres das Kreuz schleppenden Sohnes zusammenbricht.
Fotografie 1909.

(Links) Die vierte Station des Kreuzweges („Veronika reicht Jesus das Schweißtuch") an der Ecke Burgschmietstraße/Campestraße.
Fotografie 2000.

Simon von Cyrene (rechte Bildhälfte) wird gezwungen, das Kreuz mitzutragen; zweite Station des Kreuzweges.
FOTOGRAFIE 1909.

Wegesrand oder mit Veronika, die ihm das Schweißtuch reichte, zusammenbrach und zu Boden fiel. Die Zahl sieben kam nicht zufällig zustande, gilt sie doch in der biblischen Zahlenmystik als heilige Zahl. So vereinten sich bei den „Sieben Fällen" biblisch bezeugte mit legendenhaft überlieferten Geschehnissen am Kreuzweg. Die Andacht zu den „Sieben Fällen Jesu" verbreitete sich vor allem im deutschen Sprachraum und in den Niederlanden, und so verwundert es nicht, daß die ältesten bildhaften Kreuzwege in Deutschland – wie der des Adam Kraft – sieben Stationen aufweisen.

Der Wunsch, auch außerhalb Jerusalems die Passion möglichst exakt nachvollziehen zu können, ließ schon seit dem frühen Mittelalter Nachbauten von Heiligen Stätten entstehen. So entstand schon 822 in der Fuldaer Michaelskirche ein Nachbau des Heiligen Grabes aus der Grabeskirche. Nachgebaut wurde aber auch der Hof des Pilatus oder der Hügel Golgatha in Form von Kalvarienbergen. Ein frühes derartiges Ensemble, das baulich kaum verändert wurde, beherbergt beispielsweise die Baslika San Stefano in Bologna mit einem mit langobardischen Ornamenten ausgeschmückten „Hof des Pilatus" und einem Heiligen Grab. Populär wurden solche mehr oder minder genauen Kopien erst recht mit den Kreuzzügen, als Europäer in bis dahin nicht gekannter Zahl ins Heilige Land gelangten und Kenntnisse über die Heiligen Stätten aus eigener Anschauung zurückbrachten.

Die offensichtlich immer weiter verbreitete Andacht zu den „Sieben Fällen" brachte Ende des 15. Jahrhunderts den Kreuzweg als eine Folge von bildhauerisch gestalteten, entlang eines Weges im Freien aufgestellten Stationen hervor, die es dem Betrachter ermöglichten, den Kreuzweg Jesu nachzugehen. Einer der ersten Stationswege in Deutschland entstand 1468 in Lübeck, gestiftet von dem Jerusalempilger Heinrich Constein; 1484 folgte Berlin, wo die Jerusalemkirche mit einem Heiligen Grab Schlußpunkt des Weges war.

Datierungsprobleme

Für Adam Krafts Kreuzweg in Nürnberg gibt es leider keinen schriftlichen Vertrag zwischen Künstler und Stifter oder ein ähnliches Dokument, das eindeutig Entstehungszeit und Stifter nennt. Daher findet man unterschiedliche Datierungen. Sie reichen von 1490 bis 1505/08. Kunsthistorisch relevant ist diese Frage auch deshalb, weil der Bamberger Kreuzweg, dessen sieben Stationen zwischen den Kirchen St. Elisabeth und St. Getreu erhalten sind, zwischen 1500 und 1503 entstand und deutliche Parallelen zu Nürnberg aufweist. Von der Datierung des Nürnberger Werkes hängt also ab, ob der Bamberger Kreuzweg sich ihn zum Vorbild nahm oder umgekehrt.

Die Verfechter der späteren Datierung (1505/08) verweisen vor allem auf eine Quelle, einen Schuldvertrag zwischen Peter Imhoff und Adam Kraft von 1505, der die Bemerkung beinhaltet, Kraft werde seine Schulden zurückzahlen, wenn „des marschalks arbayt" vollendet sein würde. Dies wird auf den Kreuzweg, die Grablegungsgruppe in der Holzschuherkapelle und die Kreuzigungsgruppe bezogen, die als Stiftung des Heinrich Marschalk von Ebneth gelten, der auch schon den Bamberger Kreuzweg gestiftet hatte.

Neuere Untersuchungen datieren Krafts Kreuzweg aber früher[1)]: Das erste Indiz hierfür ist Albrecht Dürers Aquarell „Sant Johans Kirchen", das im Sommer 1494 entstanden sein muß, denn es zeigt bereits die 1490 aufgestellte Kreuzigungsgruppe. Dürer kehrte im Frühjahr 1494 von seiner Wanderschaft zurück, in die er im Frühjahr 1490 aufgebrochen war und verließ Nürnberg bereits im Herbst 1494 wieder in Richtung Italien. Er verewigte aber nicht nur die Kreuzigungsgruppe auf seinem Aquarell, sondern auch eine Steintafel, die links von der Kreuzigungsgruppe zu erkennen ist und in ihrer Größe den Kraftschen Kreuzwegstationen gleicht. Man kann also davon ausgehen, daß im Sommer 1494 bereits eine der Tafeln an der Friedhofsmauer stand.

Es gibt noch eine weitere Quelle, die für diese frühe Datierung spricht: einen Brief des Münchener Kaufmanns Andreas Sluder vom 24. März 1493. Dieser Brief, der im 19. Jahrhundert bereits einmal abgedruckt wurde und im Original verloren ist, wurde von den Verfechtern der späteren Datierung kurzerhand als Fälschung verurteilt (auch weil ihn 1899 eine der ersten Kunsthistorikerinnen, Hedwig Michaelson, als Quelle herangezogen hatte und damit in eine Männerdomäne vorgedrungen war!). Wertet man ihn mit guten Gründen als echte Quelle, datiert er Krafts Kreuzwegstationen eindeutig für die Zeit kurz vor 1493: „... wie das mit denen stationen beschaffen sei, so vnser freunt Martinus Kötzel ze Nürnberg hat schaffen lassn durch den trefflich kunstreichen meister Adam Kraft, ... mag ich Euch schier wundersam vnd vnglaubliche frömmigkeit, ausdauer vnd gottseifer vermelden."[2)]

Jesus blickt voller Mitleid auf die in der rechten Bildhälfte stehende Gruppe von weinenden Frauen aus Jerusalem; dritte Station des Kreuzweges.
FOTOGRAFIE 1909.

Das hieße also, daß Martin Ketzel bereits Anfang der 1490er Jahre zumindest einige der Stationen gestiftet hat. Einige Mitglieder der Kaufmannsfamilie Ketzel, die um 1430 nach Nürnberg zugewandert war, sind uns als Jerusalempilger bekannt, so auch Martin Ketzel. Schon in der Stiftung der Heilig-Grab-Kapelle im Hof des Heilig-Geist-Spitals zeigte sich das Bemühen, Frömmigkeitsformen der Pilgerfahrt nach Nürnberg zu importieren, so wie das auch beim Kreuzweg der Fall war. Daß der Weg nach St. Johannis schon seit wenigstens der Mitte des 15. Jahrhunderts als Kreuzweg in irgendeiner Form gekennzeichnet war, bezeugt ein Brief des Heilig-Land-Pilgers Hans Tucher.[3)] Nürnbergs Kreuzweg kann daher tatsächlich als eine der ersten derartigen Anlagen in Deutschland gelten.

Doch auch die Verfechter der Theorie, Kraft habe erst um 1505 die Stationen geschaffen, haben zumindest teilweise recht. Bei dem, was in der erwähnten Schuldverschreibung Adam Krafts an Peter Imhoff als „Marschalks arbayt" bezeichnet wird, handelt es sich wohl um die beiden letzten figurenreichen Stationen des Kreuzweges, also die Grablegungsgruppe in der Holzschuherkapelle und den Kalvarienberg, der am Eingang des Johannisfriedhofes seinen Platz hatte. Der Schluß, bei

Jesus bricht unter der Last des Kreuzes fast zusammen. Das linke Drittel dieser fünften Station des Kreuzweges ging bei einer früheren Renovierung verloren.
FOTOGRAFIE 1909.

dem Auftraggeber Marschalk handle es sich um denselben Heinrich Marschalk von Rauheneck, der zu Beginn des 15. Jahrhunderts den Bamberger Kreuzweg stiftete, ist nicht sicher belegbar, denn der Name Marschalk war häufig in Franken anzutreffen.

Welche der Theorien tatsächlich der Wahrheit am nächsten kommt, ist schwer zu entscheiden, auch wenn die Datierung auf Anfang der 1490er Jahre die überzeugendere zu sein scheint. Fest steht, daß aller Streit um die Datierung hinter dem bildhauerischen Können Adam Krafts verblaßt.

Die einzelnen Stationen

Möchte man heutzutage die Originale der sieben Stationstafeln, der Grablegung und der Kreuzigung betrachten, so hat man drei verschiedene Plätze in Nürnberg aufzusuchen. Die Originale der Tafeln sind in der stimmungsvollen ehemaligen Kartäuserkirche im Germanischen Nationalmuseum in die Wände eingelassen und können bei einem Museumsbesuch genau studiert werden. Das, was vom Kalvarienberg übriggeblieben ist, nämlich Christus am Kreuz, flankiert von den beiden Schächern, ziert seit 1902 die Nordseite des seither sogenannten Kreuzigungshofes im Heilig-Geist-Spital. Allein die Grablegungsgruppe bewahrte ihren vor Witterungseinflüssen geschützten originalen Standort in der Holzschuherkapelle am Johannisfriedhof.

In St. Johannis ersetzte der Bildhauer Georg Leistner zwischen 1889 und 1910 die Originale der Relieftafeln, so daß man dem früheren Verlauf die Burgschmietstraße entlang zum Friedhof noch immer folgen kann. Leistner schuf auch eine neue Kreuzigungsgruppe rechts vom Friedhofseingang, die nach ihrer Zerstörung im Zweiten Weltkrieg durch eine Arbeit von Alois Rauschhuber ersetzt wurde und die Stelle des Kraftschen Kalvarienberges an der Johannisstraße Ecke Lindengasse markiert.

Jahrhundertelang führte der Weg zwischen den Gärten von St. Johannis hindurch; heute allerdings geht man durch dicht bebautes Stadtgebiet, an der Johannisstraße begleitet von dichtem Autoverkehr und Straßenbahnschienen. Traditionellerweise müßte ein Gang entlang des Kreuzweges am Pilatushaus am Tiergärtnertorplatz beginnen, das 1489 von dem Plattner Hans Grünewald errichtet wurde. Es galt als Symbol für den Palast des römischen Statthalters Pontius Pilatus, wo Jesus nach seiner Verurteilung das Kreuz auf seine Schultern nahm. Die Bezeichnung „Pilatushaus" existiert allerdings erst seit dem 17. Jahrhundert, wohl weil die Inschriften auf den Tafeln jeweils eine Entfernungsangabe machen, etwa „200 Schritt von Pilatus Haus" auf der ersten Tafel. Man rechnete einfach von der ersten Station 200 Schritte zurück und kam dabei zum Tiergärtnertorplatz; dabei kann es sich aber nur um die Luftlinie handeln, denn im Selbstversuch benötigte der Autor exakt 337 Schritte ...

An der Fassade des Hauses Burgschmietstraße 6 trifft man auf die erste Station, „Jesus begegnet seiner Mutter". Das Relief gliedert sich in zwei Figurengruppen: Rechts schleppt sich Jesus mit dem schweren Kreuz inmitten von Schergen mühsam voran, während links seine Mutter Maria beim Anblick des gequälten Sohnes ohnmächtig zusammensinkt, gestützt von Johannes und einer der drei Marien aus dem Gefolge Jesu. Diese Begegnung zwischen Jesus und Maria ist biblisch nicht bezeugt, gehört aber bis heute zu den 14 Stationen des Kreuzweges. Unter dem Relief ist eine Informationstafel angebracht, die selbst schon wieder Geschichte ist; ein Ritter von Rauheneck wird als Stifter genannt, was, wie oben erwähnt, eine äußerst unsichere Zuschreibung ist.

Eine starke Tiefenwirkung bestimmt die zweite Tafel an der Burgschmietstraße Ecke Weigelstraße. Nach den Passionsberichten der Evangelien wurde ein Mann namens Simon von Cyrene gezwungen, Jesus beim Tragen des Kreuzes zu helfen, in der Kreuzwegandacht Sinnbild und Aufruf an die Gläubigen, Schmerzen und Unbill klaglos auf sich zu nehmen und zu (er-)tragen. Jesus ist unter des Last zusammengebrochen; die Schergen versuchen ihn zum Weitergehen zu zwingen. Zur Unterstützung führen sie rechts Simon heran, der wie ein älteres, einfaches Bäuerlein gekleidet ist und bereits den Kreuzbalken ergreift.

Ebenfalls biblisch belegt ist die Szenerie der dritten Tafel an der Fassade des Hauses Burgschmietstraße 18: „Jesus begegnet den weinenden Frauen". Nach dem Lukasevangelium rief Jesus weinenden Jerusalemer Frauen, die am Weg standen, zu: „Weint nicht über mich, weint über euch und euere Kinder." Kraft gestaltete diese Begebenheit als eine Art Ruhepol in der vorwärtsdrängenden Dynamik des gesamten Kunstwerkes. Die sechs Frauen und der in den Knien einknickende Jesus strahlen eine gewisse Ruhe aus, das Kreuz dominiert hier nicht so stark wie in den vorausgehenden Reliefs.

Die vierte Station steht an der Burgschmietstraße Ecke Campestraße und zeigt Veronika, die

Der Länge nach ausgestreckt ist Jesus unter der Last zusammengebrochen und wird von den Soldaten wieder hochgerissen; sechste Station des Kreuzweges.
Fotografie 1909.

Jesus mit einem Tuch den Schweiß vom Gesicht wischte. Es ist der Moment festgehalten, in dem Jesus das Tuch dankbar wieder an Veronika reicht. Der Legende nach drückte sich im Schweißtuch das Antlitz Jesu ab, die „Vera Ikon", das wahre Abbild Christi entsteht; schon der Name Veronika verrät dies, denn er ist ein Anagramm, aus dessen Buchstaben man auch „Vera Ikon" bilden kann.

Die fünfte Tafel an der Einmündung der Burgschmietstraße in die Johannisstraße kann nahezu als Andachtsbild bezeichnet werden, denn sie zeigt kein bestimmtes Ereignis während des Kreuzweges; der kreuztragende Jesus selbst steht im Zentrum und lädt den Betrachter durch seine Herauswendung zur Meditation über das Geschehen ein. Bei einer früheren Restaurierung wurde die schadhafte rechte Seite des Reliefs abgeschlagen, so daß die Tafel heute kleiner ist als die anderen und ein fast quadratisches Aussehen hat.

Im sechsten Bild vor dem Anwesen Johannisstraße 46 liegt Jesus, unter der Last zusammengebrochen, längs ausgestreckt am Boden. Die ihn umringenden Schergen versuchen ihn wieder aufzurichten und zum Weitergehen zu zwingen.

Vor der siebten Relieftafel folgte im Ablauf der Kalvarienberg mit der Darstellung des gekreuzigten Jesus, zu seinen Seiten die beiden Schächer.

Der Leichnam Jesu ist bereits vom Kreuz abgenommen. Die ihm Nahestehenden trauern um ihn und bereiten ihn zum Begräbnis; siebte Station des Kreuzweges.
FOTOGRAFIE 1909.

Dazu kamen weitere Figuren: zu Füßen des Kreuzes Schergen und der Hauptmann Longinus mit der Lanze, auf einem Podest gegenüber Maria, gestützt von Johannes und Magdalena, dazu vier verschleierte Frauen. Bis auf die drei Gekreuzigten selbst, die immer wieder restauriert wurden, sind alle anderen Figuren im Laufe der Jahrhunderte stark verwittert und nicht mehr erhalten. Ein Stich Johann Jakob Kirchners zeigt die Situation im Jahr 1822: Zwei der Figuren waren noch übrig und standen zwischen den Kreuzen (vgl. Abbildung auf S. 50)

Südlich vom Haupteingang des Johannisfriedhofs befindet sich die siebte Tafel: Der vom Kreuz abgenommene Jesus liegt auf einem Leichentuch, hinter ihm kniet Maria in einem Trauergestus, weitere Trauernde umringen den Toten. Unter ihnen befindet sich der schnauzbärtige Nikodemus, der auch auf den vorherigen Reliefs schon immer wieder zu sehen war. Er hält die Kreuzesnägel in der Hand, während Joseph von Arimathäa, in dessen Gartengrab der Leichnam gelegt werden wird, die Dornenkrone mit sich trägt.

Eine weitere große Figurengruppe schließt in einer Nische in der Südwand der Holzschuherkapelle den Zyklus ab. Jesus wird gerade von Joseph von Arimathäa in den Sarkophag gebettet, betrauert von einer Vielzahl von Begleitern, darunter Maria und Johannes, die Frauen und Nikodemus mit den Kreuzesnägeln. Das Fresko im Hintergrund zeigt die Stadt Jerusalem, vor deren Stadtmauern ja die Kreuzigungsstätte und das Grab lagen. Es ist auf das Jahr 1508 datiert. Künstlerisch ist die Grablegungsgruppe nicht von der gleichen hohen Qualität wie die Relieftafeln. Sie scheint nicht von Adam Kraft selbst, sondern von seinen Gesellen ausgeführt worden zu sein, auch wenn die Gesamtkonzeption sicher auf den Meister selbst zurückgeht. 1508 war Kraft schon nachweislich erkrankt und von schlechter Gesundheit, so daß die Gesellen seiner Werkstatt die Hauptarbeit leisteten. Als er im Dezember desselben Jahres bei einem Aufenthalt in Schwabach einen Schwächeanfall erlitt, wurde er ins dortige Spital gebracht und starb dort Ende Dezember 1508 oder Anfang Januar 1509. Die beiden Figurengruppen der Kreuzigung und Grablegung stellten somit seine letzten großen Werke dar.

Die Kreuzwegstationen gehören zu den Werken Adam Krafts, die spätere Künstler immer wieder beeinflußten. Als in der Barockzeit überall in den katholischen Gegenden neue Kreuzweganlagen mit 14 Stationen entstanden, wurde Krafts Vorbild in der Komposition der Szenen gerne als Anregung genommen. *M. S.*

Am Osteingang zum Johannisfriedhof stand bis 1902 die Kreuzigungsgruppe von Adam Kraft.
Viele der Figuren waren durch Verwitterung bereits verloren gegangen.
Auf dieser Abbildung sind noch Maria und Johannes erhalten und zwischen den Kreuzen aufgestellt.
FOTOGRAFIE VOR 1902.

Johann Jakob Kirchner

Ein Radierer und Zeichner aus St. Johannis

Johann Jakob Kirchner.
Zeichnung von
Johann Adam Klein 1812.

Die abgebildete Radierung aus dem Jahre 1822 bietet – vom Standpunkt des Dürer-Grabes – einen eindrucksvollen Blick vom Johannisfriedhof über die Felder und die Vorstadt auf die Nürnberger Burg. Insgesamt beschwört die Stimmung des Bildes eine märchenhafte mittelalterliche Vergangenheit Nürnbergs. Dabei fällt bei genauer Betrachtung ein Gegensatz ins Auge: Im Vordergrund sind die von vielerlei Pflanzen überwucherten liegenden Sandsteingräber und die Kreuzigungsgruppe von Adam Kraft verklärend und überhöhend dargestellt. Die Darstellung der Gebäude zwischen der heutigen Johannis- und Burgschmietstraße (rechte Bildseite) und der Häuser und Gärten, der an die Johannisfelder (Bildmitte) angrenzenden Langen Zeile sowie die den Hintergrund dominierenden Nürnberger Burg liefert dagegen ein detailliertes und sehr viel realeres Bild der Wirklichkeit.

Der Künstler dieses wohl zu den schönsten Abbildungen von St. Johannis zählenden Werkes war Johann Jakob Kirchner (1788-1837). Es zählt zu einer Folge von sechs Blatt, die 1822 unter dem Titel „Ansichten der Burg zu Nürnberg" erschienen, in welcher der Kunsthistoriker Matthias Mende ein Hauptwerk romantischer deutscher Grafik sieht. Kirchner gilt heute neben Johann Christoph Erhard als der bedeutendste Nürnberger Zeichner des 19. Jahrhunderts. Zugleich fungierte er mit seinen Arbeiten als einer der „romantischen Entdecker" Nürnbergs. Dennoch ist er heute längst vergessen, seine Werke sind nur noch in Fachkreisen bekannt.

Kirchner fand erst spät zur Kunst und gab sie nach zwölf Schaffensjahren 1829 als unverstandener Einzelgänger im nüchtern-sachlichen Nürnberger Kunstleben wieder auf, um eine gesicherte Stelle als Zeichenlehrer an der Polytechnischen

(Links) Blick auf die Nürnberger Burg über die Johannisfelder und Häuser der Vorstadt. Der Standpunkt des Künstlers ist das Grab Albrecht Dürers, auf dessen Kunst sich Kirchner bezog.
Radierung von Johann Jakob Kirchner, 1822.

Schule in Nürnberg anzunehmen. „Wie bei vielen romantischen Künstlern aus dem zweiten Glied war sein idealistisches Streben größer als seine tatsächliche Begabung“[1], urteilte sein Biograph Matthias Mende über ihn. Sowohl während seiner künstlerisch kreativen Jahre als auch während seiner Zeit als Zeichenlehrer wirkte und lebte er in St. Johannis. Hier wohnte er von 1817 bis zu seinem frühen Tod 1837 im Haus Johannisstraße 26-28, einem großen Gartenanwesen an der Ecke zur St.-Johannis-Mühlgasse.

Kirchners Leben, das er zum größten Teil in Nürnberg verbrachte, ist schnell erzählt: Nach einer Lehre als Buchhändler und einigen Jahren der Tätigkeit in diesem Beruf entschloß sich Johann Jakob Kirchner, der aus einfachen Verhältnissen stammte, die ungeliebte Stellung zu verlassen und einen künstlerischen Beruf zu erlernen. Nach einigen kürzeren Aufenthalten in Wien und München übersiedelte er 1811 ganz nach Wien, um dort an der Akademie der Bildenden Künste zu studieren. Künstlerisch weit mehr geprägt wurde er jedoch durch seine Bekanntschaft mit einem Kreis von Romantikern, die wegen ihrer teilweise langen Haartracht als „Nazarener“ verspottet wurden. Sie beriefen sich auf Raffael und Dürer und strebten eine Erneuerung der Kunst mit einer Rückbesinnung auf das christliche Mittelalter und patriotischer Betonung ihres Deutschtums an. Dadurch standen sie konträr zu dem damals vorherrschenden Klassizismus, der sich an der Antike orientierte. Nach einer Zwischenstation in München ließ sich Kirchner ab 1817 wieder in Nürnberg nieder. Er versuchte nach seinen romatischen Idealen zu leben und zu arbeiten, blieb damit in Nürnberg aber stets Außenseiter. Anerkennung erhielt er lediglich durch geistesverwandte Künstlerkollegen auf Nürnberg-Besuch, für die Kirchner die erste Anlaufstation war. Fachkundig zeigte er ihnen seine Heimatstadt und vor allem auch den Johannisfriedhof mit dem Dürergrab. Ein Reihe von

Sebastianspital von Süden.
Bleistiftzeichnung und Wasserfarbe, Johann Jakob Kirchner um 1827.

Schicksalsschlägen wie der Tod seiner Frau und seines neugeborenen Sohnes brachten ihn dazu, nicht einmal an der Dürerfeier 1828 teilzunehmen. Mit seinen letzten Werken, der 15 Bilder umfassenden Serie „Nürnberg und seine Umgebungen“ aus dem Jahr 1829, zeigte er sich auf dem Höhepunkt seines Schaffens. Kurz darauf vernichtete er viele seiner Zeichnungen und löschte die Signaturen auf allen in seinem Besitz befindlichen Radierplatten. Sein weiteres Leben als handwerkliche Fähigkeiten vermittelnder Zeichenlehrer verlief ereignisarm. Im Mai 1837 starb Kirchner in St. Johannis an den Folgen der Schwindsucht im Alter von nur 49 Jahren.

B.W.

Der Riesenschritt und die Häuser an der Lindengasse von Westen.

Radierung von Johann Jakob Kirchner 1829.

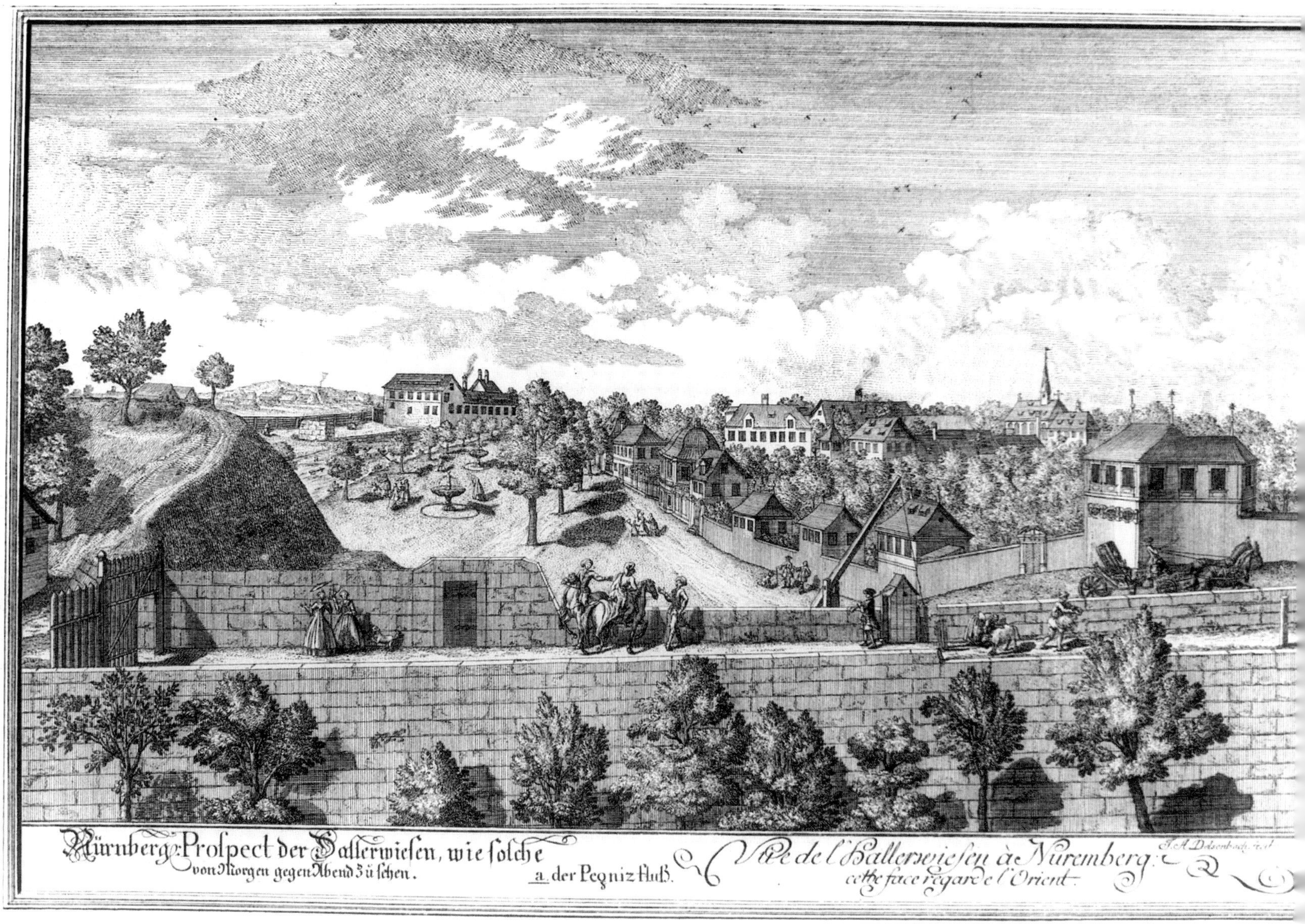
Nürnberg: Prospect der Hallerwiesen, wie solche von Morgen gegen Abend zu sehen.
a. der Pegniz fluß.
Vue de l'Hallerswiesen à Nuremberg: cette face regarde l'Orient.
J. A. Delsenbach fecit

Die Hallerwiese

Erste öffentliche Grünanlage der Nürnberger

Die Hallerwiese um 1620.
Ausschnitt aus einem Stadtplan von Hans Bien, Federzeichnung.

„Prospect der Hallerwiesen" von Osten. Über die Stadtmauer richtet sich der Blick auf die Hallerwiese und die Weidenmühlen, rechts sind Hesperidengärten und die Heilig-Kreuz-Kirche zu erkennen.
Lithographie von Johann Adam Delsenbach, um 1720.

Von Radlern und Fußgängern wird die Hallerwiese meist nur en passant als kleine grüne Oase am Weg zur Altstadt wahrgenommen. Kaum jemand ahnt, daß der Ort als erste Grünanlage Nürnbergs und lange Zeit einziger und wichtigster Festplatz der Stadt auf eine fast 600jährige Geschichte zurückblicken kann.

Offizieller Auftakt dieser Karriere war das Jahr 1434: Damals erwarb der Rat das schon zuvor von der Allgemeinheit genutzte, vom Hallertor bis zum Weidenmühlsteg reichende Gelände von seinem Vorbesitzer, einem Mitglied der Patrizierfamilie Haller. Daher der Name Hallerwiese, der sich über die Jahrhunderte hinweg erhalten hat. Die Absicht der Stadtobrigkeit klingt noch für heutige Ohren wohlüberlegt und sozial: Man wollte einen Park und Festplatz anlegen für Sport, Spiel und Feste „gemeiner stat zu lobe und allen inwonern zu lust und ergetzung".[1)]

Die Hallerwiese war optimal geeignet für den ihr zugedachten Zweck: Sie lag stadtnah und war durch das bereits 1380 errichtete „Hallertürlein" bequem zu erreichen. Zudem taugte sie kaum zu anderen Nutzungen, da das Gelände feucht war und im Hochwasserbereich der Pegnitz lag. Der Bau von Häusern oder eine landwirtschaftliche Bearbeitung kam deshalb nicht in Frage.

Der Rat war anscheinend bemüht, die Neuanschaffung in einen möglichst angenehmen Aufenthaltsort für die Bevölkerung zu verwandeln: Noch im Jahr des Erwerbs der Wiese wurde in seinem Auftrag entlang der Pegnitz ein Entwässerungsgraben gezogen. Wenige Jahre später pflanzte Stadtbaumeister Paulus Vorchtel im westlichen Teil der Anlage mehrere Reihen Linden an – den „Lieblingsbaum der Deutschen". Man nannte sie noch lange Zeit später „des Vorchtels Linden". Der östliche Teil, vorgesehen für Spiel und Festversammlungen, blieb Freifläche. Nahe der Stadtmauer befand sich eine Schießanlage mit „Schießhäuslein" für Armbrustschützen. Als weitere Attraktion stattete man den Platz 1482 mit drei Röhrenbrunnen aus.

Spiel, Sport und andere Vergnügungen

Im Jahr 1650 verfaßte der Dichter Johann Klaj, Mitbegründer des Pegnesischen Blumenordens, folgendes Loblied auf die Hallerwiese:

Da, wo der Pegnitzfluß sich aus der Stadt ergeußt,
Und auf die Rednitz hin in schlanken Schilfen fleußt,
Liegt ein bebäumter Plan, ein Plan, der hoch gepriesen,
Den man von Alters her benamt die Hallerwiesen,
Des Länge sich erstreckt auf die fünfhundert Schritt,
Den manche Buhlerin und mancher Buhler tritt,
(...) Hier wohnet Sommerszeit
Des unbesorgten Volks Lust und Ergötzlichkeit;
Hier siehet man zur Lust die jungen Kinder springen,
Dort zur Ergötzlichkeit Boßkugeln, Kegel bringen,
Zu dem und jenem Spiel.

Armbrustschützenfigur des 1904 auf der Hallerwiese aufgestellten Schnepperschützenbrunnens.
Fotografie 2000.

Der einladend gestaltete Ort lockte viel erholungsbedürftiges und vergnügungssüchtiges Volk an. Die Beliebtheit der Hallerwiese in allen Bevölkerungsschichten dokumentiert die über viele Jahrhunderte gängige Verballhornung ihres Namens in „Allerwiese“.

Man entspannte beim Karteln und Würfeln, bei Brett- und anderen Spielen, durchaus auch mit Geldeinsatz. Auch weniger harmlose Lustbarkeiten waren anscheinend geboten: So zeigt der Etzlaub-Glockendonsche Rundprospekt von 1579 eine nackte Frau, die unter einem Baum vor einem Herrn posiert. Dessen vornehme Kleidung läßt in ihm einen Angehörigen der Oberschicht erkennen. Die Darstellung weist auf Prostitution auf der Hallerwiese hin und erklärt, warum der Ort zeitweilig einen ziemlich schlechten Ruf genoß.

Der Rat, immer auf Wahrung von Sitte und Anstand bedacht und um das Wohlverhalten seiner Bürger bemüht, hatte ihn denn auch bereits 1482 zur Muntat erklärt, das heißt zu einer Zone, die unter besonderem rechtlichen Schutz stand. Muntat war davor nur die unmittelbare Umgebung von Rathaus und Markt gewesen: Hier waren Aktivitäten, die zu Straftaten animieren konnten, etwa Glücksspiele, verboten. Verstöße gegen geltendes Recht, wie Betrug beim Spiel, Beleidigung oder Körperverletzung wurden besonders streng geahndet, der Delinquent konnte mit der Verdoppelung der sonst üblichen Strafe rechnen.

Die Hallerwiese war auch der erste Nürnberger Sportplatz: Hier übten sich die jungen Männer im Speerwerfen, Ringen, Reiten, Fechten, Stein- oder Stangenstoßen. Einerseits geschah dies aus Freude an sportlicher Betätigung und am gegenseitigen Kräftemessen, andererseits sah der Rat solche „Leibesübung“ gern und förderte sie nach Kräften, weil sie der Erhaltung und Hebung der militärischen Schlagkraft diente.

Man muß sich bewußt machen, daß eine reguläre Soldatenausbildung im Mittelalter noch unbekannt war. Die Stadt wurde im Kriegsfall verteidigt von ihren Bürgern selbst. Eine herausragende Rolle in der Verteidigungsstrategie hatte das Schießen, zunächst mit der Armbrust, später mit der Feuerbüchse. Um diese Kunst erlernen und ausüben zu können, mußte man einer Schützengesellschaft beitreten. Die Armbrustschützen scheinen sich im 15. Jahrhundert noch zum gemeinsamen Schießen auf der Hallerwiese getroffen zu haben, bekamen dann jedoch vom Rat reguläre Übungsplätze zugewiesen. So benutzten die „Junioren“ der Schnepperschützen – ihre Waffe war die leichteste Armbrust und wurde auf kürzeste Entfernung abgeschossen – zeitweise den Schneppergraben. Schießhaus und -platz der Büchsenschützen dagegen befanden sich von 1462 bis 1856 südlich des Johannisfriedhofs.

Interessant ist, daß die Armbrust noch lange Zeit nach der Erfindung der Feuerbüchse dieser meist vorgezogen wurde; erst im Dreißigjährigen Krieg und mit dem Aufkommen von Söldnerheeren sank ihre Bedeutung. Der Grund: Die neue Technik war noch wenig ausgereift und barg Probleme,

Die Hallerwiese von Westen.

Anonym, Aquarell um 1830.

die man von der Armbrust nicht kannte. So war die Büchse entschieden schwerfälliger in der Handhabung: In der Zeit, die man benötigte, um sie zu laden, hatte der Armbrustschütze bereits bis zu zehn Pfeile abfeuern können. Auch verdarb das Schießpulver bei Regenwetter leicht, und das Schießen verursachte Lärm und Gestank.

Die Festwiese

Der Schauplatz des triumphalen Finales von Richard Wagners Oper „Die Meistersinger von Nürnberg" (1868) ist der Hallerwiese nachempfunden. In der Regieanweisung heißt es: „Die Pegnitz schlängelt sich durch den Plan. Buntbeflaggte Kähne setzen die ankommenden, festlich gekleideten Bürger der Zünfte mit Frauen und Kindern an das Ufer der Festwiese über."

Diese Darstellung ist in mehrerlei Hinsicht historisch fehlerhaft: In Nürnberg gab es weder Zünfte, noch bedurfte es einer Kahnfahrt, um zur Hallerwiese zu gelangen. Auch war der Aufenthalt der Meistersinger auf der Hallerwiese in Wirklichkeit alles andere als ruhmreich gewesen, sondern vielmehr vom Rat als Strafe angeordnet worden; wegen schlechten Benehmens hatte er sie aus der Stadt gewiesen.

Die große Anzahl der aufgebauten Zelte trug dem regen Zulauf der Festbesucher Rechnung: Neben den Zelten der Stahlschützen (Nr. 1), der Geschoßmeister (Nr. 3), je einem Frauen- (Nr. 5) und Herrenzelt (Nr. 4) gab es ein Speise- (Nr. 2) und ein Schenkzelt (Nr. 8) sowie ein Spielzelt (Nr. 6) und eine Glücksbude (Nr. 10).
KUPFERSTICH 1768.

Gleichwohl belegt die Ortswahl Wagners die Bekanntheit und über mehr als drei Jahrhunderte andauernde Bedeutung der Hallerwiese als Festplatz. Diese Tradition begann schon wenige Jahre nach dem Erwerb durch die Stadt: 1439 beging man hier das erste urkundlich nachweisbare Armbrust-Schützenfest. Solche Feste fanden von nun an alljährlich statt und waren keineswegs nur von lokaler Bedeutung: Der Rat schickte Gesandte in andere Städte aus und ließ dazu einladen, die Teilnehmer kamen zum Teil von weither.

Eine Vorstellung von damaliger Festkultur mag folgende Schilderung des „Kränzleinschießens" von 1579 vermitteln, an dem sich über 100 Schützen von auswärts beteiligten und das eine ganze Woche dauerte: „Die Hallerwiese hat man aufs schönste gezieret, die Brunnen gemalet und verguldet. Die Schießstätten hat man mit schön gemalten Tafeln bekleidet: Oben darauf ist ein Bildnis der „Fortuna" mit einem roten Segel gestellt worden (...). Die Schranken hat man alle rot und weiß nürnbergerisch gemalt, und an denselben vom Schießzelt bis an die (Schieß)Stätten zu beiden Seiten 50 schöne, gemalte, hölzerne Säulen aufgerichtet und zwischen dieselben schönes Gehänge von grünem Laubwerk (...), und in der Mitte grüne Kräntz mit Schilden gehängt, auf welche des Kaisers, der Chur- und anderer Fürsten und vieler Städte Wappen gewesen." [2)]

Bemerkenswert – auch im Vergleich mit heutigen Stadtfesten – ist der gewaltige Aufwand, der damals schon betrieben wurde. Man scheint weder Kosten noch Mühe gescheut zu haben, um das Unterhaltungsbedürfnis der Bevölkerung zu befriedigen.

Die Hinrichtungsstätte

Die Hallerwiese war in der Zeit zwischen 1446 und 1580 Schauplatz öffentlicher Hinrichtungen. Hier, an der Pegnitz, wurde die Todesstrafe durch Ertränken vollzogen. Zu dieser Todesart verurteilt wurden meist Frauen, oft Kindsmörderinnen, vereinzelt aber auch Männer, beispielsweise wegen Bigamie. Vollstreckt wurde das Urteil auf barbarische Weise: Man steckte den Delinquenten in einen Sack und hielt ihn mit Stangen so lange unter Wasser, bis er kein Lebenszeichen mehr von sich gab. Die Inhumanität des Vorgangs stieß allerdings auf Kritik seitens der Justiz. Da auch die technische Durchführbarkeit nicht immer garantiert war – mal führte die Pegnitz zu wenig, mal zu viel Wasser, im Winter war sie oft zugefroren – nahm der Rat schließlich Abstand von dem grausamen Verfahren. Die Hallerwiese als Richtplatz hatte damit ausgespielt.

Die Hallerwiese heute

Das Wachstum der Stadt im 19. und beginnenden 20. Jahrhundert brachte eine Vernachlässigung und Verkleinerung der Hallerwiese mit sich. Dieser Entwicklung fielen viele alte Bäume und die drei Brunnen zum Opfer. Zur Erinnerung an letztere sowie an die Tradition des Bogenschießens auf dem Platz errichtete der Bildhauer Leonhard Herzog im Jahr 1904 seinen „Schnepperschützenbrunnen“, der heute unter Denkmalschutz steht. Er zeigt einen Armbrustschützen, der nach einem imaginären Vogel zielt.

Der Landschaftsarchitekt Joachim Schöffel hat mit seiner Diplomarbeit, die 1991 unter dem Titel „Die Hallerwiese in Nürnberg“ erschienen ist, einige wichtige Impulse zu einer Neugestaltung der Grünfläche gegeben. Seinen Vorschlägen folgend, hat die Stadt Nürnberg das Areal in den letzten Jahren historischen Aussehen angenähert: Der bis 1992 bestehende zentrale Platz wurde bis auf einen schmalen Weg zurückgebaut und die mit Grünpflanzen und Blumen bewachsene Fläche vergrößert. Auch wurden im westlichen Teil Linden neu angepflanzt. Die Baumreihe soll in Richtung Altstadt fortgesetzt werden, so daß der Alleecharakter, der das Aussehen der Hallerwiese jahrhundertelang prägte, wieder erkennbar wird.

D.F.

„Prospect des unteren Theils der Hallerwiese, als des vorzügligsten Promenade Plazes von Nürnberg. Gezeichnet, gestochen und herausgegeben von Friedr(ich) Albert Annert in Nürnberg Anno 1788“.

Das Logenhaus der Freimaurer

„Erkenne dich selbst“

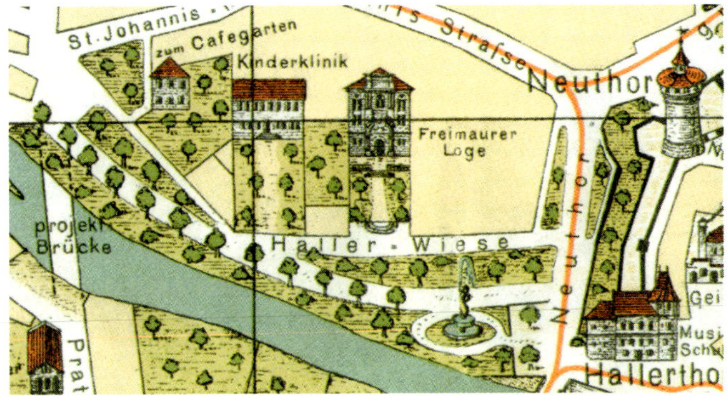

Die Hallerwiese mit der „Freimaurerloge“.
Ausschnitt aus dem Nürnberger Monumentalplan von 1906.

(Links) 1866 bezogen die Nürnberger Logen „Joseph zur Einigkeit“ und „Zu den drei Pfeilen“ ihr neues Domizil an der Hallerwiese 16. Das im maurischen Stil gehaltene Gebäude mit dem Leitspruch „Erkenne dich selbst“ über dem Eingang wurde im Zweiten Weltkrieg zerstört.
Postkarte, um 1870.

Das heutige, 1969 errichtete Logenhaus an der Hallerwiese 16a gibt sich betont unauffällig: Der fensterlose, quaderförmige Bau mit einem Restaurant im Erdgeschoß erscheint eher wie ein Teil des benachbarten Parkhauses des Klinikums Hallerwiese. Dennoch beherbergt der unscheinbare Vorbau eines Wohnhauses heute fünf traditionsreiche Nürnberger Freimaurerlogen, von denen die Loge „Joseph zur Einigkeit“ (gegründet 1761) die älteste ist. Außerdem finden sich hier die Logen „Zu den drei Pfeilen“, die sich 1787 von der Loge Joseph zur Einigkeit abspaltete, die Loge „Albrecht Dürer“ (gegründet 1900), die Reformloge „Zur Wahrheit“ sowie als jüngste Gründung die Loge „Luginsland“ (gegründet 1912).

Trotz der in neuester Zeit feststellbaren Öffnungstendenzen umgibt die Freimaurerlogen, die noch immer reine Männerbünde sind, eine Aura des Geheimnisvollen und Elitären. Ihre Bedeutung und Funktion erschließt sich erst durch einen Blick zurück. Die Freimaurerlogen entstanden letztlich aus den Werkstattverbänden von Steinmetzen, Bildhauern und Zimmerleuten der Bauhütten an den großen mittelalterlichen Kirchen. Die Bauleute empfanden sich als verschworene Gemeinschaft, die eigene Gepflogenheiten, Bräuche und Geheimzeichen entwickelten, um sich gegenseitig als Mitglied einer Bauhütte oder Bruderschaft erkennen zu können. Ihre Ordnung entsprach zunächst der Organisation der Zünfte mit der Einteilung in Lehrling, Geselle und Meister. Durch die Arbeit an Neubauten in ganz Europa entstanden bald überregionale Verbindungen. Der Begriff Freimaurer selbst kann von zwei Bedeutungen abgeleitet werden: Zum einen beinhaltete er die Berufung auf die Befreitheit von der weltlichen Obrigkeit, zum anderen die Fähigkeit des Maurers, freitragende Gewölbesteine einzupassen.

Im Laufe der Jahrhunderte, als der ursprüngliche Zweck – der Bau und die Erhaltung der Dome – zurücktrat, entstand daneben eine „spekulative Freimaurerei“. Sie sah wie die Bauhütten Gott als

„Arbeitssaal“ im alten Logenhaus Hallerwiese 16.
FOTOGRAFIE UM 1900.

den alleinigen und größten Baumeister, weshalb auch die Geräte der Handwerker in die Symbolik der Freimaurer übernommen wurden. Am Johannistag 1717 entstand in London die erste Großloge, 1723 wurden die „Alten Pflichten“ als das heute noch gültige Grundgesetz festgelegt. Ziel der Logen war die Verwirklichung der Idee eines edlen Menschen. Die Entstehung des Freimaurertums im 18. Jahrhundert muß auch aus einer gewissen Oppositionshaltung des Bürgertums gegen den Absolutismus verstanden werden.

In Nürnberg gründeten Kaufleute, die in anderen Ländern mit dort bereits bestehenden Logen in Berührung gekommen waren, 1761 die Loge „Joseph zur Einigkeit“. Nach dem Übergang an Bayern erzwang eine bayerische Verordnung von 1808 den Austritt sämtlicher Beamter, darunter auch Pfarrer und Lehrer, aus den Logen. Für viele Nürnberger Honoratioren gehörte es im 19. Jahrhundert zum guten Ton, Mitglied einer Loge zu sein. Seit den 1860er Jahren öffneten sich die Logen auch jüdischen Mitgliedern: 1861 wurde der Bankier Anton Kohn aufgenommen, der 1850 als erster Jude in Nürnberg wieder das Bürgerrecht erhalten hatte.

Nach verschiedenen Domizilen bezogen die Logen „Joseph zur Einigkeit“ und „Zu den drei Pfeilen“ 1866 ein neuerrichtetes Gebäude an der Hallerwiese 16. Während des Krieges 1870/71 und im Ersten Weltkrieg stellten sie ihr Anwesen als Lazarett zur Verfügung.

Die Nationalsozialisten verboten zwischen 1933 und 1935 sämtliche Logen, die in Nürnberg zu diesem Zeitpunkt insgesamt etwa 1.400 Mitglieder zählten. Die Nazis verdächtigten die Logen, jüdisch kontrolliert zu sein und im Dienste einer angeblichen „jüdischen Weltverschwörung" zu stehen. Im Logenhaus in St. Johannis eröffneten sie zum Reichsparteitag 1938 ein Freimaurerlogen-Museum, das den Besuchern die unterstellten Verschwörungsabsichten vor Augen führen sollte. In wenigen Wochen zählte das Museum angeblich 50.000 – wahrscheinlich dienstverpflichtete – Besucher und Teilnehmer des Reichsparteitags.

Nach Kriegsende und der Wiederzulassung durch die amerikanischen Besatzungsbehörden wurde das bis auf die Grundmauern zerstörte Logengebäude vereinfacht wiederaufgebaut; es konnte 1952 eingeweiht werden. Ende der sechziger Jahre wurde der Bau jedoch abgerissen und auf dem Grundstück eine Wohnanlage sowie das heutige Logenhaus errichtet. In den USA, wo heute die meisten Freimaurer organisiert sind, und in Deutschland verstehen sich die Logen als unpolitisch. Sie sind nach außen hin vor allem karitativ tätig.

B.W.

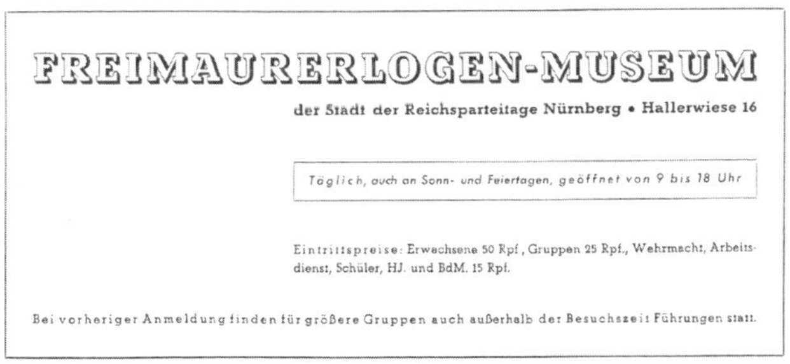

Anzeige für das Freimaurerlogen-Museum, 1938.

Titelseite der Sonderausgabe der Zeitschrift „Bayerland" zum Freimaurerlogen-Museum, 1938.

1567
Die Sau gwan ich auff ein schiessen, hab zwaymall darumb
gleichen muessen, Zu Gunkenhaüsen das ist war, im 1 5 6 7 iar.
Kunt Ecken gestalt ward 4 7 iar altt, 1 5 8 5,

Der Schießplatz in St. Johannis

Büchsenschützen und Friedensfeuerwerk

Über vier Jahrhunderte hinweg dröhnten an bestimmten Tagen die Schüsse von Gewehren und Kanonen durch St. Johannis. Bereits im Jahr 1429 wurden die Büchsenschützen erstmals in einer Stadtrechnung erwähnt: „Item dedimus 12 Gulden neu den Gesellen, die mit der püchsen schießen."[1)] Noch im gleichen Jahr schlossen sie sich als „Schießgesellschaft zu St. Johannis" zusammen und trennten sich damit auch offiziell von den auf der Hallerwiese übenden Armbrustschützen.

In den ersten Jahren lagen der Schießplatz und die Schießhütte „unten am Sandberg", bevor den Schützen im Jahre 1462 vom Rat der Stadt ein Areal unmittelbar südlich des Johannisfriedhofes zugewiesen wurde. Zugleich wurde durch den Stadtbaumeister Endres Tucher ein neues, größeres Schießhaus errichtet. Nach mehrfachen Erweiterungen ließ der Rat der Stadt 1599 das Schießhaus neu erbauen. In dieser Form überdauerte es nahezu unverändert bis zu seinem Abbruch im Jahre 1856. Das Gebäude enthielt eine Amtsstube, Aufenthalts- und Wirtschaftsräume, Waffen- und Geräteräume und im Obergeschoß die Wohnräume der „Anzünder und Zieler".

Der Nürnberger Rat förderte die Schützengesellschaften – neben den Johannisern gab es noch eine Feuerschützengesellschaft in Wöhrd und drei Gesellschaften der Armbrustschützen – tatkräftig, vor allem finanziell, denn sie waren Teil des städtischen Heerwesens und für die miltärische Stärke der Reichsstadt von nicht unwesentlicher Bedeutung. Zugleich versuchte er die Kontrolle über sie auszuüben und behielt sich ein strenges Aufsichtsrecht durch zwei verordnete Mitglieder des Rates, die „Schützenherren", und das städtische Kriegsamt vor.

Die Übungsschießen fanden immer sonntags und montags statt. Sonntagsruhe scheint also damals in St. Johannis ein Fremdwort gewesen zu sein ... ! Der Rat stiftete kleine Preise wie Hosen, Hosentuche aus Barchent, Hellebarden oder Zinngeschirr als Anreiz für die Schützen dazu. Auf dem Schießplatz waren vier Stände aufgestellt, die Schießscheiben befanden sich in einer Entfernung von 260 Schritt. An jedem Stand gab es einen Anzünder, dessen Aufgabe es war, dem Schützen das Feuer in Form einer brennenden Lunte zu reichen. Ein Zieler oder Anzeiger befand sich neben der Schießscheibe. Die große Zeit des Schützen-

Das Schießhaus St. Johannis von Nordwesten.
Stich von J. C. Clausner.

„Die Sau gewan ich auff eim schiessen, hab zweymal darumb / gleichen miessen, zu gunzenhaüssen das ist war, im 1567 iar / kuntz ecken gestalt ward 47 iar altt, 1585". Der Schütze zeigt auf die Scheibe, die mit einem Nagel in der Mitte befestigt war. Davon stammt der Ausdruck „den Nagel auf den Kopf treffen".
Porträt des Kun(t)z Eck(en) der Schiessgesellschaft St. Johannis. Ölgemälde auf Tannenholz von Andreas Herneisen, 1585.

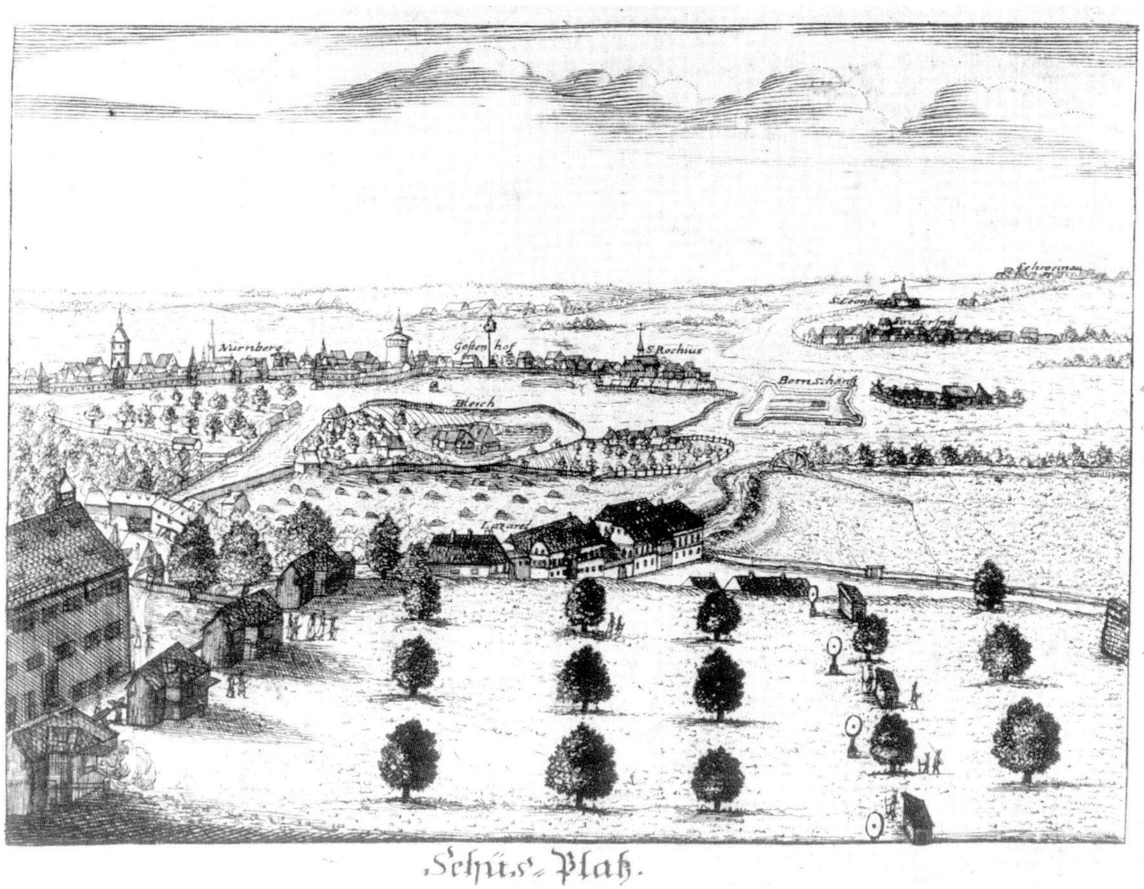

„Schüs-Platz". Der Schießplatz mit dem Schießhaus, den vier Schießständen und den Zielscheiben. Zwischen den Bahnen waren Baumreihen angepflanzt. In der Bildmitte das Sebastianspital („Lazaret"), jenseits der Pegnitz sind die „Bleich", die Bärenschanze, St. Rochus und Gostenhof zu erkennen.
KUPFERSTICH VON JOHANN JAKOB BOENER, 1701/1715.

(Rechts) „Eigentliche Topographia deßjenigen Schießens, welches ein Edler Ehrwerter Rathe der Statt Nurmberg Sontags den 24. Augusti dieses ablauffenden 1614 Jars ihrer Burgerschafft zu sonderbarer Üebung und ergozlichkeit mit Sieben Groben Veldtstucken, Falckonen genandt vor der Statt uff St. Johannes Schießplatz angestellte". Darstellung des großen Festschießens von 1614. Mit den Kanonen wurde auf Ziele jenseits der Pegnitz geschossen.
KUPFERSTICH VON PETER ISSELBURG 1614.

wesens lag im 16. und 17. Jahrhundert, als jeweils mehrere hundert Teilnehmer an den sonn- und montäglichen Schießen teilnahmen. Eindrucksvoll müssen auch die vom Rat veranstalteten Schützenfeste gewesen sein, die sich über mehrere Tage oder Wochen hinzogen und denen jeweils ein großer Festzug aus der Stadt nach St. Johannis vorausging. Daneben gab es die sogenannten Silberschießen, die ebenfalls mit einem gemeinsamen Auszug der Schützen vom Zeughaus zum Schießplatz unter Begleitung der Stadtpfeifer begannen und vier Tage dauerten. Als Hauptpreise lockten Silberwaren. Auch die bedeutende Nürnberger Artillerie übte mit kleinen und großen Geschützen auf dem Johanniser Schießplatz. Dabei lag das mit den Kanonenkugeln zu treffende Ziel stets jenseits der Pegnitz in Richtung Bärenschanze.

Seit 1608 sonderten sich sozial höhergestellte Schützen von den Handwerkern und Gesellen und dem allgemeinen Schießen ab und verlegten ihre Schießübungen auf den Mittwoch. Es waren Patrizier, Kaufleute oder höhere Beamte, die sich fortan zur „Mittwochsgesellschaft" zusammenschlossen. Sie galten jedoch als private Vereinigung und erhielten keinerlei Unterstützung vom Rat. 1801 lösten sie sich auf und kehrten wieder in die Schießgesellschaft St. Johannis zurück.

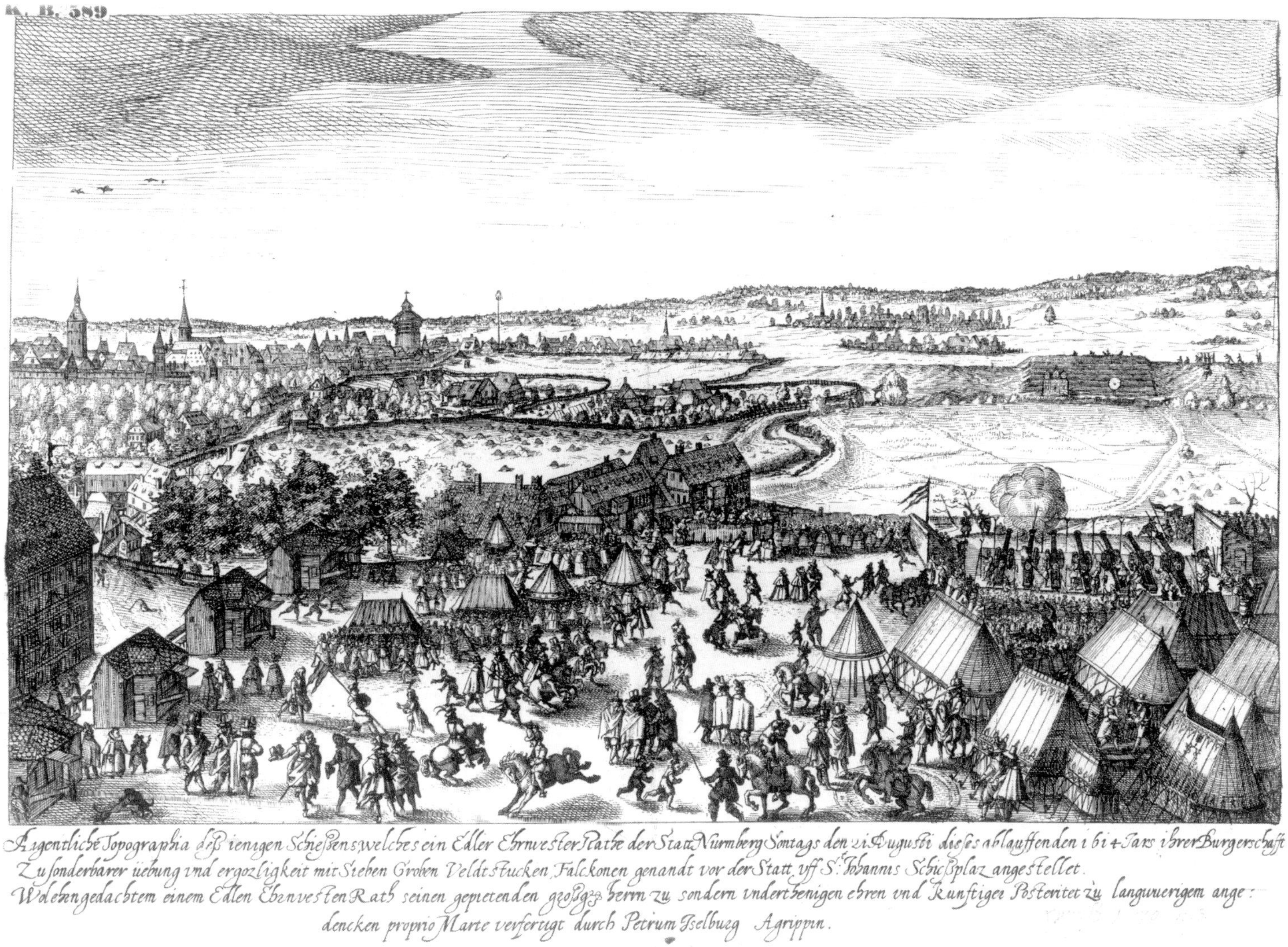

Nach den langen Krisenjahren des Dreißigjährigen Krieges entfaltete sich das Schützenwesen in St. Johannis Ende des 17. und Anfang des 18. Jahrhunderts nochmals zu großer Blüte. Die vom Rat veranstalteten großen Preisschießen mit Büchsen oder Kanonen dauerten in der Regel mehrere Wochen und gingen mit aufwendigen Aufmärschen und Festgelagen einher. Hauptsächlicher Zweck aber blieb die militärische Übung. In der zweiten Hälfte des 18. Jahrhunderts machte der wirtschaftliche Niedergang Nürnbergs die bisher üblichen Festlichkeiten und großzügigen finanziellen Unterstützungen der Schützen unmöglich. Das Schützenwesen verlor immer mehr an Bedeutung, und um 1800 hatte die Schießgesellschaft St. Johannis nur noch 33 Mitglieder.

Der in der ersten Hälfte des 19. Jahrhunderts zu beobachtende langsame Aufschwung der Schießgesellschaft ging mit zunehmenden Klagen der Anwohner über die Lärmbelästigung einher. Vor allem die unmittelbare Nähe zum Friedhof wurde nun zunehmend als unangemessen empfunden. Nach längeren gerichtlichen Auseinandersetzungen verließ die Schießgesellschaft 1856 St. Johannis und verlegte den Schießplatz auf das Maxfeld. Das Schießplatzgelände wurde als Erweiterungsfläche für den Johannisfriedhof genutzt. Anstelle des Schießhauses errichtete die evangelische Kirchengemeinde St. Johannis 1864 ihr Pfarrhaus.

„Der schöne Fried stund schön in solchen Freudenflammen ...“: Das Friedensfeuerwerk in St. Johannis von 1650

Johann Klaj, Mitglied der Nürnberger Dichtergesellschaft des Pegnesischen Blumenordens, zeigte sich in seinem Gedicht „Geburtstag deß Friedens“ von einem spektakulären Feuerwerk fasziniert: Nach dem Dreißigjährigen Krieg wurde Frieden geschlossen, der allegorisch „schön in solchen Freudenflammen“ stand.

Die Faszination, die von großen Feuerwerken ausgeht, hatte auch schon die Menschen des

Barockzeitalters erfaßt: Zu vielerlei Gelegenheiten präsentierten die Pyrotechniker ihre Kunst, und nicht zufällig zählt Georg Friedrich Händels „Feuerwerksmusik“ zu den Meisterwerken der Barockmusik.

Daß Nürnberg im Barock eines der Zentren der pyrotechnischen Kunst war, ist heute kaum noch bekannt. Sie entwickelte sich vor allem im Gefolge des Artilleriewesens, das in Nürnberg schon seit dem 14. Jahrhundert in Blüte stand. Im 16. Jahrhundert wurde die Explosivkraft des Schießpulvers durch die Herstellung von Feuerwerkskörpern auch für friedliche Zwecke genutzt, etwa beim Schembartlauf. Die führende Stellung Nürnbergs in der Pyrotechnik zeigte sich zudem in der Veröffentlichung einschlägiger Handbücher wie „Künstliche und rechtschaffene Feuerwerck ...“ von Johann Schmidlap (1560) und „Büchsenmeisterey“ von Franz Joachim Brechtel (1591).

Wenn die Reichsstadt auch nicht über einen fürstlichen Hof verfügte, an dem sich stets Anlässe für barocke Lustbarkeiten mit Feuerwerken boten, gab es dennoch immer wieder Gelegenheiten für die Feuerwerker, ihre Kunst vorzuführen: Kaiserbesuche, familiäre Ereignisse im Kaiserhaus oder Friedensschlüsse. Der Schießplatz bei St. Johannis war dabei einer der Plätze, die für das Abbrennen von Feuerwerken geeignet waren. Bei Kaiserbesuchen war die Burgbastei wiederholt ein weiterer beliebter Schauplatz, so auch 1612 beim Besuch des Kaisers Matthias. Dabei ging einiges schief: Das Feuerwerk brannte zu schnell ab, und herumfliegende brennende Teile verursachten sogar kleinere Brände, wobei eine Magd ums Leben kam. Der Kaiser ließ das Feuerwerk vorzeitig abbrechen.

Das berühmteste, hier abgebildete Feuerwerk fand am 14. Juli 1650 auf dem Schießplatz bei St. Johannis statt und markierte für Nürnberg und darüber hinaus das endgültige Ende des Dreißigjährigen Krieges. Seit Sommer 1649 hatte unter der Leitung des kaiserlichen Generals Ottavio Piccolomini und des schwedischen Thronfolgers Karl Gustav von Pfalz-Zweibrücken ein Diplomatenkongreß in der Stadt getagt. Er sollte als „Friedensexekutionskongreß“ Streitfragen klären, die beim Westfälischen Frieden von 1648 noch unerledigt geblieben waren. Im Juni 1650 waren die Verhandlungen erfolgreich abgeschlossen worden, was den Verhandlungsführern Gelegenheit zu ausführlichen Feiern gab. Am 4. Juni 1650 ließ daher Pfalzgraf Karl Gustav ein Feuerwerk in Gleißhammer abbrennen. Einige Wochen später folgte als Auftraggeber eines neuen prächtigen Feuerwerks dann Ottavio Piccolomini im Namen des Kaisers.

Piccolomini lud zunächst zu einem Festbankett, wobei ein Friedensspiel des Nürnberger Dichters Sigmund von Birken die Festgäste unter dem Titel „Teutschlands Krieges-Beschluß und Friedenskuß“ schon auf das von allerlei Allegorien strotzende Feuerwerk vorbereitete. Der Nürnberger Pyrotechniker Lorenz Müller stellte nach einem eigenhändigen Entwurf Piccolominis symbolisch das Ende des Krieges und die nun anbrechende Herrschaft des Friedens dar. Der Krieg, versinnbildlicht durch das in der rechten Bildhälfte erkennbare „Kastell des Unfriedens“ wurde im Lauf der Inszenierung ein Raub der Flammen, die Kriegsgötter Mars und Discordia (Zwietracht), die ihr Kastell verteidigen wollten, wurden dabei ebenfalls vernichtet. Am Ende triumphierte der Frieden. Daß Piccolomini höchstpersönlich die Zündschnüre in Brand setzte, war ebenfalls eine symbolische Handlung: Der Bevollmächtigte des Kaisers und damit der Kaiser selbst vernichtete somit letztendlich den Krieg und stiftete Frieden.

B.W./M.S.

Der bei Jeremias Dümler in Nürnberg verlegte, nach einer Zeichnung Michael Herrs von Peter Troschel hergestellte Stich und die literarischen Bearbeitungen der Dichter des Pegnesischen Blumenordens machten das Friedensfeuerwerk von 1650 unvergessen.
KUPFERSTICH 1650.

Cedrato
col Pigolo é Sugo doppio
In Herrn Doct: C.M. Fezers Garten.

Hesperidengärten und Barockhäuser

Gartenkultur in St. Johannis

Rekonstruierter Barockgarten Johannisstraße 13.
FOTOGRAFIE 1985.

Die Anfänge der Nürnberger Gartenkultur reichen weit zurück ins Mittelalter, ihre Blütezeit erlebte sie im 17. und 18. Jahrhundert. Die „Hesperidengärten" machten die Vorstadt St. Johannis weithin bekannt und sind, ebenso wie Burg, Stadtmauer, Bürgerhäuser und Brunnen, ein bedeutender Bestandteil des kulturgeschichtlichen Erbes der Stadt Nürnberg. Das Aussehen der Gärten im Verlauf der Jahrhunderte lenkt den Blick auf den Wandel der Wertvorstellungen und der sozialen und wirtschaftlichen Rahmenbedingungen: Sie waren nie ein bloßes Stück Natur, sondern immer Ausdruck historisch sich wandelnder Bedürfnisse und äußerer Gegebenheiten, aber auch Entwürfe vom besseren Leben.

„Circulus viridarius": Der Kranz der Gärten

Eine Karte aus dem Pfinzing-Atlas (1594) zeigt den grünen Kranz von Gärten rund um die Stadt, auch „circulus viridarius" genannt, in seiner Ausprägung gegen Ende des 16. Jahrhunderts. Alle diese Gärten lagen gut geschützt im Bereich des sogenannten Burgfriedens, einer etwa 300 Meter breiten Zone zwischen der letzten Stadtumwallung, die um 1400 fertiggestellt worden war, und der „Landwehr", einer zu Beginn des Ersten Markgrafenkriegs (1449) angelegten Verteidigungslinie, bestehend aus Gräben und Wällen aus Holzplanken und Palisadengeflecht.

Für dieses Gebiet hatte der Nürnberger Rat strenge Vorschriften erlassen: Verboten war der Neubau von Wohn- und Mietshäusern, ebenso – bis auf wenige Ausnahmen – die Ausübung von Gewerbe. Das Recht, eine Feuerstelle zu unterhalten, und, eng damit verknüpft, das „Waldrecht", welches zum Bezug einer jährlich genau festgelegten Menge von Brennholz berechtigte, waren stark eingeschränkt. Für mehrere Jahrhunderte war mit diesen wohldurchdachten Maßnahmen eine Besiedlung der unmittelbaren Umbegung Nürnbergs verhindert. Die Gründe, die den Rat zu dieser Politik bewogen, leuchten ein: Zum einen galt es, energisch den Festungscharakter der Reichsstadt zu sichern und zu bewahren. Das unbebaute Gebiet rund um die Mauern garantierte im Kriegsfall freie Sicht und erlaubte rasches Handeln.

Zum anderen hätte eine weitere Ausdehnung ins Umland – die Stadt wuchs im späten Mittelalter sehr schnell – auf längere Sicht ihre Existenzgrundlage gefährdet: Die Versorgung mit lebens-

(Links) Darstellung des „Herrn Doct. C. M. Fezers Garten" von Süden mit einer Zitrusfrucht. Kupferstich aus dem 1708 erschienenen Werk „Nürnbergische Hesperiden" von Johann Christoph Volkamer.
Das Anwesen Dr. Fezers in der Johannisstraße 13 hat sich als eines der wenigen Barockhäuser in St. Johannis erhalten. 1965 wurde ein Teil des Gartens rekonstruiert.

Die Gärten in Südhanglage zwischen der Johannisstraße und Pegnitz waren die bevorzugte Gartenlage in St. Johannis.
Ausschnitt aus einem Stadtplan von Hans Bien, 1625.

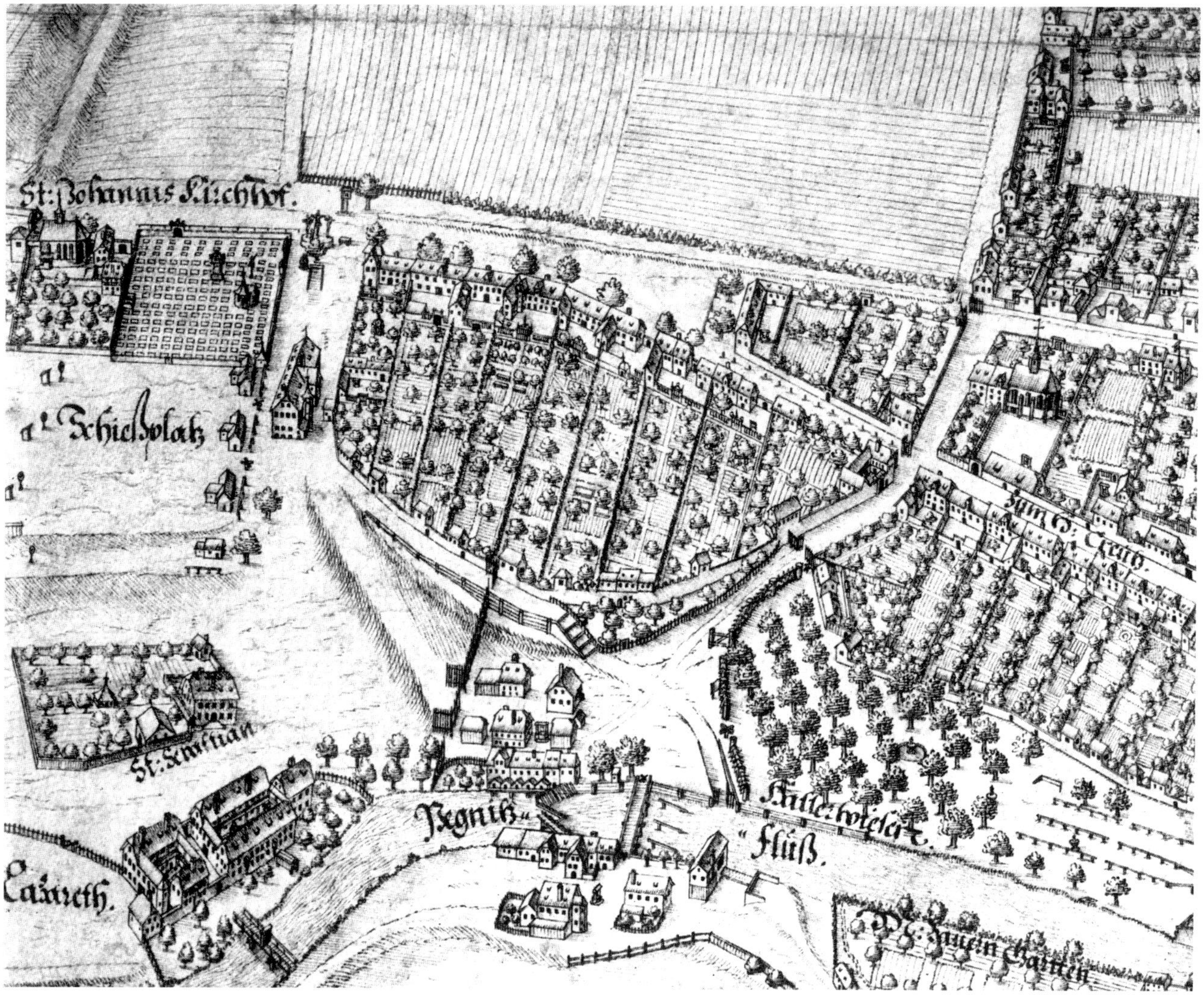

notwendigen Nahrungsmitteln, aber auch mit Bau- und Brennholz, mußte in einer Zeit ohne Massentransportmittel aus der unmittelbaren Umgebung erfolgen.

Der Boden dieser Grundstücke, in den Jahrzehnten raschen Bevölkerungswachstums durch vermehrte Viehhaltung gut gedüngt, war fruchtbar und vorzüglich geeignet für eine intensive Bewirtschaftung. So entstanden, vor allem im westlichen, nördlichen und östlichen Teil des Burgfriedens, seit dem 15. Jahrhundert neben Äckern und Wiesen Nutzgärten. Vornehmlich vermögende Bürger kultivierten hier Obst und Gemüse, zogen Kräuter und bauten Wein an. Das amtliche Gartenbuch von 1680 verzeichnet auf der Sebalder Seite der Stadt – hinter der Veste, in Wöhrd und St. Johannis – 160 Gärten. Auf der Lorenzer Seite – in Gostenhof, Tafelhof und Galgenhof – waren es sogar 200.

St. Johannis, die beste Gartenlage Nürnbergs

Der Rat war angesichts der langsam spürbar werdenden Enge innerhalb der Stadtmauern um Ersatz und Ausgleich für verlorengehende Freiflächen außerhalb bemüht. Bequem erreichbar und zudem landschaftlich besonders reizvoll war die Gegend zwischen Neutor und Johannisfriedhof. Während das Gebiet nördlich der Johannisstraße der Lehensherrschaft des Burggrafen, später des Markgrafen von Ansbach-Bayreuth unterstand, gehörte ein Teil des südlich angrenzenden Grund und Bodens dem Deutschen Orden. Diesem kaufte die Stadt Nürnberg schon im Jahr 1419 den gesamten Grundbesitz nördlich der Pegnitz ab, der bis zur heutigen Brückenstraße reichte. Auf diesem Grundstück in bester Südhanglage war zuvor Wein angebaut worden.

Aus den wenigen großen Gärten machte die Stadt 24 Grundstücke, jedes zwar nur 15 bis 20 Meter breit, dafür aber von beträchtlicher Länge: Die meisten reichten 200 Meter weit bis zur Hallerwiese. Vor allem bei den Patriziern waren diese Grundstücke sehr begehrt; jeder wollte ein solches Stück Land erwerben, um darauf ein Gartenhaus zu bauen. Der Rat scheint ihnen bei der Vergabe ein gewisses Vorrecht eingeräumt zu haben, denn anfänglich fand sich unter den Besitzern kaum ein Bürgerlicher.

Von Lusthäuslein und Lustgärtlein

Die Grundstücke wurden zunächst landwirtschaftlich genutzt. Bei ihrem Verkauf blieb es jedoch nicht aus, daß die früheren Bauerngärten allmählich gemäß den Bedürfnissen und Wünschen der betuchten neuen Eigentümer für den Wochenendbesuch und Sommeraufenthalt möglichst komfortabel und angenehm hergerichtet wurden. Zur Pflege der Gartenanlagen beschäftigte man bald Berufsgärtner, und an der Johannisstraße entstanden „Lusthäuslein" mit allerlei Nebenbauten. Friedrich August Nagel, der schon vor dem Ersten Weltkrieg den historischen Wert der Gärten erkannte und dessen Nachforschungen bis heute den Grundstock unseres Wissens über sie bilden, schrieb darüber: „(Der Rat) bestimmte schon zum Ende des 15. Jahrhunderts, daß nur derjenige Feuer und Rauch in seinem Gartenanwesen haben dürfe, der es von alters her besessen habe (...) und zwar für Wohnstube und Küche (...). Es ist erstaunlich, mit welcher Schlauheit und Gerissenheit es die Gartenbesitzer verstanden, sich ein neues Feuerrecht im Garten zu erschleichen. Das ging auf verschiedenen Wegen: Man baute sich einen Backofen in den Garten, dann noch ein Waschhäuslein und dabei ein Badhäuslein. Eh man sich versah, war aus dem Backofen eine Wohnung geworden."[1)] Da alle Bauverbote des Rates auf Dauer nichts fruchteten, gab er schließlich nach und erließ im Jahr 1506 Richtlinien für Bauten in den Gärten.

Durch die Markgrafenkriege in der Mitte des 15. und 16. Jahrhunderts wurde diese Entwicklung zweimal unterbrochen und die Gärten vollständig verwüstet. Verantwortlich für die Zerstörung war allerdings weniger der Feind als vielmehr der Nürnberger Rat selbst: Um freies Schußfeld zu erhalten und den gegnerischen Soldaten die Möglichkeit zu nehmen, sich im Burgfrieden zu verschanzen, hatte er nämlich angeordnet, alle Gartenhäuser und Zäune abzureißen oder zu verbrennen. Auch die Bäume wurden entfernt.

Im Jahr 1552, nach dem Zweiten Markgrafenkrieg, wurden die Gärten neu angelegt und die Gartenhäuser wieder aufgebaut, oft nun größer und stattlicher als vorher. Die damals bestehende Aufteilung sollte den Dreißigjährigen Krieg, der erneut für Zerstörungen sorgte, überdauern. Sie hatte Bestand bis zur Mitte des 18. Jahrhunderts.

„Oberes v. ImHofisches garten Gebäude, gegen den Garten". Hofseite des Anwesens Johannisstraße 43.
Anonym um 1740. Pinselzeichnung.

Die Sommersitze im 17. und 18. Jahrhundert

Die Zeit der „eifrigsten Gartenkultur" brach um 1680 an und dauerte bis etwa 1720.

Zu beiden Seiten der Johannisstraße wurden nun die Sommersitze der vermögenden Oberschicht, unter deren Besitzern sich immer mehr Bürgerliche befanden, ausgebaut. Obstbäume in den Gärten wurden seltener, reine Ziergärten entstanden. Die bis dahin meist eingeschossigen „Häuslein" aus Sandstein bekamen ein Obergeschoß und wurden aufwendig erweitert. Zwischen Johannisstraße und Hallerwiese entwickelte sich, bedingt durch die längliche Form der Grundstücksparzellen, ein ganz eigentümlicher Gartentypus. Unmittelbar an der Straße – Vorgärten kannte man damals noch nicht – war eine lückenlos geschlossene Front von Häusern entstanden. Mit nur wenigen kleinen Fenstern und breiten Hofeinfahrten ausgestattet, wirkten diese nach außen hin bescheiden und unauffällig, sogar abweisend. Ganz im Gegensatz dazu präsentierten sich die Anwesen von innen. Nagel schilderte die typische Architektur und Ausstattung eines solchen „Gartenhauses" so:

„Links und rechts (vom Vorderhaus, Anm. des Verfassers) befanden sich Flügelgebäude, sogenannte Abseiten, und gegen den Garten zu war der Hof mit einer „Brusthöhe" abgeschlossen und mit einem kostbaren schmiedeeisernen Tor versehen, durch das man auf den Achsenweg des eigentlichen Gartens gelangte. Im Hofe liefen am Obergeschoß der Abseiten Galerien entlang (...). Wendete man sich an der Türe, die vom Hofe in den Garten führte, um, dann sah man, daß im Vorderhaus links und rechts der Haustüre eine eine zweiflügelige steinerne Freitreppe zur Galerie des Obergeschosses emporführte, die sogenannte „welsche Stiege", die nach Möglichkeit in keinem solchen Garten fehlen durfte (...). Wo die beiden Treppenflügel zusammenführten, war auf dem Podest ein kleines Tempelchen als Vorraum für die der Hoffront des Hauses vorgelagerte Galerie, von der aus man in die Innenräume des Obergeschosses gelangte (...) Der erste dieser Innenräume war ein kleiner, über der Hauseinfahrt gelegener Saal mit einem offenen Kamin (...) Durch die Mitte der beiden Schmalseiten des Saales gelangte man in die dortigen Kammern, in denen gespeist und gespielt wurde. Auch diese Kammern waren mit herrlichen Stuckdecken ausgeziert, ebenso wie diejenigen, die sich ihnen in beiden Abseiten gegen den Garten anschlossen und die zum Ruhen und Schlafen dienten. Im Erdgeschoß des Hauses befanden sich die Wirtschaftsräume, die Wohnung des Gärtners, die sogenannte Schermstube (Raum zum Überwintern der nicht frostsicheren Kübelpflanzen), Ställe und Remisen."[2]

Südlich an den hufeisenförmig von den Gebäuden umschlossenen Hof, deutlich abgetrennt von diesem durch die oben als „Brusthöhe" bezeichnete Balustrade, schloß sich der eigentliche, schmale Garten an. Charakteristisch war seine funktionale Aufteilung in verschiedene Bereiche:

Garten des Anwesens Johannisstraße 45 mit Blick in Richtung Riesenschritt. „Pfundsches Stammbuch" aus dem 18. Jahrhundert. Fotografie von August Nagel.

Anzuchts-, Nutz- und Spielbereich waren vom eigentlichen „Lustgarten" meist deutlich abgetrennt. Den damaligen Stilvorstellungen entsprach die streng geometrische Gliederung. Laubengänge aus Holzgittern, manchmal mit Spalierobst bewachsen, betonten den geraden und planvollen Verlauf der Wege. Die quadratischen oder rechteckigen Beete waren oft von niedrig geschnittenen Hecken umsäumt. Auf einigen Beeten wuchsen Gemüse oder Kräuter, andere, im repräsentativen Teil gelegen, waren mit Ornamenten aus Buchs verziert. Den Abschluß an der Grenzmauer bildete vielfach ein Gärtnerhäuschen oder Pavillon, von denen einige bis heute erhalten sind.

Ein Problem war die Bewässerung der Gärten. Das Wasser holte man mittels Ziehbrunnen aus der Erde. Nicht jeder Garten hatte jedoch einen solchen Brunnen. So wurde im Jahr 1700 eine Wasserleitung angelegt, die folgendermaßen funktionierte: Mittels eines Mühlrads in der Pegnitz pumpte man Wasser aus einer größeren Quelle am Riesenschritt in einen Hochbehälter, der sich auf dem Dachboden der Heilig-Kreuz-Kirche befand, und leitete es von dort durch ein System von Röhren in die einzelnen Gärten.

Barock oder Renaissance?

Man hat die Nürnberger Hesperidengärten oft als Beispiele barocker Gartenkultur angesehen. Dorothee Nehring, die sich in einer aufschlußreichen Untersuchung auch der Frage ihrer kunstgeschichtlichen Einordnung widmete, kam allerdings

Schlagleistenkopf des kunstvollen schmiedeeisernen Gitters, das den Hof des Anwesens Johannisstraße 13 vom Garten abtrennte. In einem Korb liegen Zitronen- und Pomeranzenfrüchte, auf ihnen sitzt ein Vogel.
Fotografie von August Nagel, 1920er Jahre.

(Rechts) Titelblatt des 1708 erschienen Werkes über die „Nürnbergerischen Hesperides“ von Johann Christoph Volkamer.

zu dem Ergebnis, der höfisch barocken Gartenkunst sei in diesen Bürgergärten nur am Rande nachgeeifert worden. Ihre Wurzeln hätten sie vielmehr im mittelalterlichen ländlichen Garten und in der italienischen Gartenkunst der Renaissance, die durch Gartenliteratur und die in Süddeutschland tätigen italienischen Künstler verbreitet worden sei. Die Nürnberger Patrizier lernten sie aus eigener Anschauung auf ihren Reisen, besonders in Oberitalien, kennen und begeisterten sich für sie. Die urprüngliche Anlage der Gärten sei meist in den späteren barocken Umformungen erhalten geblieben.

Gleichwohl führte der Stilwandel um 1700 zu einigen charakteristischen Veränderungen, vor allem in den reicheren Gärten: Die massive Begrenzungsmauer zum Hofbereich, die sogenannte Brusthöhe, wurde teilweise durch schmiedeeiserne Gitter oder Säulengeländer ersetzt. Das schuf Transparenz, so daß man vom Haus in den Garten sehen konnte. Die Laubengänge verschwanden, der Mittelweg wurde verbreitert. Man hatte nun freie Sicht von einem Ende des Gartens zum anderen und konnte das harmonische Ganze der Anlage überblicken. Entlang der Wege und in den Beeten, auf Podesten und Balustraden standen im Sommer die blühenden und Früchte tragenden Orangen- und Zitronenbäumchen in Kübeln. Schön geschwungene Wasserbecken, Springbrunnen und heroisch oder bizarr anmutende Skulpturen aus Stein waren Blickfang und bildeten Mittelpunkte. Die Plastiken stellten Figuren aus der griechischen und römischen Mythologie, aber auch Personen der Zeitgeschichte und „Nürnberger Typen“ in Zwergenform dar, wie den „Bratwurstnarren“ oder den „Vogelherdliebhaber“. Damit waren stadtbekannte Nürnberger gemeint, über die man sich lustig machen wollte.

Interessant ist das Verschwinden der Blumen aus den Gärten – sie waren ganz und gar aus der Mode gekommen und, wenn überhaupt, nur noch

im Nutzgarten zu finden. Für die floralen und arabesken Muster, die die Beete, sogenannte „Broderien“, schmückten, verwendete man lieber weißen und farbigen Kies oder andere Materalien, wie zum Beispiel zerriebene Kohle, Sandstein, Ziegel und Eisenspäne. Den schwarzen Eisenspänen wurde oft noch ganz klein geschlagenes Glas beigemischt, um die Fläche zum Glitzern zu bringen.

Volkamer und der Hesperidengarten

Eine wichtige Quelle und bibliophile Kostbarkeit ist ein von Johann Christoph Volkamer verfaßtes und im Jahr 1708 publiziertes Buch, durch dessen Titel „Nürnbergische Hesperides, oder gründliche Beschreibung der edlen Citronat/ Citronen/ und Pomeranzen-Früchte“ der Begriff des Hesperidengartens geprägt und als Bezeichnung der Nürnberger Gartenkultur weithin bekannt gemacht wurde.

Volkamer, der Kaufmann von Beruf war, beschäftigte sich intensiv mit Botanik, aber auch mit Gartenarchitektur. Sein Werk, zu dem 1714 unter dem Titel „Continuation der Nürnbergischen hesperidum“ eine Fortsetzung erschien, erfuhr mehrere Auflagen und fand sich wohl als unverzichtbares Standardwerk der Gartenpflege in den Bibliotheken aller reichen Gartenliebhaber und -besitzer der damaligen Zeit. In ihm werden die für den Barockgarten typischen Zitrus- und Pomeranzenfrüchte, Hesperiden genannt, und andere einheimische und mediterrane Pflanzen akribisch genau beschrieben, wissenschaftlich eingeordnet und Hinweise über Aufzucht und Pflege gegeben. Stiche illustrieren die einzelnen Pflanzenarten.

Für uns von besonderem Interesse sind die Ansichten Nürnberger Landschaften, Herrensitze und Gärten, die im Hintergrund der Pflanzenabbildungen zu sehen sind. Darunter finden sich auch Abbildungen einiger Johanniser Gärten.

Die Liebe zu mediterranen Pflanzen

Nach italienischem Vorbild statteten die betuchten Besitzer ihre Gärten mit allen möglichen seltenen und exotischen Pflanzen vorwiegend aus dem Mittelmeerraum aus. Schon seit Anfang des 17. Jahrhunderts wurden solche fremdländischen Gewächse importiert, der Handel damit war ein lukratives Geschäft geworden. Neben Granat-, Lorbeer- und Feigenbäumchen war die Tulpe lange Zeit sehr beliebt. Sie war bereits im 16. Jahrhundert von holländischen Kaufleuten nach Europa gebracht worden und erstmals in einem Augsbur-

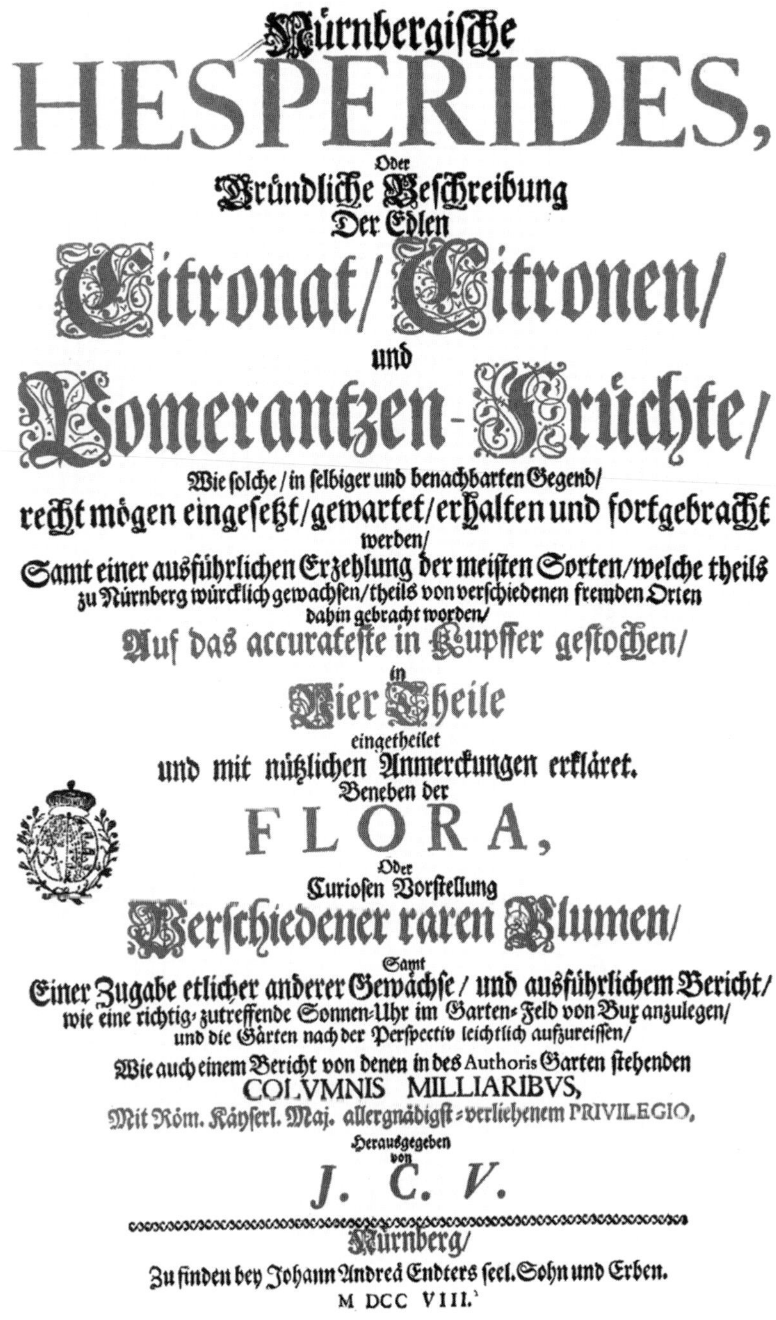
Nürnbergische
HESPERIDES,
Oder
Gründliche Beschreibung
Der Edlen
Citronat/ Citronen/
und
Pomerantzen-Früchte/
Wie solche/ in selbiger und benachbarten Gegend/
recht mögen eingesetzt/ gewartet/ erhalten und fortgebracht
werden/
Samt einer ausführlichen Erzehlung der meisten Sorten/ welche theils
zu Nürnberg würcklich gewachsen/ theils von verschiedenen fremden Orten
dahin gebracht worden/
Auf das accurateste in Kupffer gestochen/
in
Vier Theile
eingetheilet
und mit nützlichen Anmerckungen erkläret.
Beneben der
FLORA,
Oder
Curiosen Vorstellung
Verschiedener raren Blumen/
Samt
Einer Zugabe etlicher anderer Gewächse/ und ausführlichem Bericht/
wie eine richtig-zutreffende Sonnen-Uhr im Garten-Feld von Bux anzulegen/
und die Gärten nach der Perspectiv leichtlich aufzureissen/
Wie auch einem Bericht von denen in des Authoris Garten stehenden
COLVMNIS MILLIARIBVS,
Mit Röm. Käyserl. Maj. allergnädigst-verliehenem PRIVILEGIO,
Herausgegeben
von
J. C. V.
Nürnberg/
Zu finden bey Johann Andreä Endters seel. Sohn und Erben.
M DCC VIII.

ger Patriziergarten zu bewundern. In der Beliebtheitsskala an erster Stelle und besonderer Stolz jedes Gartenbesitzers waren jedoch die immergrünen, duftenden und vielseitig verwendbaren Zitronen- und Pomeranzenpflanzen. Anscheinend waren von ihnen damals mehr Sorten als heute bekannt oder zumindestens im Handel erhältlich. Volkamer jedenfalls beschreibt in seinem Buch über 70 verschiedene Arten.

Diese komplizierten Pflanzen bedurften sorgfältigster Behandlung und Pflege: Waren sie nach ihrer langen Reise über die Alpen, die sechs bis acht Wochen gedauert hatte, aus Genua oder vom Gardasee am Bestimmungsort eingetroffen, badete man ihre Wurzeln in Milch und Honig und pflanzte sie in frische Erde. In schönen Töpfen aus Holz oder Metall aufgestellt, erfreute ihr Anblick in der warmen Jahreszeit Hausbewohner und Gäste. Den Winter überlebten sie in speziellen, mit Öfen heizbaren Räumen, die in den Seitengebäuden untergebracht waren. Man kann sich vorstellen, wie kostspielig und wertvoll eine Sammlung solcher Gewächse gewesen sein muß!

Gerne verwendet wurden die Blüten und Früchte, die man im eigenen Garten geerntet oder importiert hatte. Die Zitronen und Orangen fanden ebenso wie ihre duftenden Blüten als Tischschmuck Verwendung. In Zucker eingelegt oder zu Zitronat und Orangeat verarbeitet, wurden die Früchte auch für kostbare Süßspeisen verwendet und zur Zutat für Lebkuchen oder Stollen. Zitronen und Orangensoßen bereicherten den Speisezettel und wurden vor allem zu Vögeln wie Auerhahn oder Pfau gereicht.

Die Hesperiden: Gestalten aus der griechischen Götterwelt

Die Hesperiden Aegle, Arethusa und Hesperthusa waren Töchter des Abendsterns und der Nacht. Sie lebten in einem sagenhaften paradiesischen Garten am Rande der Welt. Hier behüteten sie einen Baum, der goldene Äpfel trug. Dieser Baum war Zeus und Hera zur Hochzeit geschenkt worden. Hera hatte die Hesperiden beauftragt, die kostbaren Äpfel zu bewachen. Eine der zwölf Heldentaten des Herakles bestand darin, die goldenen Äpfel aus dem Garten der Hesperiden zu rauben. Er meisterte diese Aufgabe mit List und mit gewaltigem Krafteinsatz, ließ Atlas die Äpfel holen und trug während der kurzen Zeit das Himmelsgewölbe auf seinen Schultern – Atlas' eigentliche Aufgabe.

Antike Stoffe und Motive waren in der Zeit der Renaissance sehr beliebt und wurden vielfach künstlerisch dargestellt. Das gilt für Herakles in besonders hohem Maß. An ihm bewunderte man seine Klugheit und außergewöhnliche Kraft. Oft wird er mit goldenen Äpfeln in den Händen dargestellt: Sie galten als Symbole der ewigen Jugend und Unsterblichkeit in einem fernen, paradiesischen Zustand.

Volkamer ließ sich von der Hesperidensage inspirieren, indem er einen „gleichnishaften Bezug herstellen wollte zwischen den goldenen Früchten der Hesperidentöchter und den Citrusgewächsen in den beschriebenen Nürnberger Gärten."[3)]

Die damalige Deutung des Mythos verweist auf eine interessante Tatsache: Geschätzt waren die Zitronen- und Pomeranzenbäume ursprünglich weniger aus ästhetischen Gründen als vielmehr wegen der den Früchten zugeschriebenen Heilkräfte: Aus Schale, Saft und Blüte gewann man Öle und andere pharmazeutische Präparate. Selbst das Laub, auf offene Schenkel gelegt, sollte lindernd und heilend wirken.

Erholung, Bildung und Selbstdarstellung

Der Besitz eines eigenen, möglichst schön und repräsentativ gestalteten Gartenanwesens war aus vielfältigen Gründen attraktiv: Freude an der Natur und das Bedürfnis, sich an der frischen Luft und unter freiem Himmel zu erholen, trieb damals wie heute die Städter dazu, ihren Wohnungen und Häusern zeitweilig den Rücken zu kehren und ländliche Ruhe und Beschaulichkeit zu suchen. Im eigenen Gartenhaus entspannte man oder betätigte sich gärtnerisch, konnte sich dem Familienleben und Freunden widmen.

Die Grundstücke an der Johannisstraße waren als Adresse für den Zweitwohnsitz besonders begehrt, da sie in bequemer Nähe zur Stadt gelegen waren: So konnte der Hausherr problemlos dort tagsüber seinen Geschäften nachgehen und am Abend wieder zurückkehren, um im Gartenhaus die Nacht zu verbringen. Für Großkaufleute, die viel auf Reisen waren, war die Wohnlage ganz besonders günstig: Die Johannisstraße war seit dem Mittelalter Teil des Fernhandelswegs, der von Nürnberg nach Frankfurt führte. Erst nach dem Bau der Fürther Straße durch die Preußen (1801) verlor sie ihre ehemalige Bedeutung.

Ein weiteres Motiv, das den Sammeleifer und die intensive Beschäftigung mit der Botanik erklärt, waren wissenschaftliche und medizinische Interessen. Gebildete Angehörige der Nürnberger Oberschicht gingen im eigenen Garten ihren Neigungen, aber auch beruflichen Interessen nach: Man kultivierte und erforschte rare und exotische Arten von Gewächsen; Ärzte und Apotheker zogen hier Heilpflanzen und -kräuter. Bestes Beispiel dafür ist die Familie Volkamer: Ihr entstammten eine ganze Reihe hervorragender und bekannter Naturwissenschaftler und Ärzte. Johann Christoph Volkamer selbst war zwar kein Wissenschaftler, aber als Kaufmann weit herumgekommen.

Ein weiterer Grund für die kostspielige Gestaltung der Gärten liegt auf der Hand: Sie bot der reichen Oberschicht Nürnbergs eine willkommene Möglichkeit, ihren Sozialstatus zu demonstrieren, große Feste zu feiern und eine Ahnung vom

Judenböcklein	Kamillen	Maienblümlein
Sinau	Floscuculi (!)	Alant
gemeine Anemone	Tritillarien (Kaiserkrone)	Deimente (Thymian)
Johannisblum	Narzisse	Schlüsselblume
Ackelei	Schwertlilie	Pyramides (!)
Spargel	Storchschnabel	gelber Hahnenfuß
Bärenöhrlein	Christwurz	Hollwurtz (!)
Margenblümlein od. Maß-lieben	Edelleberkraut	Weinraute
	Isop	Salbei
Borrago (Borretsch)	Hyazinthe	Safran
Zeitlose	Iris	rotes Blut- oder Ruhrkraut
Ringelblume	Lavendel	Skortzonere (Schwarzwurzel)
Kaiserkrone	Spick	
Löffelkraut	Seidelbast	Tabak
Sauerampfer	weiße, rote und gelbe Lilie	Tulpen
Krokus		Türkenbund
Schweinsbrot (Alpenveilchen)	Ispe	Mertzenblümlein
	Metter	Schneetröpflein
Stiefmütterlein	Pimpinelle	blaue Mertzenveil u. a.

Aufzählung der Kräuter, die nach den Recherchen des Hesperidengartenkenners August Nagel in den Nürnberger Gärten kultiviert wurden.

Umfang ihrer finanziellen Mittel zu vermitteln. Je prächtiger der Garten, desto reicher war vermutlich der Besitzer, desto höher sein Ansehen.

Vor dem Irrtum, Prachtentfaltung und Verschwendungssucht seien damals an der Tagesordnung und allgemein üblich gewesen, sei allerdings gewarnt. Luxusgärten waren auch in St. Johannis nicht die Regel. Einen Vergleich mit den Gartenanlagen der absolutistischen Fürsten hielten nur sehr wenige aus. In dem von bürgerlichem Selbstverständis geprägten Nürnberg behielt man das Augenmaß für das Machbare, pflegte einen eher einfachen, unprätentiösen Stil.

Der Pellersche Garten Johannisstrasse 9/11

Eine interessante Ausnahme von dieser Regel befand sich in der Johannisstraße 9/11. Dieser Garten, einer der prächtigsten und bedeutendsten von Nürnberg, ist heute nicht mehr erhalten. Er gehörte

Das Anwesen Christoph Pellers in der Johannisstraße 9-11 zählte zu den prächtigsten Nürnberger Gartenanlagen.
Kupferstich von Michael Herr aus dem Jahr 1655 mit Widmungs-Kartusche von Jacob Sandrart.

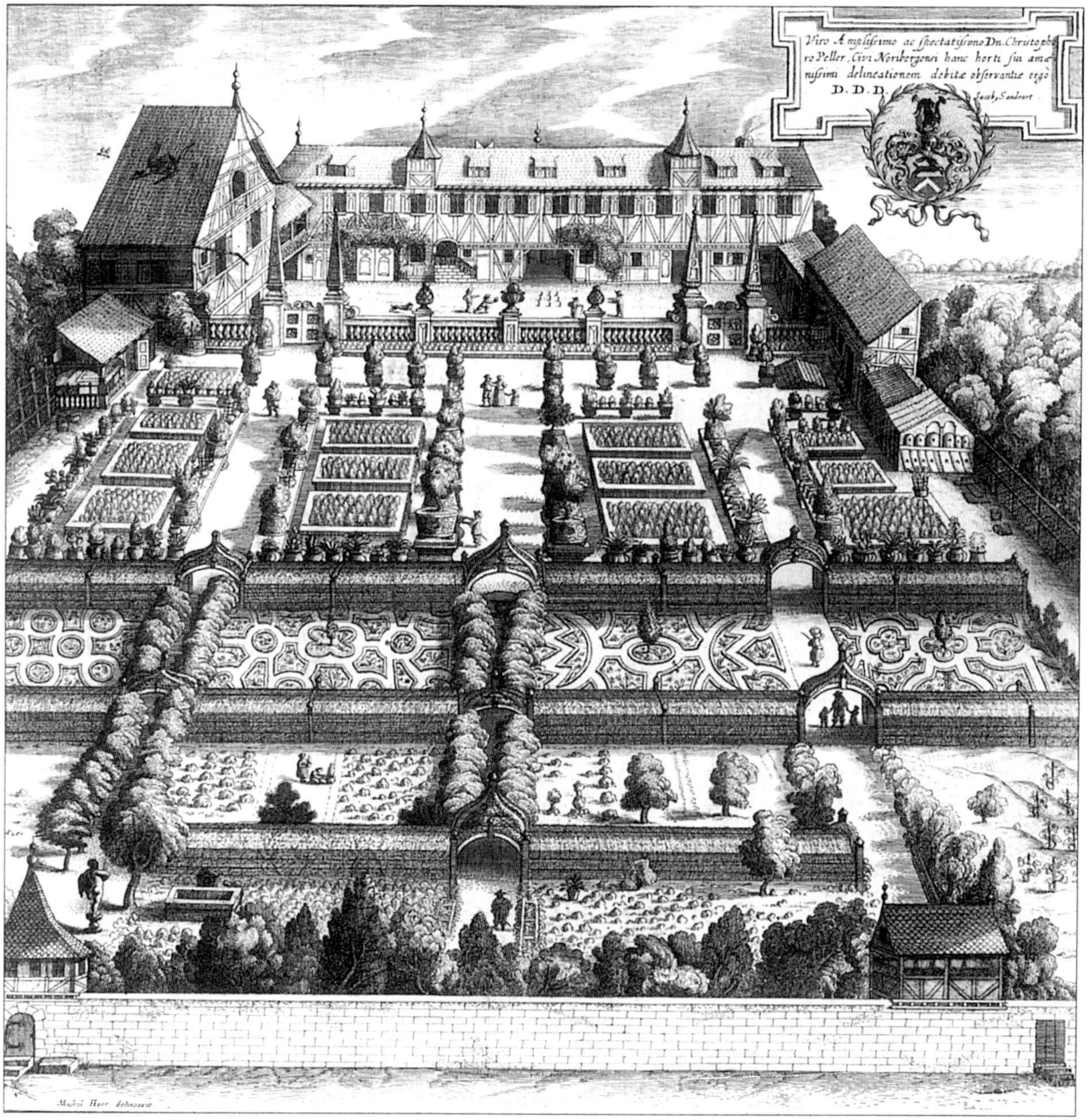

seit 1649 zu dem Besitz der Familie Peller, der, obwohl keineswegs von altem Adel, neben ihrem Stadtdomizil, dem auch „Palast" genannten Pellerhaus am Egidienplatz (heute Sitz der Stadt- und Universitätsbibliothek), auch die Herrensitze Schoppershof und Muggenhof sowie das Pellerschloß in Fischbach gehörten.

Martin Peller aus Radolfzell und Bartolomeo Viatis aus Venedig gelang mit ihrer gemeinsamen Nürnberger Handelsgesellschaft Ende des 16. Jahrhunderts ein unvergleichlicher Aufstieg. Der wirtschaftliche Erfolg der Familie Peller prägte auch ihre Bauten, in denen sie den errungenen Wohlstand selbstbewußt demonstrierte. Der Pellersche Erfolg bildete in seiner Zeit aber eher eine Ausnahme: Die größte Prachtentfaltung in den Gärten (und Herrensitzen) fällt nicht in die Zeit des wirtschaftlichen Wohlstands und der Prosperität, sondern in die des beginnenden, allerdings langsamen und verschleierten Niedergangs. Die Handelsströme hatten sich nach der Entdeckung Amerikas großteils verlagert. Die meisten Patrizier und bürgerlichen Kaufleute zogen sich aus dem Geschäft des Fernhandels zurück. Das von den Vätern ererbte Vermögen wurde nun vielfach großzügig ausgegeben und verzehrt.

Hofseite des Gartenanwesens Johannisstraße 31-33.
Fotografie 1924.

Der Niedergang der Gärten

Seit Mitte des 18. Jahrhunderts zeichnete sich der Niedergang der Gärten ab. Die Beliebtheit der Zitrusgewächse nahm ab. Der Barockstil entsprach nicht mehr dem Zeitgeschmack. Dazu kam, daß Nürnberg zusehends verarmte und bis an den Rand des Ruins geriet. Angesichts der schlechten Haushaltslage Nürnbergs wurde die üppige Ausstattung der Gärten als unnötige und ärgerliche Verschwendung betrachtet. In ganz Deutschland trat der „englische“ Landschaftsgarten als eine freiere, naturgemäßere Anlage seinen Siegeszug an.

Die Aufteilung der Grundstücke entlang der Johannisstraße blieb in ihren ursprünglichen Flächen bis zum Ende des 19. Jahrhunderts erhalten und ist teilweise heute noch gut erkennbar. Ein Großteil der Gärten fiel jedoch der Stadterweiterung zum Opfer. Industrialisierung und Bevölkerungswachstum im 19. Jahrhundert taten das Übrige: Eine gewaltige Nachfrage nach Bauland entstand und damit das Interesse an gewinnbringender Bodenspekulation. Die meisten Gärten verschwanden, an ihre Stelle baute man Wohnhäuser und Fabrikanlagen.

Vom Wiedererstehen der Hesperidengärten

Während nach dem Zweiten Weltkrieg weder Kosten noch Mühe gescheut wurden, historisch wertvolle Gebäude der Nürnberger Altstadt vor dem völligen Abbruch zu retten, fielen die vereinzelt noch vorhandenen Reste der Hesperidengärten in den Vorstädten in Vergessenheit und verwahrlosten.

Erst Mitte der 1960er Jahre wurde der Garten in der Johannisstraße 13 unter Regie des Gartenbauamts nach historischen Vorgaben rekonstruiert und neu errichtet. Die mit viel Beachtung und Beifall

Figur im Garten des Anwesens Johannisstraße 19.
FOTOGRAFIE 2000.

bedachte Anlage lieferte das Motiv für weitere Sanierungsmaßnahmen: So beschloß der Stadtrat 1977, allerdings mit nur einer einzigen Stimme Mehrheit, weitere Gärten vor dem Verfall zu retten.

Gründliche Strukturuntersuchungen, die im Jahr 1980 durchgeführt wurden, ergaben, daß die Bausubstanz einer ganzen Reihe von ehemaligen Gartenhäusern in der südlichen Johannisstraße erhaltenswert war. Es handelte sich dabei um die Häuser Nr. 35, 37, 39, 43, 45 und 47, die allesamt in städtischem Besitz waren. Sie wurden nun an private Interessenten veräußert, die sich bereit erklärt hatten, bei der Sanierung denkmalpflegerische Vorgaben zu beachten.

Die Neuanlage von Hesperidengärten in den von der Kommune dafür vorgesehenen Grundstücken (Nr. 43-47) stieß jedoch auf unerwarteten Widerstand im Stadtrat: So hielten die Grünen den Plan, Barockelemente an Orten zu verwenden, wo diese früher gar nicht vorhanden gewesen waren, für mehr als fragwürdig. Gegen eine „unhistorische und ästhetisch bedenkliche Nachahmung in Walt-Disney-Manier“[4] sprachen ihres Erachtens auch die hohen Kosten: Unvertretbar sei es, für die Errichtung eines einzigen Gartens – gemeint war der erste zur Rekonstruktion vorgesehene Garten der Nr. 47 – fast 500.000 DM auszugeben, davon allein 188.000 für Skulpturen und Wasserspiele. Vorgeschlagen wurde stattdessen ein kostengünstiger „Öko-Garten“, in dem Nutz- und Zierpflanzen zu Lehrzwecken angebaut werden könnten.

Die Haltung der Grünen stieß, obwohl zunächst unterstützt von der SPD-Fraktion, auf wenig Gegenliebe. Als die vorgesehenen Finanzmittel – allerdings mit nur hauchdünner Mehrheit – per Stadtratsbeschluß aus dem Haushaltsplan gestrichen wurden, formierte sich Widerstand. Kritik kam unter anderem von der Deutschen Gesellschaft für Gartenkunst und Landschaftspflege und von der Fränkischen Gartenbaugesellschaft. Das Gartenbauamt, das die Pläne schon fertig in der Schublade liegen hatte, drohte, die Wiederherstellung der Gärten über die Gartenbauamtspauschale abzuwickeln. Im Stadtrat bildete sich eine Mehrheit jenseits von SPD und Grünen. So wurde im Dezember 1983 mit den Stimmen der CSU, FDP und DKP sowie des damaligen Oberbürgermeisters Dr. Urschlechter der Entwurf der Bauverwaltung zur Rekonstruktion der Gärten angenommen.

Der erste Spatenstich wurde 1984 getan. Mittlerweile sind die umstrittenen Anlagen fertiggestellt. Bepflanzt mit Liguster, Feldahorn und Buchs, „möbliert“ mit Kübelpflanzen aus der Toskana sowie Skulpturen und schmiedeeisernen Kunstwerken, werden sie von der Bevölkerung gut angenommen und gern genutzt.

Die Anstrengungen, „der ehemals hell leuchtenden Gartenbaukultur Nürnbergs wieder mehr Strahlkraft“[5] zu verschaffen, die vor allem vom Bürgerverein St. Johannis-Schniegling immer wieder nachdrücklich eingefordert und unterstützt werden, halten unvermindert an: So wurde im Juni 1999 im Garten des Hauses Nr. 43 eine Bodensonnenuhr nach historischem Vorbild – den Bauplan lieferte das Werk Volkamers – vorgestellt. Im gleichen Jahr wurde von der Diakonie Neuendettelsau mit Millionen-Aufwand die Sanierung eines Barockpalais in der Johannisstraße 19 in Angriff genommen. Das inzwischen fertiggestellte Gebäude wurde bei der Einweihung öffentlich als „herausragendes Baudenkmal“ gewürdigt.

D.F.

Gartenanwesen des Balthasar Derrer in der Johannisstraße 43. Die Kartusche erklärt: „anno 1502 am 10tag Februari hat Anna Georg Bairin diesen gartn erkauft so Herr Walther Derer ererbt.“

Aus dem Geschlechterbuch der Patrizierfamilie Derrer um 1626.

Gartenanwesen Johannisstraße 37.

Fotografie 2000.

Gartenhäuser am Riesenschritt/St.-Johannis-Mühlgasse.

Fotografie 2000.

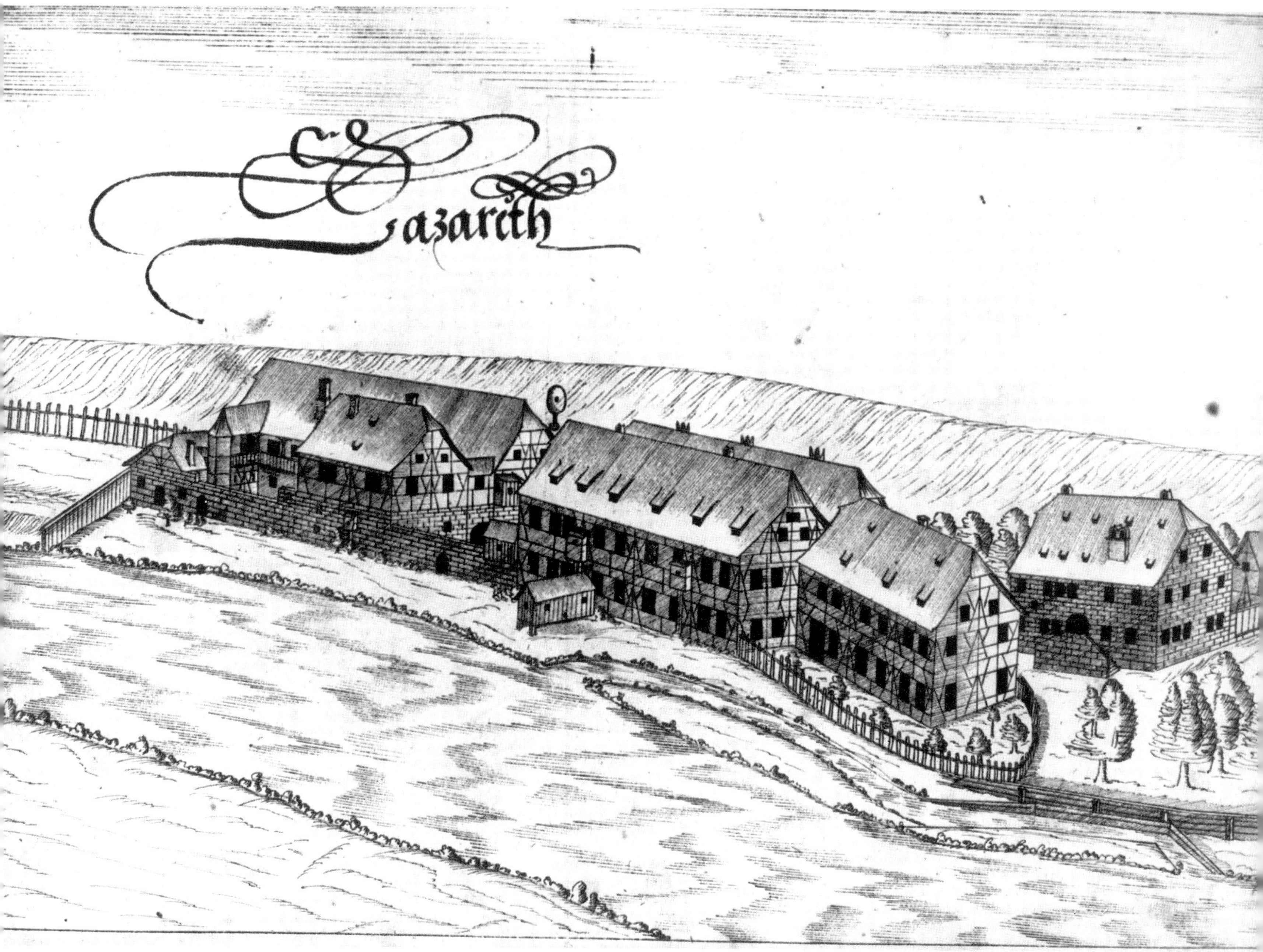
Lazareth

Vom Siechkobel zur Dialysestation

Einrichtungen der Gesundheitsfürsorge

Eine Leprakranke in ihrer Tracht, mit Stock und Rassel, aus dem Siechkobel St. Johannis.

In keinem anderen Stadtteil Nürnbergs fanden und finden sich derartig viele Einrichtungen der Gesundheitsfürsorge wie in St. Johannis. Sie prägen bis heute den Stadtteil, und ihr Entstehen und Verschwinden als Reaktion auf bestimmte Krankheiten oder hygienische Erfordernisse beschreibt über die Zeit hinweg ein Stück Sozialgeschichte.

Jahrhundertelang waren neben Gärten und dem Friedhof Spitäler ein charakteristischer Bestandteil des Vorortes St. Johannis. Während sich das Heilig-Geist-Spital als zentrale „Sozialeinrichtung" für Arme, Alte und Kranke in der Stadtmitte befand und befindet, wurden vor den Mauern der Stadt in St. Johannis die von ansteckenden Krankheiten befallenen Bewohner in eigenen Spitälern separiert. Es waren dies Opfer der großen, meist unheilbaren Seuchen des Mittelalters und der Frühen Neuzeit wie Lepra, Pest oder Syphilis, für welche die damalige Gesellschaft über keine Therapiemöglichkeiten verfügte.

Im Zeitalter der Industrialisierung waren es moderne Krankenhäuser, die nun in St. Johannis ihren Platz fanden. Neben dem Cnopfschen Kinderspital und dem Klinikum Hallerwiese, die heute beide von der Neuendettelsauer Diakonie betrieben werden, ist dies vor allem das Städtische Krankenhaus. Es wurde Ende des 19. Jahrhunderts „auf der grünen Wiese" im ehemaligen Rohlederersgarten als Pavillonkrankenhaus neu errichtet, da das erste städtische Krankenhaus an der Sandstraße aus allen Nähten platzte. Ein bereits vorher ebenfalls im Rohlederersgarten errichtetes Genesungshaus wurde nach Eröffnung des neuen Krankenhauses überflüssig und an den Verein Frauenwohl vermietet, der es bis 1919 als Wöchnerinnenheim betrieb.

Als Reaktion auf die drohende Choleragefahr ließ die Stadt ein eigenes Gebäude als Reservespital errichten. Eine Desinfektionsanstalt sollte die um sich greifenden Infektionskrankheiten in Schach halten, ein Brause- und Wannenbad den Bewohnern die konkrete Verwirklichung der zeitgenössischen Hygieneerziehung ermöglichen. In den 1920er Jahren folgte eine städtische Tuberkulose-Fürsorgestelle, die zwischen Johannisstraße und Riesenschritt in einem ehemaligen Hesperidengarten errichtet wurde, und in den 1990er Jahren eine Nieren-Dialysestation in der Großweidenmühlstraße.

Das dem Heiligen Sebastian geweihte Pestspital in St. Johannis („Lazareth") gilt als ältestes der in Deutschland relativ seltenen Pesthäuser.

Stich aus dem Cnopffschen Skizzenbuch von 1612.

Der 1234 erstmals erwähnte Siechkobel St. Johannis war durch einen Gang mit der Johanniskirche verbunden.
KUPFERSTICH VON 1750 (BILDAUSSCHNITT).

DER SIECHKOBEL ST. JOHANNIS

Bereits im 13. Jahrhundert existierte ein kleines Lepraspital an der Handelsstraße nach Frankfurt, dessen Nennung als „domus leprosorum“ in einer Urkunde von 1234 zugleich die erste Erwähnung von St. Johannis darstellt. Drei weitere Nürnberger Siechköbel an den Hauptausfallstraßen wurden in der ersten Hälfte des 14. Jahrhunderts errichtet: St. Jobst 1308, St. Leonhard 1317 und zuletzt St. Peter 1344. Menschen, die an der seit den Kreuzzügen stark verbreiteten und äußerst ansteckenden Lepra erkrankten, wurden ursprünglich „ausgesetzt“ und aus der menschlichen Gesellschaft ausgeschlossen. Als „Feldsieche“ trieben sie sich auf dem Land herum und mußten von Bettelei und mildtätigen Gaben leben. Erst die im 13. Jahrhundert in den Städten vermehrt entstehenden Leprosorien boten deren Bürgern und Einwohnern im Falle der Erkrankung eine Versorgung. In Nürnberg betrieb wohl anfänglich der Deutsche Orden den Siechkobel in St. Johannis. Einige Spitalbrüder des Deutschen Ordens lebten mit den von ihnen betreuten Leprösen in klösterlicher Gemeinschaft. Es wurden anfangs wohl nur wenige Kranke betreut, die Zahl zwölf war in Analogie zu Jesus und seiner Jüngerschaft sehr beliebt. Seit Anfang des 14. Jahrhunderts ist neben dem Konvent bereits ein städtischer Pfleger nachweisbar, seit Ende des 14. Jahrhunderts stand der Siechkobel gänzlich unter dem Einfluß des Rates der Stadt Nürnberg. Aus dem ehemaligen Männersiechkobel war inzwischen eine Einrichtung für Frauen geworden. Untrennbar mit einem Spital war stets eine Kapelle oder Kirche verbunden: 1238 genehmigte Papst Gregor IX. dem Siechkobel eine Kapelle und einen Friedhof. Die Kapelle, die eine Filiale von St. Sebald bildete, war ein Vorläuferbau der heutigen Johanniskirche.

Finanziert wurde der Siechkobel aus den Erträgen von Grundbesitz, der ihm mittels frommer Stiftungen übertragen worden war. Vor allem im 15. und 16. Jahrhundert war so für die Bewohnerinnen bestens gesorgt. Mit dem Rückgang der Lepra im 16. und 17. Jahrhundert scheinen nun verstärkt auch Frauen mit anderen Hautkrankheiten, aber auch arme Pfründnerinnen aufgenommen worden zu sein. Der Siechkobel wurde vorwiegend als städtisches Armenhaus für sieche und kranke Frauen, zumeist unheilbare Pflegefälle, benutzt. Laut einer Quelle aus dem Jahr 1632 wies der Rat eine von den Ärzten als aussätzig erkannte Frau nach St. Johannis ein, da dort „alle Siechen ... beysammen“ wären.[1)]

(Unten)
Das als „Laßareth“ bezeichnete Sebastianspital an der Pegnitz und das gegenüberliegende „Frantzosenhaus“ für Syphiliskranke.
AUSSCHNITT AUS DEM PFINZING-ATLAS, 1594

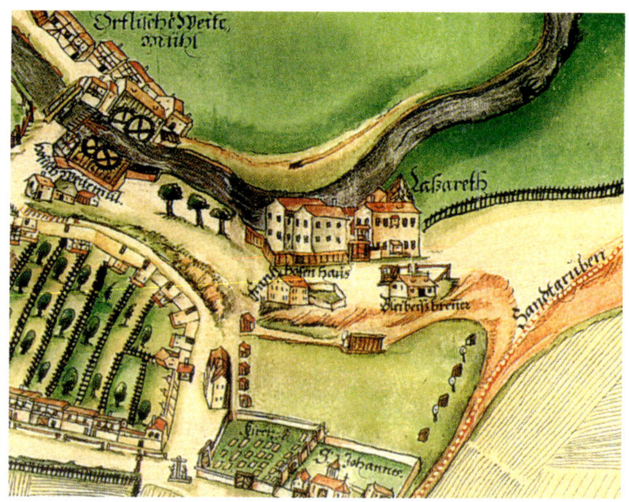

Nach dem Verkauf des Siechkobelgebäudes durch die Stadt Nürnberg im Jahr 1807 befand sich die Gaststätte „Schwarzer Adler" in dem Gebäude.

FOTOGRAFIE VOR 1888

Seit Ende des 15. Jahrhunderts versuchte der Rat der Stadt mittels der von Nürnberger Bürgerinnen gestifteten „Sondersiechenschau" zunehmend die Leprakranken einer ärztlichen Kontrolle zu unterwerfen. An drei Tagen der Karwoche wurden umherziehende Aussätzige in der Stadt beherbergt, neu eingekleidet und und auf dem Sebalder Kirchhof verpflegt. Hier konnten sie auch Predigten hören und beichten. Um dem zunehmenden Andrang Herr zu werden und die Kranken von der Stadt fernzuhalten, wurde die ärztliche Schau 1575 nach St. Johannis verlegt und nach dem Dreißigjährigen Krieg gänzlich eingestellt.

Im 18. Jahrhundert entwickelte sich der Siechkobel zunehmend zu einer Pfründneranstalt, die Aufnahme folgte vermutlich nur noch gegen Bezahlung. In dieser Zeit lebten zwischen sieben und zehn Frauen in dem Johanniser Spital. Nach dem Übergang Nürnbergs an Bayern wurde der Siechkobel im Jahr 1807 aufgelöst und die letzten sechs hier lebenden Frauen in das Heilig-Geist-Spital überführt. Das Anwesen wurde von den neuen Besitzern als Gastwirtschaft „Zum Schwarzen Adler" weitergeführt. 1886 erwarb die protestantische Kirchenverwaltung das ehemalige Siechkobelgebäude mit allen Nebengebäuden vom damaligen Hauseigentümer für eine spätere Friedhofserweiterung und ließ es einige Jahre später abbrechen.

Das Sebastianspital – Ältestes deutsches Pestspital

Seit der Mitte des 14. Jahunderts verbreitete die von Asien ausgehende Pest etwa 300 Jahre lang in immer wiederkehrenden Pestwellen Furcht und Schrecken unter der Bevölkerung Europas. Allein in dem knappen Jahrhundert von 1451 bis 1544 fanden in Nürnberg neun Pestepidemien mit einem mittleren Zeitabstand von zehn Jahren statt, denen jeweils 3.000 bis 5.000 Menschen – also bis zu zehn Prozent der Bevölkerung – zum Opfer fielen. In den nächsten vierzig Jahren starben nochmals etwa 15.000 Menschen. Die riesigen Bevölkerungsverluste konnten dabei durch Zuwanderung und eine hohe Geburtenrate aufgefangen werden. Die Ärzte standen der Seuche hilflos gegenüber. Der Rat versuchte durch Verordnungen, wie zum Beispiel die Schließung des Sebalder Friedhofs und die Beerdigung der Toten auf dem Friedhof in St. Johannis, die hygienischen Verhältnisse zu verbessern.

1490 stiftete der Nürnberger Bürger Topler die Mittel zur Errichtung eines Pestspitals, um Pestkranke zu isolieren und zu behandeln. Die Bauarbeiten an dem Spital, das in St. Johannis direkt an der Pegnitz errichtet wurde, zogen sich wegen Geldmangels von 1498 bis 1528 hin. Lediglich die Kapelle konnte bereits 1518 eingeweiht werden. Benannt wurde das Spital nach dem wichtigsten

Früheste Darstellung der Syphilis („Franzosenkrankheit") auf einem Flugblatt des Nürnberger Stadtarztes Dietrich Ulsen.
Kolorierter Holzschnitt von Albrecht Dürer, 1496.

Pestheiligen Sebastian. In dem Gebäude mit 16 großen Krankensälen und acht Zimmern für Genesene, das nur in Seuchenzeiten geöffnet war, fanden bis zu 490 Personen Platz, wie es für das Pestjahr 1533 belegt ist. Im Zweiten Markgrafenkrieg ließ der Rat das Gebäude aus Verteidigungsgründen niederbrennen. 1554 wurde es in kleinerem Umfang und ohne Kapelle wiederaufgebaut.

Als die Seuche ab der zweiten Hälfte des 17. Jahrhunderts nicht mehr auftrat, wurde der westliche Teil der Gebäudeanlage in eine Kaserne (vgl. S. 111) umgewandelt. Der Rest des Komplexes diente zur Unterbringung von mittellosen Kranken, die an unheilbaren, „unreinlichen" Krankheiten wie Krätze, Blattern oder Syphilis litten. 1817 wurde es neu eingerichtet und konnte daraufhin 50 bis 60 Kranke aufnehmen, die von einem Arzt und Schwestern des Martha-Maria-Vereins betreut wurden. Wegen der hohen Sterblichkeit und der ständigen Überfüllung wurde die Einrichtung immer wieder kritisiert. Neben den Kranken fanden auch immer wieder mittellose alte Menschen Aufnahme. Nach der Eröffnung des neuen städtischen Krankenhauses an der Flurstraße diente das Sebastianspital nur noch als Altenheim.

Das Syphilisspital oder „Franzosenhaus"

Die Entdeckung Amerikas brachte mit der Syphilis eine neue Seuche nach Europa, die sich rasant ausbreitete. Als „Franzosenkrankheit" wurde die Syphilis bezeichnet, da sie sich bei der Belagerung Neapels durch französische Truppen im Jahr 1492 erstmals epidemisch ausbreitete. 1496 erreichte die Seuche auch Nürnberg. In den nächsten Jahren breitete sich die Krankheit und die Furcht vor ihr immer weiter aus, wie Albrecht Dürer in einem Brief aus Venedig 1506 berichtete: „Sagt mir unserem Prior (gemeint ist Dürers Freund, der Augustinermönch Eucharius Carl) meinen willigen Dienst; sagt ihm, daß er Gott für mich bitte, daß ich behütet werde, und insbesondere vor der Französischen! Ich weiß nicht, was ich jetzt mehr fürchte. Denn schier jeder Mann hat sie. Viele Leute frißt sie ganz auf, so daß sie dran sterben." [2)]

Mitte des 16. Jahrhunderts ließ der Rat in St. Johannis ein Syphilisspital errichten. Der zwischen Sebastianspital und Schießplatz gelegene Fachwerkbau brannte bereits 1572 nieder und wurde um einige Räume vergrößert in massiver Steinbauweise wiederaufgebaut. Wegen der hohen Kosten ließ es der Rat 1646 schließen, die Kranken wurden stattdessen im sogenannten Schauhaus in der Lodergasse, der heutigen Ottostraße, versorgt.

Das Choleraspital

In den dreißiger Jahren des 19. Jahrhunderts erreichte von Asien kommend eine neue Seuche Europa und Deutschland: Die mit starken Durchfällen einhergehende Cholera führte ohne Behandlung bei Erkrankten innerhalb kürzester Zeit zum Tod.

Als die Cholera 1831 Deutschland erreichte, beschloß der Nürnberger Magistrat, etwaige Cholerakranke in einem zum Choleralazarett umfunktionierten Teil der Johanniskaserne unterzubringen. Die Besitzer der angrenzenden Mühlen, Hammerwerke und Gaststätten reichten umgehend Beschwerde ein. Sie fürchteten die „üblen Ausdünstungen" und „Miasmen", die von diesem Lazarett ausgehen könnten. Außerdem wollten sie nicht, „daß wir in unserer Naehe in der sich ohnehin der große Kirchhof St. Johannis befindet, auch noch mit Pesthäusern belästigt werden." [3)] Nachdem Nürnberg von der Choleraepidemie verschont blieb, wurde das Lazarett 1833 wieder aufgelöst.

Besonders virulent wurde die Cholera, die in den 1850er Jahren erstmals auch in Nürnberg Opfer forderte, durch die hygienischen Verhältnisse in den rasch wachsenden Industriestädten. Da die Krankheit durch verunreinigtes Trinkwasser weitergegeben wurde, war eine gute Infrastruktur – vor allem Wasserversorgung und -entsorgung – entscheidend. Diese hielt mit dem schnellen Bevölkerungswachstum jedoch oft nicht Schritt. Erst nach der Entdeckung des Choleraerregers durch Robert Koch 1883 konnte man an wirksame Gegenmaßnahmen denken.

Da die Cholerabaracke auf dem Gelände des alten städtischen Krankenhauses, die im Seuchenfalle als Isolierstation diente, den Anforderungen nicht mehr genügte, beschloß der Magistrat 1885 die Errichtung eines eigenen Choleraspitals. 1886/87 wurde das Backsteingebäude mit einer Kapazität von 100 Betten in vier Sälen und einer Reihe kleinerer Zimmer an der Großweidenmühlstraße Ecke Brückenstraße errichtet. Nürnberg entging jedoch auch der letzten großen Choleraepidemie in Deutschland, als die Seuche in Hamburg 1892 an die 10.000 Todesopfer forderte. Nach der Eröffnung des neuen Krankenhauses an der Flurstraße diente das Gebäude als Krankenstation für das Altersheim Sebastianspital.

Männerkrankensaal im ehemaligen Choleraspital.
Fotografie 1914.

Aus Furcht vor einer Choleraepidemie wurde 1887 in der Großweidenmühlstraße ein Reservespital mit 100 Betten errichtet. Es diente nach Eröffnung des neuen Krankenhauses dem Sebastianspital als Krankenbau.
Fotografie 1914.

Entbindungssaal im Wöchnerinnenheim.
Fotografie, um 1905.

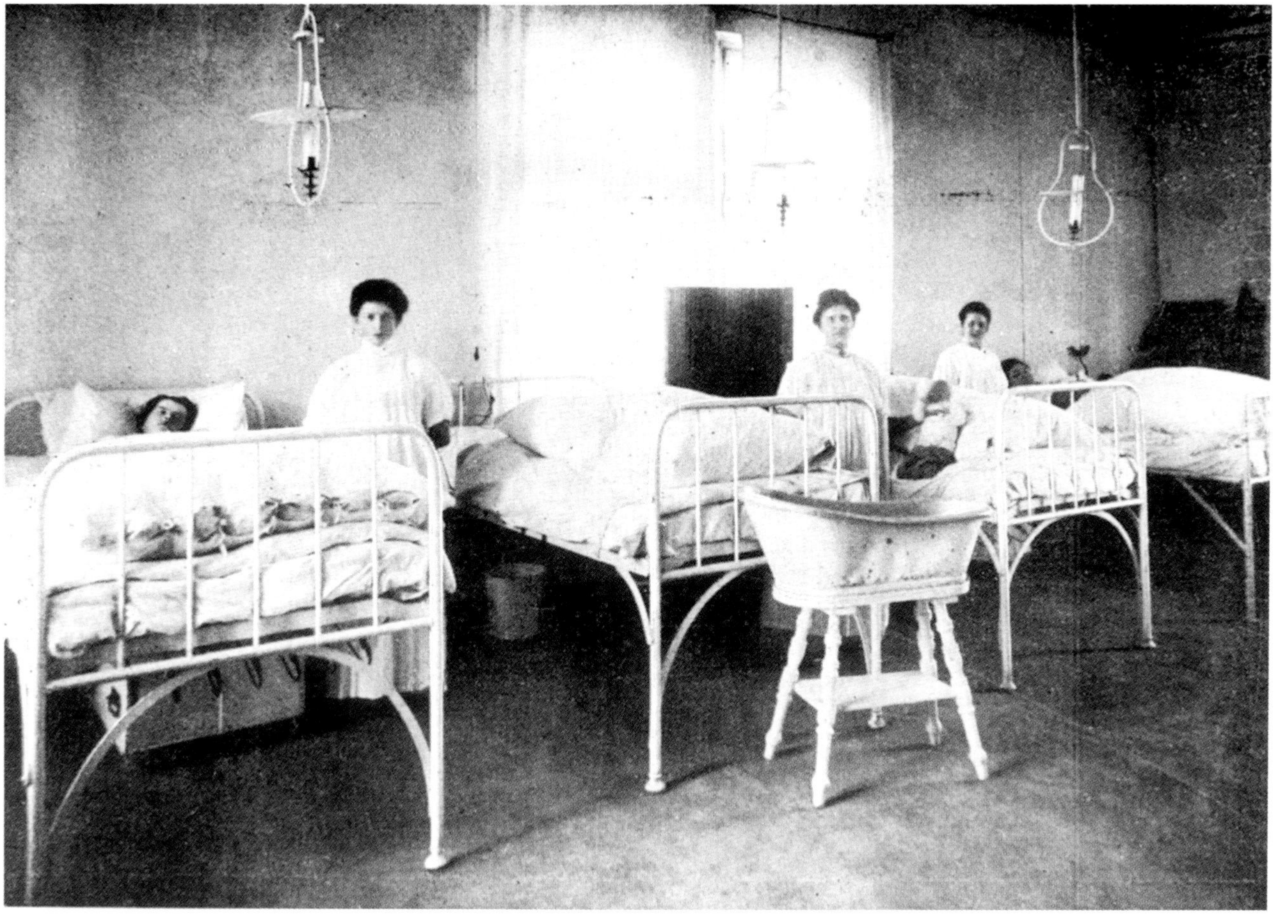

Das 1891 eröffnete Genesungshaus in der Rieterstraße 77 wurde von 1898 bis 1919 durch den Verein „Frauenwohl“ als Wöchnerinnenheim betrieben.
Fotografie 1927.

Vom Genesungshaus zum Wöchnerinnenheim

„Zur Entlastung der allgemeinen städtischen Krankenhäuser, deren Räumlichkeiten bei dem fortschreitenden Wachstum der hiesigen Einwohnerzahl fortgesetzt fast bis zur äußersten Grenze in Anspruch genommen sind, (...) haben die städtischen Kollegien beschlossen, auf einem (...) Teil des der städtischen Heiliggeistspital-Stiftung gehörigen Rohlederersgartens in der St. Johannis Vorstadt ein (...) Gebäude aufzurichten, in welchem Personen beiderlei Geschlechts, welche als geheilt oder gebessert aus dem städtischen Krankenhaus entlassen werden, ärztlicher Hilfe nicht mehr benötigen, aber als noch nicht arbeitsfähig noch der Schonung bedürfen, Aufnahme und Verpflegung finden sollen."[4] In gepflegtem Amtsdeutsch beschrieb die Stadt Nürnberg im Juni 1891 das Genesungshaus in St. Johannis, das wenige Tage später als Abteilung des städtischen Krankenhauses eröffnet werden konnte. Es bot 25 Betten in zwei getrennten Abteilungen für Männer und Frauen, die von einem angestellten Hausarzt betreut wurden. In den folgenden Jahren konnten jährlich zwischen 350 und 400 Rekonvaleszenten „die gute Luft, die Ruhe und Stille ... dann die gute und reichliche Kost und die musterhafte Reinlichkeit" genießen.[5] Für die Stadt brachte das Genesungshaus eine Kostensenkung, da die Tagessätze hier bedeutend niedriger lagen als im städtischen Krankenhaus. Nach der Eröffnung des unmittelbar benachbarten neuen Krankenhauses an der Flurstraße wurde das Genesungshaus jedoch im Januar 1898 wieder geschlossen.

Bereits im März 1898 eröffnete der Verein „Frauenwohl" in dem Gebäude, das die Stadt ihm gegen einen „sehr mäßigen Mietzins" überlassen hatte, das erste Wöchnerinnenheim Bayerns. Da im neuen städtischen Krankenhaus weder eine geburtshilfliche noch eine gynäkologische Abteilung eingeplant waren, schloß die Einrichtung eine Lücke in der Versorgung. Aufgenommen wurden Frauen, die aufgrund der schlechten Wohnverhältnisse keine Möglichkeit hatten, ihr Kind zu Hause auf die Welt zu bringen. Der 1893 gegründete Verein „Frauenwohl" war Teil der bürgerlichen Frauenbewegung, deren Ziele die Selbsthilfe und das soziale Engagement waren. Sie hofften, daß ihnen die bürgerliche Gleichberechtigung zugestanden würde, wenn sie sich ein moralisches Vorrecht darauf erworben hätten.

Im Wöchnerinnenheim standen 16 Betten und ein „nach allen Vorschriften der modernen Hygiene ausgestatteter Entbindungssaal"[6] zur Verfügung. Nachdem die ärztliche Leitung der Entbindungsklinik in den ersten Jahren einem niedergelassenen Frauenarzt übertragen war, wurde 1904 eine Frau, Ethel Blume, fest angestellt: Sie war damit die erste in Nürnberg tätige Ärztin. Ständig steigende Belegungszahlen – auch immer mehr bürgerliche Frauen suchten zur Entbindung die Klinik auf – machten mehrfach Erweiterungen notwendig. Hinzu kam, „daß die am 1. Januar 1914 in Kraft tretende Reichsversicherungsordnung den Krankenkassen die Verpflichtung auferlegt, allen Wöchnerinnen entweder ein Entbindungsgeld zu zahlen oder die Kosten für den Aufenthalt in einer Entbindungsanstalt [der zumeist billiger ist] zu übernehmen."[7]

1919 übernahm schließlich die Stadt Nürnberg aufgrund finanzieller Schwierigkeiten des Vereins das Wöchnerinnenheim und verlegte es in das neue Sebastianspital in der Veilhofstraße.

Das neue Städtische Krankenhaus an der Flurstrasse

Mitten im Stadtteil St. Johannis auf einer Fläche von zehn Hektar liegt das Klinikum Nürnberg Nord, Teil des größten kommunalen Krankenhauses Deutschlands.

„Im Nordwesten der Stadt, in der Vorstadt St. Johannis hat die Stadtgemeinde (...) einen Grundstückskomplex zu billigen Preisen angekauft, welcher durch seine gesunde Lage für die Erbauung eines Krankenhauses als besonders geeignet bezeichnet werden muß. Das Grundstück liegt frei und hoch, ungefähr 20 m höher als der mittlere Wasserstand der in einer Entfernung von 750 m vorbeifließenden Pegnitz. Die Umgebung ist zur Zeit noch wenig bebaut."[8]

Bereits seit den 1880er Jahren war in Nürnberg ein Krankenhausneubau diskutiert worden: Das rasante Bevölkerungswachstum und fehlende Erweiterungsmöglichkeiten der alten Klinik an der

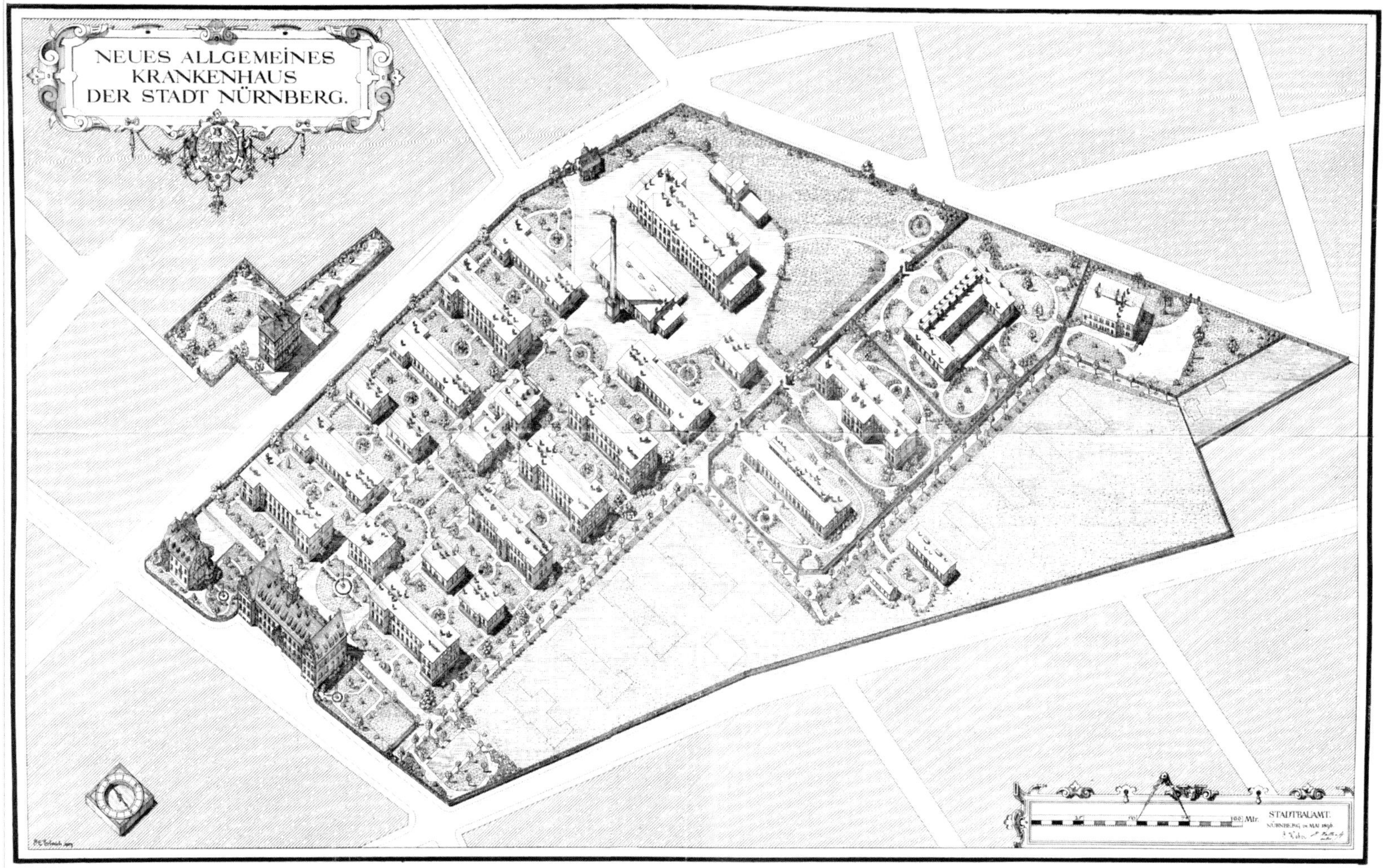

Vogelperspektive des „Neuen allgemeinen Krankenhauses der Stadt Nürnberg" in St. Johannis: Das von einer Mauer umgebene Gelände der Krankenanstalt war in seinem Kernbereich symmetrisch angelegt: Auf einer Mittelache mit dem Verwaltungsgebäude an der Flurstraße befanden sich das zentrale Operationshaus, das Bade- und Heilgymnastikhaus sowie das Heizungs- und Wirtschaftsgebäude mit Küche und Wäscherei. Links dieser Achse standen die Krankenbauten für Männer (oben), rechts die der Frauen (unten). Außerhalb dieser symmetrischen Anordnung lagen die Bauten für Haut- und Geschlechtskranke, die Psychiatrie, die Pathologie (oben rechts) sowie die Fläche für künftige Erweiterungsbauten entlang der heutigen Heimerichstraße (unten). An der Rieterstraße waren die Direktorenvilla und das bereits 1890 eröffnete Genesungshaus (links oben).
Plan des Stadtbauamtes 1896.

Sandstraße erforderten diesen Schritt. Im April 1894 fiel der Startschuß für den Neubau eines Pavillonkrankenhauses in St. Johannis. Innerhalb einer nur dreijährigen Bauzeit wurden auf dem weitläufigen, mehrere Hektar großen Areal 30 Gebäude, darunter 18 Krankenbauten mit insgesamt 761 Krankenbetten sowie 100 Personalbetten, errichtet. Lediglich das Verwaltungsgebäude und die Villa des Krankenhausdirektors an der Flurstraße (heute Prof.-Ernst-Nathan-Straße) wiesen repräsentative Sandsteinarchitektur auf. Alle ande-

Ansichten der 1930 eröffneten neuen Frauen- und Säuglingsklinik.
Postkarte 1931.

ren Gebäude erinnerten mit ihrer Ziegelstein- und Putzfassade sowie den Flachdächern eher an Fabrikarchitektur. Auch der hohe Schornstein des anstaltseigenen Heizwerkes weckte derartige Assoziationen.

Da sich die Nürnberger Bevölkerung zwischen 1850 und 1900 von 50.000 auf mehr als 250.000 Einwohner verfünffacht hatte und man auch weiterhin ein starkes Bevölkerungwachstum erwartete, wurden große Flächen des Krankenhausareals für zukünftige Erweiterungsbauten vorbehalten. Die vorgesehene Erweiterungsfläche wurde bereits bis 1914 mit zahlreichen neuen Krankenbauten bebaut, die zur Verfügung stehende Bettenzahl verdoppelte sich nahezu.

In den ersten Jahrzehnten stammten die meisten Patienten aus einfachen Verhältnissen und waren zumeist jünger als vierzig Jahre, wobei Männer leicht überwogen. Der vorherrschende Anstaltscharakter drückte sich für die Patienten durch eine eigene Anstaltskleidung, strenge Verhaltensreglementierungen und Kontrollen aus. Für die kurzen Besuchszeiten, zumeist Sonntags, warteten die Angehörigen vor dem alten Haupteingang im Verwaltungsgebäude, wurden alle auf einmal eingelassen und mußten bis zum Ende der Besuchszeit die Anstalt wieder verlassen haben. Die Atmosphäre im Krankenhaus war durch die Neuendettelsauer Diakonissen und die Rummelsberger Diakone, die die Mehrzahl des Pflegepersonals stellten, protestantisch-kirchlich geprägt.

In den 1920er Jahren stieß das Krankenhaus wiederum an seine Kapazitätsgrenzen. Im Rechnungsjahr 1929/30 wurde mit über 22.000 Patienten der absolute Höchststand seit Bestehen des Krankenhauses erreicht. Bereits in den Jahren zuvor war der Neubau eines zweiten städtischen Krankenhauses im Süden der Stadt diskutiert worden. Stattdessen entschied man sich für den Bau einer für damalige Verhältnisse äußerst modernen und fortschrittlichen Frauen- und Säuglingsklinik, die auf einem unmittelbar an das Krankenhaus angrenzenden Grundstück errichtet und im Dezember 1930 eröffnet wurde. Die Wöchnerinnenstation und die Gynäkologie verfügten über 252 Betten, die angeschlossene Säuglings- und Kleinkinderklinik über weitere 116 Betten. Auch an bereits bestehenden Kliniken konnten in der Weimarer Republik wichtige Verbesserungen realisiert werden. So wurde das zentrale Operationshaus grundlegend renoviert und vergrößert; nach dem Umbau und der Erweiterung der psychiatri-

Blick über das Krankenhausareal in Richtung Westen. In der Mitte das Operationshaus und das Kesselhaus mit dem Schornstein. Die Aufnahme entstand einige Jahre nach Eröffnung des Krankenhauses 1897. Die ursprünglich freie Flur im Hintergrund war inzwischen weitgehend bebaut.

Kolorierte Bildpostkarte um 1910.

schen Klinik durch den Architekten Otto Ernst Schweizer 1925/26 konnte das Städtische Krankenhaus stolz berichten, daß die Psychiatrie nun „zu den modernsten derartigen Anstalten Deutschlands zählen dürfte“.[9)]

In den dreißiger Jahren gingen, eingeleitet durch die Weltwirtschaftkrise und später verstärkt durch die restriktive Gesundheitspolitik der Nationalsozialisten, die Belegungszahlen im Krankenhaus stark zurück. So entstanden in der NS-Ära als einzige Neubauten bezeichnenderweise auch nur ein Hoch- und ein Tiefbunker. Im Zweiten Weltkrieg wurde das Krankenhaus durch Bombenangriffe – unmittelbar angrenzend produzierte die Rheinisch-Westfälische Sprengstoff AG Munition – zu 70 Prozent zerstört. Von 35 Gebäuden waren zwölf völlig zerstört und 16 stark beschädigt. Die meisten Kliniken waren jedoch rechtzeitig ausgelagert worden, so daß sich im April 1945 nur noch 112 Patienten auf dem Klinikareal befanden.

In der Nachkriegszeit stand der schnelle Wiederaufbau im Vordergrund, das bestehende Pavillonsystem wurde beibehalten. Vor allem in den 1950er Jahren suchten immer mehr Menschen aller Bevölkerungsschichten das Städtische Krankenhaus auf. „Die Ursachen sind zum Teil in den immer noch unzureichenden Wohnverhältnissen, dem Flüchtlingsproblem, der Überalterung der Menschen und nicht zuletzt in der allgemein festzustellenden Krankenhausfreudigkeit zu suchen“, analysierte ein Bericht der Verwaltung.[10)] Das Ende der Wiederaufbauphase markierte der im September 1961 eröffnete Y-Bau mit über 360 Betten für Chirurgie, Strahleninstitut und Physikalische Therapie. Die dreiflügelige Anlage durchbrach das Pavillonsystem und wies in Richtung Großklinikum. Bereits 1954 war mit dem Schwesternwohnheim an der Hufelandstraße das erste Hochhaus errichtet worden, dem 1965 mit dem neuen Gebäude 14 ein weiteres folgte.

1994 veränderte sich die Situation des Städtischen Klinikums an der Flurstraße grundlegend: Mit der Eröffnung des Klinikums Nürnberg Süd in Langwasser entstand das lange geplante zweite städtische Krankenhaus mit 1.000 Betten. Für das Klinikum Nürnberg Nord waren damit die Voraussetzungen geschaffen, grundlegende Sanierungs- und Renovierungsmaßnahmen auf dem seit 100 Jahren bestehenden Klinikareal mit etwa 1.450 verbliebenen Betten in Angriff zu nehmen. Bis heute wird auf dem Klinikareal in St. Johannis stets in einer Ecke gebaut, derzeit entsteht mit dem Bau eines neues Chirurgischen Zentrums westlich des Y-Baues ein weiteres Großprojekt mit nahezu 500 Betten.

An die reiche und vielfältige Geschichte des Klinikums und des Nürnberger Gesundheitswesen erinnert seit 1997 in der alten Apotheke des Verwaltungsgebäudes ein Museum, das jeden Sonntag nachmittag zum Besuch einlädt.

Das städtische Brause- und Wannenbad

Aus gesundheitspolitischen und hygienischen Gründen errichtete die Stadt Nürnberg zwischen 1888 und 1913 in der Altstadt und verschiedenen Stadtteilen sieben Brause- und Wannenbäder sowie 27 Schulbrausebäder. Damit sollte denjenigen Bevölkerungsschichten, die in ihrer Wohnung über kein eigenes Bad verfügten, die Möglichkeit zur Körperpflege geboten werden.

1913 erhielt auch St. Johannis ein vom Vorstadtverein seit langem gefordertes Brause- und Wannenbad. Die Badeanstalt entstand anstelle der alten Johanniser Schule an der Kreuzung Johannisstraße – Frauenholzstraße. Während die Männerabteilung über „zehn Brause- und vier Wannenzellen" verfügte, standen den Frauen nur zwei Duschen, dafür aber sechs Badewannen zur Verfügung. Neben dem Bad fand in dem im neubarocken Stil gehaltenen Gebäude im ersten Obergeschoß eine Zweigstelle der Stadtsparkasse Platz, an die heute noch eine Kinderfigur mit einer Sparbüchse über dem Eingang an der Johannisstraße erinnert. Außerdem waren in dem Neubau eine Bezirksmeldestelle und vier Wohnungen untergebracht.

Nachdem das Bad bis in die Zeit nach dem Zweiten Weltkrieg gut besucht war, ging die Besucherzahl in den 1970er Jahren immer mehr zurück. 1975 wurden noch 12.000 Badegäste gezählt, die sich zur Hälfte aus Gastarbeitern und zur Hälfte aus älteren Menschen zusammensetzten. Nur noch 15 Prozent der Kosten wurden durch Benutzergebühren gedeckt. 1977 schloß das „Johannisbad" daher endgültig seine Pforten.

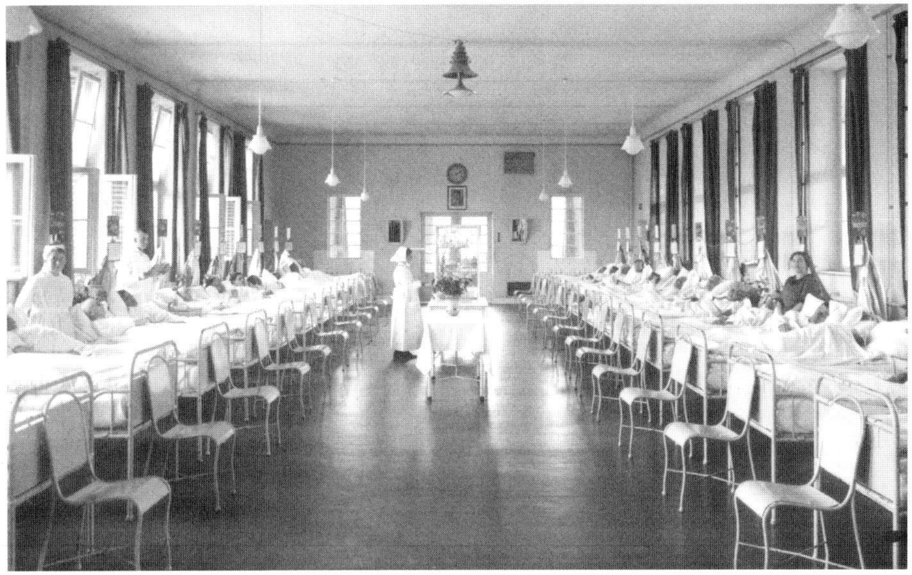

Frauenkrankensaal im Nürnberger Krankenhaus mit 32 Betten.
Fotografie 1930er Jahre.

Luftaufnahme des Klinikareals in West-Ost-Richtung. Hochhäuser wie das 1954 errichtete Schwesternwohnheim (oben) und der 1961 eröffnete Y-Bau (unten) durchbrachen die Pavillonbauweise.
FOTOGRAFIE 1961.

Die Tuberkulosefürsorgestelle in der Johannisstrasse

Die Tuberkulose (Tbc), umgangssprachlich Schwindsucht, war die Volkskrankheit des Industriezeitalters schlechthin. Vor allem Arbeiterfamilien, die in schlechten und überfüllten Wohnungen lebten, erkrankten häufig. Besonders betroffen war auch die Bevölkerung des Sandbergviertels in St. Johannis. So gab es noch 1911 in der Äußeren Großweidenmühlstraße 27 Häuser (von insgesamt 36) in denen sich 59 Wohnungen mit Tuberkulosekranken befanden. In der Helmstraße waren es 29 Häuser (von 46) mit 57 Wohnungen.

Der in Nürnberg dank des unermüdlichen Engagements des Arztes Alexander Frankenburger hervorragend ausgebauten Tuberkulosefürsorge gelang es seit Anfang des 20. Jahrhunderts, die Tbc deutlich zurückzudrängen. Während 1906 noch 22,9 auf 10.000 Einwohner an Tuberkulose starben, ging die Sterblichkeit bis 1932 auf nur noch 6,6 Menschen pro 10.000 zurück. In den schlechten Jahren während und nach dem Ersten Weltkrieg war die Rate allerdings nochmals hochgeschnellt.

Im Mai 1933 wurde auf dem Gartengrundstück Johannisstraße 33a die seit langem geplante neue Tuberkulosefürsorgestelle eröffnet, die zuvor in beengten Räumlichkeiten in der Nürnberger Südstadt untergebracht gewesen war. Man hatte für den Neubau auf ein ruhiges, sonniges Grundstück in der Nähe einer Straßenbahnhaltestelle Wert gelegt. Die städtischen Architekten Walter Brugmann und Paul Seegy zeichneten für ein modernes zweckmäßiges Gebäude verantwortlich, das mit klaren und leichten Formen überzeugte. Es verfügte über eine geräumige Wartehalle, Umkleidekabinen, mehrere Arzt- und Röntgenzimmer sowie eine große Schwesternwohnung für sieben Krankenschwestern und zwei Hausgehilfinnen.

Nach dem Zweiten Weltkrieg führte die herabgesetzte gesundheitliche Widerstandskraft vieler Menschen zu einem abermaligen Ansteigen der Tuberkulose. Seit Ende der 1940er Jahre wurden daher Reihenuntersuchungen in Nürnberger Betrieben und Schulen zur Früherkennung der Tbc durchgeführt. Seit den fünfziger Jahren ging die Krankheit dann immer mehr zurück, für die wenigen Fälle rechnete sich der Betrieb der Fürsorge-

Das 1913 eröffnete Städtische Brause- und Wannenbad an der Johannisstraße Ecke Frauenholzstraße.
FOTOGRAFIE 1913.

Im ersten Stock des Gebäudes befand sich die erste Filiale der Nürnberger Stadtsparkasse außerhalb der Altstadt. Noch heute erinnert eine Kinderfigur mit Sparbüchse über dem Eingang an der Johannisstraße daran.
FOTOGRAFIE 2000.

stelle in St. Johannis nicht mehr. Das Gebäude wurde daher abgerissen und die Beratungs- und Fürsorgestelle in das Gesundheitsamt an der Burgstraße verlegt. Heute steht ein Mehrfamilienhaus auf dem Grundstück am Riesenschritt.

Die Dialysestation in der Grossweidenmühlstrasse

Die neueste Einrichtung der Gesundheitsfürsorge in St. Johannis ist das Dialysezentrum „Ulrich Gessler" in der Großweidenmühlstraße. Das Zentrum ist nach dem langjährigen Chefarzt der nephrologischen Abteilung des Nürnberger Klinikums benannt, der einer der Vorreiter auf dem Gebiet der Behandlung chronisch Nierenkranker mit Dialysegeräten war. Er baute in den 1960er und 70er Jahren für betroffene Patienten, die viele Stunden an Dialysegeräten verbringen mußten, ein ambulantes Dialysenetz auf, das beispielhaft für die Bundesrepublik war. Das Zentrum in der Großweidenmühle, heute eines von drei in Nürnberg, ging 1980 mit 20 Plätzen in Betrieb.

B.W.

Kinder-Klinik

Private Krankenfürsorge in St. Johannis

Cnopfsche Kinderklinik und Klinik Hallerwiese

Das Klinikum Hallerwiese vereint seit 1983 zwei ehemalige Nürnberger Privatkliniken unter einem Dach und einer Leitung: die Cnopfsche Kinderklinik und die Klinik Hallerwiese. Heute ist das Evangelisch-Lutherische Diakoniewerk Neuendettelsau Träger der Einrichtungen. Beide haben ihren ursprünglichen Charakter bewahrt. Die Klinik Hallerwiese fungiert in weiten Bereichen als Belegkrankenhaus, und die „Cnopf", so die umgangssprachliche Bezeichnung in Nürnberg, ist eine der führenden Kinderkliniken im nordbayerischen Raum – gerade auf dem Gebiet der Neu- und Frühgeborenen-Intensivmedizin, sowie in der Endokrinologie (Erkrankungen hormoneller Drüsen). Daneben existiert seit 1997 eine kinderonkologische Abteilung.

Entstehung und Entwicklung der Cnopfschen Kinderklinik

Die Anfänge der Kinderklinik gehen auf ein Krankenzimmer mit sechs Betten zurück, das der „Lutherische Hilfsverein in Nürnberg für weibliche Diakonie in Bayern" im Jahre 1861 in seiner Kinderkrippe, die im Jahre 1857 initiiert worden war, einrichtete. Die Errichtung der Kinderheilanstalt erfolgte im Oktober 1863, unterstützt vom „Verein für weibliche Krankenpflege" und dem „Verein für männliche Krankenpflege", die von evangelischen Geistlichen ins Leben gerufen worden waren. Die Leitung wurde abwechselnd durch einen der drei Vereine übernommen. Seit 1863 war bereits Dr. Julius Cnopf (1823-1906), nach dem die Klinik später benannt wurde, in der Kinderheilanstalt tätig. Damals wurde sie allgemein als „Kinderspitälchen" bezeichnet.

Die Pflege der Kinder übernahmen Neuendettelsauer Diakonissen, die bereits seit 1856 in Nürnberg für den „Lutherischen Hilfsverein für weibliche Diakonie in Bayern" tätig gewesen waren. Die Diakonissen, eine zum damaligen Zeitpunkt in Bayern sehr junge Erscheinung – Wilhelm Löhe hatte 1854 in Neuendettelsau das erste bayerische Diakonissenhaus eröffnet –, besaßen eine umfassende Ausbildung im erzieherischen und krankenpflegerischen Bereich und waren aus diesem Grund gut für die Aufgabe geeignet. Die Leitung der Kinderkrippe und der angegliederten Kinderklinik lag in Händen der Diakonisse Helene von Meyer. Ihr Engagement trug wesentlich dazu bei, daß Krankenzimmer für arme Kinder in der Krippe eingerichtet worden waren. Die sozialen Nöte, hervorgerufen durch die beginnende Hochindustrialisierung mit ihren gesellschaftlichen Umwälzungen – Ausbildung des

1863 errichtete der „Lutherische Hilfsverein für weibliche Diakonie in Bayern" an der St.-Johannis-Mühlgasse am Rande eines Gartengrundstückes eine Kinder-Klinik. Im Vordergrund der ehemalige Kaffeegarten an der Hallerwiese.
Briefkopf des Kinderspitals um 1875.

Die Krankenpflege der Kinder lag in den Händen von Diakonissen aus Neuendettelsau.

Fotografie vor 1890.

Arbeiterstandes, Bevölkerungsexplosion in den Städten, Wohnungsnot und dadurch bedingten schlechten hygienischen Verhältnissen – blieben nicht verborgen. Unterschiedlich motivierte Bevölkerungskreise oder Einzelpersonen versuchten deshalb durch Initiativen die verschiedenen Mißstände zu lindern. In diesem Zusammenhang steht auch das Engagement der kirchlichen Vereine.

Im Dezember 1876 erfolgte der Umzug der Kinderklinik in das neu errichtete Gebäude in St. Johannis. Bereits 1872 hatte Dr. Julius Cnopf das an der Hallerwiese gelegene Grundstück, den ehemaligen Wahlerschen Garten, erworben, doch finanzielle Engpässe der Vereine verhinderten anfänglich den Bau der geplanten Kinderklinik. Ebenso gab es von seiten der benachbarten Grundstückseigentümer massive Widerstände. Die Gefahr ansteckender Krankheiten diente ihnen als Argumentation gegen die Klinikansiedlung. In der Möglichkeit der Ausbreitung von Krankheiten durch die Kinder sahen sie den Erholungswert der Hallerwiese und somit den Wert ihrer Grundstücke stark beeinträchtigt. Ausgetragen wurde der Streit in der Nürnberger Zeitungslandschaft. Im Sommer 1872 berichteten der Fränkische Kurier, die Nürnberger Presse und der Nürnberger Anzeiger ausführlich und mit sehr konträren Standpunkten über das geplante Kinderkrankenhaus. So schrieb der Nürnberger Anzeiger am 9. Juni 1872: „(...) aber die Errichtung eines Kinderspitals neben der Hallerwiese wäre denn doch geeignet, einen Schrei des Entsetzens hervorzurufen. Also dem Eldorado der kleinen Rekonvalescensen, dem frischen schönen Tummelplatze der Gesunden sollen jetzt die Westwinde statt milder Lüfte der Erquickung den Pesthauch von Scharlach, Masern, Typhus, Keuchhusten, Croup und wie die Giftplanzen unserer Kindheit alle heißen zuführen?" Der Magistrat der Stadt genehmigte trotz der verschiedenen Proteste den Bau der Kinderheilanstalt, die am 1. Dezember 1876 mit zwölf Betten feierlich eingeweiht werden konnte.

In den 70er Jahren des 19. Jahrhunderts kam es zu ersten Umstrukturierungen in der Vereinsorganisation. Die wichtigste Veränderung war die Neufassung der Vereinsstatuten vom 8. April 1875. Die Arbeit der drei Vereine übernahm ab diesem Zeitpunkt der „Verein für das Nürnberger Kinderspital". Dr. Julius Cnopf wurde als Inspektor berufen. Das Ziel des Vereins war in den Statuten festgelegt: „Der Verein für das Nürnberger Kinderspital (...) setzt sich zum Zweck, für die Verpflegung und Behandlung armer und geringbemittelter, kranker Kinder in geeigneten, spitalmäßig eingerichteten Lokalitäten Sorge zu tragen."

Der Verein finanzierte sich auf verschiedene Weise: zum einem über die jährlichen Mitgliederbeiträge, deren Mindestsumme bei einer Mark (1875) lag, daneben auch durch Spenden, Legate und verschiedene Sonderaktionen. So wurde der erste Immobilienbesitz des späteren Kinderspitalvereins unter anderem durch die Ausgabe von Aktien – nicht im heutigen Sinne – finanziert. Durch Los bestimmte Aktien wurden mit einem Zinsertrag zurückgezahlt. Viele Inhaber verzichteten aber auf ihren Einsatz, der dann vollständig dem Kinderspital zugute kam. Ebenso spielten Naturalgaben – Lebensmittel oder Sachspenden – in der zweiten Hälfte des 19. Jahrhunderts eine Rolle.

Diakonissen und Schülerinnen der Klinik Hallerwiese gruppieren sich um die Hausmutter Clementine von Verschuer.
FOTOGRAFIE 1925.

Die Kinderklinik wurde seit den ersten Tagen ihres Bestehens von der Nürnberger Bevölkerung gut angenommen, so daß bereits 1878 die Bettenzahl erhöht werden mußte. Im Laufe der nächsten Jahre wurde die Klinik nicht nur baulich vergrößert, neue Behandlungszweige kamen ebenfalls hinzu.

Einen Eindruck von der Arbeit und den hier behandelten Krankheiten geben die Jahresberichte. Ein Auszug aus dem Jahresbericht 1880 verdeutlicht dies exemplarisch: „Von den 173 Patienten im Jahr 1880 konnten 101 als geheilt aus der Kinderklinik entlassen werden. Für 3 Patienten wird eine Besserung der Krankheit verzeichnet, 3 Patienten wurden ungeheilt entlassen und 38 verstarben in der Klinik (22%)."[1)]

Als Krankheiten werden aufgeführt: Krankheiten der Entwicklung (31), akute Infektionskrankheiten (68), Krankheiten der Konstitution (28), Syphilis (2), Krankheiten des Gehirns und Nerventums (3), Krankheiten der Atmungsorgane (23), Krankheiten der Kreislauforgane (4), Krankheiten

Der Kinderarzt Dr. Julius Cnopf leitete von 1863 bis zu seinem Tod 1906 das Kinderspital.

Zeichnung von C. Jäger, 1883.

(Rechts) Dr. Carl Göschel (1839-1917) war der treibende Kraft für die Errichtung der Klinik Hallerwiese.

Fotografie um 1900.

EINTRITTS-KARTE
zu dem
am Freitag, den 15. April 1881 (Charfreitag)
im Saale zum goldnen Adler stattfindenden
CONCERT
vom
„Streichquartett König"
Anfang Abend 8 Uhr.
Der Reinertrag ist zum Besten des Nürnberger Kinder-Spitals (Hallerwiese) bestimmt.

der Verdauungsorgane (18), Krankheiten der Harn- und Geschlechtsorgane (2), Krätze (3), Krankheiten der Haut (9), Krankheiten der Bewegungsorgane (10), Verletzungen (4), übrige Erkrankungsformen (2).

Die Häufigkeit der Infektionskrankheiten weist auf die ärmlichen Verhältnisse der behandelten Kinder hin, die in den meisten Fällen auf die schlechten hygienischen Verhältnisse in den Mietwohnungen zurückzuführen waren.

Zu Jahresanfang 1906 verstarb Dr. Julius Cnopf, der bis dahin das Kinderspital geleitet hatte. Aus Respekt vor seinen großen Leistungen erfolgte im Februar 1906 eine Änderung der Statuten des Vereins, der sich fortan als „Verein Cnopfsches Kinderspital e.V." bezeichnete. Die Leitung übernahm Dr. Rudolf Cnopf, der Sohn von Dr. Julius Cnopf. Im 20. Jahrhundert wuchs das Aufgabengebiet der Kinderklinik immer weiter. Diese Entwicklung war vor allem mit den Namen Dr. Wilhelm Butters verbunden. Im Jahre 1974 übergab der „Verein Cnopfsches Kinderspital" die Trägerschaft an die Diakonie Neuendettelsau.

Die Klinik Hallerwiese

Die Klinik Hallerwiese geht ebenfalls auf die Arbeit eines Vereins zurück. Die Besonderheit daran war, daß erstmals eine rein bürgerliche Initiative sich mit den unzureichenden Krankenpflegemöglichkeiten in Nürnberg beschäftigte. Das Städtische Krankenhaus konnte nur einen Teil der benötigten Plätze zur Verfügung stellen. Im Jahre 1880 wandten sich deshalb verschiedene Honoratioren der Stadt mit dem Anliegen an die Bevölkerung, einen „Verein für Krankenpflege" zu gründen. Hauptinitiator war Dr. Carl Göschel, der spätere Vorsitzende. Das Vereinsziel wurde in Paragraph 1 der Vereinsstatuten festgelegt: „Der Verein für Krankenpflege in Nürnberg mit dem Sitze daselbst hat den Zweck, der gesamten hiesigen Bevölkerung die Möglichkeit zu bieten, sich jederzeit und ohne Unterschied des Standes und Vermögens wohlgeschulte nach Charakter und Fähigkeiten Garantie bietende Krankenpflegerinnen zu verschaffen."

Am Anfang hatte der Verein noch keinen Klinikbetrieb im Auge, sondern die häusliche und ambulante Krankenpflege. Vier Neuendettelsauer Diakonissen begannen im September 1880 mit der Arbeit. Bereits im Herbst 1889 wurde im Anwesen Hallerwiese 30 eine eigene Pflegestation eingerichtet. Dort zog die Oberschwester mit elf weiteren Diakonissen ein. Die große Zahl der Schwestern verdeutlicht, daß die Arbeit des Vereins stark angewachsen war. Auch finanziell war der Verein gut gestellt, so daß man sich 1899 entschloß, eine Klinik auf dem Grundstück an der Hallerwiese zu errichten. Ausschlaggebender Grund für den Neubau war die Entwicklung im medizinischen Bereich. Operationen als Behandlungsmethode gewannen immer stärkere Bedeutung in der Medizin und Krankenpflege. Hierzu wurden die entsprechenden Räumlichkeiten benötigt. Am 17. Juli 1899 wurde die Klinik Hallerwiese feierlich eingeweiht. Zwölf Krankenbetten standen zur Verfügung. Schon damals war sie als Belegklinik konzipiert. Daß der Alltag in dem kleinen Krankenhaus nicht immer einfach für die Schwestern war, verdeutlicht ein Auszug aus dem Jahresbericht von 1909: „26 Aerzte haben unsere Klinik mit ihren Patienten belegt. Und dies ist's, was den Dienst in der Klinik und auch in der Küche so schwer und compliziert macht. Gar oft kommt es vor, daß an einem Vormittag zu gleicher Zeit 8-10 Aerzte im Hause sind, jeder meint zuerst bedient zu werden, da täte es not, man hätte für jeden Kranken eine besondere Schwester."[2)]

Die Raumnot führte bald zur Erweiterung. Im Jahre 1906 wurde dafür der angrenzende Kaffeegarten erworben, ein beliebtes Ausflugsziel an der Hallerwiese. Im Jahre 1928 kam es zu einem Klinikneubau, um den modernen Ansprüchen an ein Krankenhaus genügen zu können. Gleichzeitig sollte die bedrückende Raumnot gelindert werden.

Für die Bauarbeiten wurde der renommierte Architekt German Bestelmeyer gewonnen. Der Neubau überforderte allerdings die finanziellen Kräfte des Vereins. So kam es zu Verhandlungen mit der Diakonissenanstalt Neuendettelsau wegen einer Übergabe der Klinik.

Am 1. Juli 1933 wurde die Klinik Hallerwiese als Filiale von der Diakonissenanstalt Neuendettelsau übernommen. Im Zweiten Weltkrieg wurde die Klinik bei mehreren Bombenangriffen auf die Stadt Nürnberg schwer beschädigt und mußte geschlossen werden. Die Nachkriegsjahre standen im Zeichen des Wiederaufbaus. Im Jahre 1949 konnte die Klinik Hallerwiese wieder vollständig als Krankenhaus genutzt werden, nachdem zuvor nur ein Notbetrieb aufrechterhalten worden war.

Heute gehören die Klinik Hallerwiese und die Cnopfsche Kinderklinik zur Diakonie Neuendettelsau und bieten der Nürnberger Bevölkerung ein umfassendes medizinisches Angebot. In einer ersten Bauphase wurden in den Jahren 1983 bis 1987 die beiden Krankenhäuser baulich zum Klinikum Hallerwiese vereint. In weiteren Bauabschnitten wurde und wird der Krankenhauskomplex zu einem integrierten Gesundheitszentrum ausgebaut. In diesem Zusammenhang kam es auch zur Renovierung des historischen Gartenanwesens Johannisstraße 19, das im Jahre 1981 von der Diakonie Neuendettelsau wegen der anstehenden Baumaßnahmen am Klinikkomplex mit erworben werden mußte. Im Herbst 2000 wurden die Arbeiten am Barockpalais, die 1998 begonnen hatten, abgeschlossen. Dem historischen Kleinod angegliedert ist ein Hesperidengarten, der ebenfalls rekonstruiert wurde und heute den Patienten des Klinikkomplexes zur Verfügung steht.

M.H.

1927/28 errichtete die Klinik Hallerwiese nach einem Entwurf des Architekten German Bestelmeyer einen neuen Krankenhausbau mit 115 Betten.
Bildpostkarte 1928.

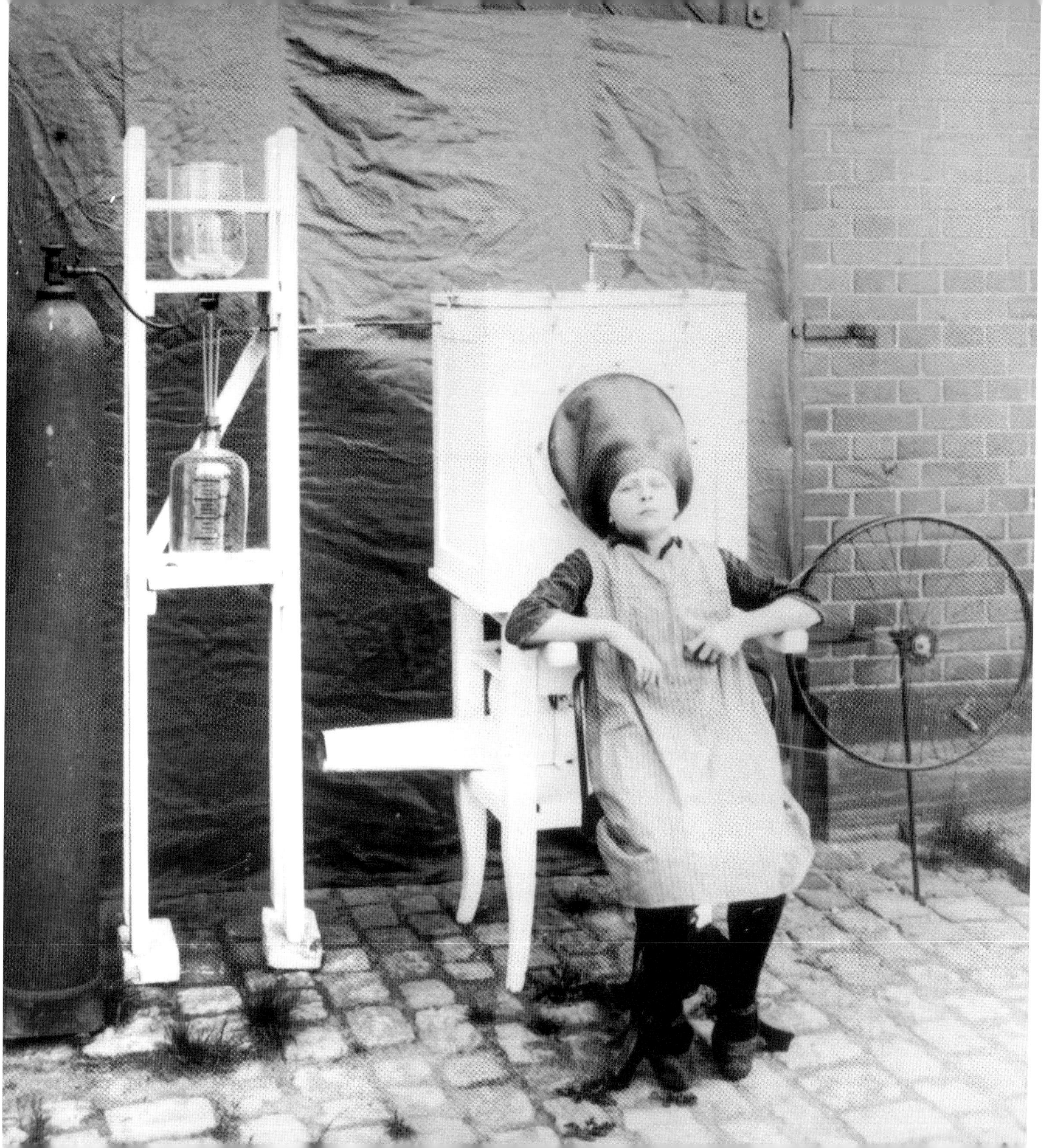

Die „DESI“

Von der Desinfektionsanstalt zum Kulturzentrum

Die 1884 an der heutigen Brückenstraße errichtete Desinfektionsanstalt lag zwischen dem Johannisfriedhof und der Bleistiftfabrik Lyra.
Ausschnitt aus einer aquarellierten Zeichnung von 1906.

(Links) Entlausungsapparat im Hof der Desinfektionsanstalt.
Fotografie 1923.

Nur noch die Abkürzung „Desi" erinnert heute an die ehemalige Funktion des roten Backsteingebäudes an der Brückenstraße, das seit zwanzig Jahren ein selbstverwaltetes Stadtteil-Kulturzentrum beherbergt. 1884 hatte Nürnberg hier im Zusammenhang mit der drohenden Choleragefahr als eine der ersten deutschen Städte eine Desinfektionsanstalt eingerichtet.

Den Anstoß dazu lieferten die Erkenntnisse Robert Kochs über das Wesen der Infektionskrankheiten: Er hatte 1882 den Tuberkelbazillus und 1883 den Choleraerreger entdeckt und die Desinfektion als wichtigste Maßnahme zu deren Vernichtung propagiert. Als Standort für die neue Einrichtung entschied sich die Stadt für ein zum Sebastianspital gehörendes Gartengrundstück südlich des Johannisfriedhofs, das damals an der westlichen Bebauungsgrenze von St. Johannis lag.

Das neuerrichtete kleine Gebäude mit einem 15 Meter hohen Schornstein bestand aus vier Räumen, die in zwei „unreine" und zwei „reine" Räume aufgeteilt waren. Das Desinfektionsgut – Kleidung, Matrazen oder Tierborsten – wurde auf der unreinen Seite angeliefert, mit hundert Grad heißem Wasserdampf desinfiziert, anschließend mit Heißluft getrocknet und auf der reinen Seite wieder ausgegeben. Um Desinfektionen auch in Wohnungen durchführen zu können, stand ein transportabler Apparat zur Verfügung.

Die Zahl der durchgeführten Desinfektionen stieg in den nächsten Jahren rapide an: Während es 1886 erst 29 waren, wurden im Jahr 1903 bereits 1.437 verzeichnet, davon allein 325 Wohnungsdesinfektionen. Von der Unwissenheit der Menschen zu Anfang des 20. Jahrhunderts im medizinischen Bereich zeugen einige Registrierungen von Desinfektionen wegen Genickstarre und eine nicht unerhebliche Reihe an Krebskranken, die sich einer Desinfektion unterzogen. 1905 erweiterte man die Anstalt, was vor allem die Desinfektion großer Mengen von Borsten, Roß- und Rinderhaaren für die bedeutende Nürnberger Pinselindustrie nötig machte. Sieben Jahre später wurde die Einrichtung dann bereits in nahezu 5.000 Fällen in Anspruch genommen. Allein über 2.200 Wohnungsdesinfektionen wurden zumeist auf Antrag des „Vereins zur Bekämpfung der Tuberkulose" durchgeführt, welcher gleichzusetzen war mit dem Antrag der Polizeibehörde. Zudem war die Desinfektion bei Tbc-Todesfällen und bei offener Tuberkulose seit 1909 gesetzlich vorgeschrieben. Neben der Tuberkulose – umgangssprachlich Schwindsucht – als der großen Volksseuche der Zeit gab es auch Desinfektionseinsätze bei Diphtherie, Krupp und Scharlach. Unter welchen Bedingungen damals gearbeitet wurde, läßt sich aus folgendem Zitat erkennen: „Nach Ankunft in der verseuchten Wohnung packen die Desinfektoren, nachdem sie schon vor Betreten der Räume die Desinfektionsmäntel mit Mütze angelegt und die angefeuchteten Mundschwämme umgebunden haben, die sämtlichen Gegenstände, welche der Dampf- oder einer anderen Desinfektion unterzogen werden sollen, in die mitgebrachten mit 5%iger Kresolseifenlösung angefeuchteten Einschlagtücher und verbringen die Bündel in den Wagen. (...) Dem Kutscher ist ebenso wenig wie den Desinfektoren gestattet, während der Fahrt in Wirtshäuser einzukehren. Auch ist ihm verboten, beim Be- oder Entladen des Wagens behilflich zu sein."[1)]

Während die Desinfektionsanstalt die meisten gesundheitspolizeilichen und hygienischen Aufgaben erledigte, ohne Gebühren zu erheben, sorgte vor allem die Desinfektion von Tierhaaren für die Pinselindustrie – 1910 waren es über 100 Tonnen – für größere Erträge.

Anfang der 1920er Jahre kam die Desinfektionsanstalt unter die Verwaltungshoheit des neugegründeten Gesundheitsamtes, das 1921/22 auch eine Entlausungsanlage einrichten ließ, in der mittels einer fünfzehnminütigen Behandlung mit Schwefeldioxid-Gas bei jeweils acht Personen die „Läuse mit Brutstätte" abgetötet werden konnten. Eine weitere „Neuheit" waren 1920 der Austausch der Pferdefuhrwerke durch Kraftfahrzeuge. Ende der zwanziger Jahre wurden zusätzlich zur Dampfdesinfektion von Gegenständen zwei Gaskammern in Betrieb genommen, in denen Möbel, Matratzen, Pelze und Dörrfrüchte zwecks Schädlingsbekämpfung mit Zyklon B (Blausäure) desinfiziert wurden.

Wie dem Verwaltungsbericht der Stadt Nürnberg von 1945-1949 zu entnehmen ist, blieb auch die Desi nicht vor der Zerstörung im Krieg verschon:. „In den Monaten Januar bis März wurde sie wiederholt von Bomben schwer getroffen. So wurde das Bürogebäude vollkommen zerstört, das Betriebsgebäude mit der Dampfkesselanlage, den Desinfektionsapparaten und der Entlausungseinrichtung wurden stark beschädigt (...) Nach Beendigung der Kampfhandlungen wurde im Interesse der Seuchenbekämpfung sofort mit der Behebung der größten Schäden begonnen (...) Im September 1945 waren die Arbeiten soweit geschehen, daß in der Anstalt wieder vorschriftsmäßige Dampfdesinfektionen durchgeführt werden konnten (...) Erst nach der Währungsunion konnte mit dem endgültigen Wiederaufbau der Anstalt begonnen werden, der im Laufe des Jahres 1949 vollendet wurde."[2)]

Nach dem Zweiten Weltkrieg erweiterte sich das Aufgabengebiet, galt es doch der herrschenden Rattenplage in den Trichterfeldern und Ruinen des zerbombten Nürnberg Herr zu werden. Bis Ende der 1940er Jahre war das Problem mit den gefürchteten Krankheitsüberträgern dann wieder unter Kontrolle. Die beginnende wirtschaftliche Erholung ermöglichte 1950 die Ersetzung der alten Desinfektionsgeräte, die seit 1883 im Einsatz gewesen waren, durch neue Apparaturen. So konnten Desinfektionen, deren Zahl insgesamt rückläufig war, in einem Bruchteil der Zeit durchgeführt werden und auch empfindliche Pelze, Teppiche und wertvolle Kleidungsstücke behandelt werden. Von Anfang der 1950er Jahre bis in die frühen sechziger Jahre war es auch Aufgabe der Desi, „Geburtensäcke", die bei der Polizei bereitgestellt wurden, mit Dampf zu desinfizieren, um die „Durchführung eines sterilen Wochenbettes" zu garantieren. Außerdem wurden eine Anzahl von Industriebetrieben und Mühlen „entwest" und „entseucht", wie es im Desinfektorenjargon hieß. Breiten Raum nahmen die von der Städtischen

Wohnungsbaugesellschaft routinemäßig angeordneten Wohnungsnachschauen, in denen Sauberkeit und Hygiene kontrolliert wurden, ein. Eine neue Aufgabe bildete die Desinfektion von zehntausenden von Postsendungen in die DDR, die nach den geltenden DDR-Bestimmungen bis 1976 nur weitergeleitet wurden, wenn eine amtliche Desinfektionsbescheinigung (als Maßnahme gegen kapitalistische Bazillen?) beilag. Und noch Ende der sechziger Jahre war die Bekämpfung von Kopfläusen an der Tagesordnung. Finanzielle Probleme führten jedoch dazu, daß die Desinfektionsanstalt am 31. Oktober 1976 per Stadtratsbeschluß aufgelöst und der Hygienebereich und die Schädlingsbekämpfung dem Gesundheitsamt direkt übertragen wurden.

Nachdem 1977 die Desinfektionsanstalt endgültig stillgelegt worden war, forderte der SPD-Ortsverein St. Johannis den Umbau des Gebäudes in eine Stadtteil-Begegnungsstätte. Dagegen formierte sich der Widerstand der Friedhofsverwaltung, des Bürgervereins St. Johannis und der Stadtrats-CSU, die für den Abriß des Industriekulturdenkmals und eine Erweiterung des Johannisfriedhofs eintraten. Der Bürgerverein sammelte Ende 1977 über 3.400 Unterschriften für eine Friedhofserweiterung. Ein 1978 gegründeter Arbeitskreis „Begegnungsstätte in St. Johannis" konterte im Juni 1978 mit über 4.300 gesammelten Unterschriften. Der Kulturausschuß befürwortete daraufhin im September 1978, ebenso wie der damalige Kulturreferent Hermann Glaser, die Einrichtung der Begegnungsstätte und stellte die Weichen für eine positive Stadtratsentscheidung. Im Oktober 1978 gründete sich als Trägerverein der „Stadtteilzentrum Desi e. V.", der das Stadtteilzentrum vorerst provisorisch betrieb. Im September 1982 erfolgte schließlich die offizielle Einweihung der selbstverwalteten Desi, nachdem die Stadt den Bau für 1,8 Millionen Mark saniert und umgebaut hatte. Gleichzeitig übertrug der Stadtrat dem Verein die Trägerschaft für die Begegnungsstätte. Die laufende Arbeit sicherte ein städtischer Zuschuß.

Seitdem trafen und formierten sich eine Vielzahl von Gruppen und Initiativen in der Desi, von der Senioreninitiative „Graue Panther" über Asyl- und Umweltinitiativen bis zur Grupo Juvenil Flamenco Español. Es fanden eine Vielzahl von Kulturveranstaltungen, Workshops, Diskussions- und Informationsveranstaltungen, Konzerte, Discos und Feste statt. Neben einer für jedermann offenen Fahrradwerkstatt und einer Freilichtarena bietet die Desi eine Kneipe mit attraktivem Biergarten. Anfang der Neunziger sorgte der Abriß der angrenzenden Lyra-Fabrikanlagen und der Bau einer Büro- und Wohnanlage für Aufregung, da Beschwerden der künftigen Anwohner und damit eine Einschränkung des Veranstaltungsbetriebs befürchtet wurden. Dank einer geschickten architektonischen Lösung blieben die Befürchtungen jedoch unbegründet.

Heute liegt ein Schwerpunkt der Arbeit des Vereins Desi e.V. in der Flüchtlings- und Jugendarbeit. Darüber hinaus wurde trotz eines stark reduzierten Zuschusses gerade in letzter Zeit mit attraktiven Club- und DJ-Veranstaltungen wieder ein musikbegeistertes Publikum gewonnen. Für alle anderen empfiehlt sich ein Besuch der sommerlichen Open-air-Filmvorführungen des Mobilen Kino e.V. oder des Biergartens allemal.

B.W., Lucia Schraudolf

Vorstellung, wie ein königl. preusisches Commando von
ohngefähr 400. Mann den 3. Julii 1797. die Räumung
der Kasserne von Nürnberg verlangte, und unverrichter
Sache abzuzichen genöthiget war.
fec.

Johanniskaserne und Altersheim

Das Sebastianspital seit dem 18. Jahrhundert

Bewohnerinnen des „Wastl“.
Fotografie 1919.

Seit dem 18. Jahrhundert konnte das Sebastianspital anderweitig genutzt werden, da Nürnberg nicht mehr von den verheerenden Pestepidemien betroffen war. Während die westlichen Gebäude für nahezu zwei Jahrhunderte als Kaserne dienten, waren im östlichen Teil anfangs unheilbar Kranke und später alte Menschen untergebracht. Als altes „Wastl“ ist dieses Altersheim alten Nürnbergern noch heute ein Begriff.

Die Johanniskaserne

Unmittelbar südlich des Schießplatzes waren nahezu zwei Jahrhunderte lang Soldaten stationiert. Seit 1695 wurden nämlich die westlichen Gebäude des Sebastianspitals als Kaserne für Teile der Nürnberger Bürgerwehr genutzt. Diese umfaßte im 17. und 18. Jahrhundert insgesamt zwischen 3.200 und 4.000 Mann, die in Infanterie-, Artillerie- und Kavallerieregimentern Waffendienst leisteten. Im 18. Jahrhundert waren auch Nürnberger Kontingente für den Fränkischen Reichskreis in der Johanniskaserne stationiert.

Während der preußischen Okkupation des Nürnberger Landgebiets ab 1796, als das preußische Militär bis an die Stadtmauern Nürnbergs vorrückte, kam es zu einem aufsehenerregenden Ereignis: Am 3. Juli 1797 verlangte ein 400 Mann starkes preußisches Militärkommando die sofortige Räumung der Johanniskaserne, stieß jedoch auf unerwarteten Widerstand der nur aus 88 Nürnberger Soldaten bestehenden Besatzung und einer herbeigeeilten Menschenmenge. Um Gewalttätigkeiten und Blutvergießen zu vermeiden, befahl der Nürnberger Rat seinen Soldaten abzuziehen. Die Volksmenge widersetzte sich jedoch und bewaffnete sich mit Prügeln und Stangen, so daß das preußische Militär unverrichteter Dinge wieder abziehen mußte. Erst als es drei Tage später mit etwa 1.500 Mann zurückkehrte und die Kaserne umstellte, zogen die Nürnberger Soldaten ab, und das preußische Militär übernahm die Kaserne. Der – allerdings nicht lange währende – nürnbergische Triumph wurde auf der abgebildeten Lithographie festgehalten.

Nach dem Abzug der Preußen 1806 verpachteten die städtischen Wohltätigkeitsstiftungen – unter

(Links) „Vorstellung, wie ein königl. preusisches Commando von ohngefähr 400 Mann den 3. Julii 1797 die Räumung der Kaserne von Nürnberg verlangte und unverrichter Sache abzuziehen genöthigt war“.
Kupferstich von Christoph Daniel Henning, 1797.

Bewohnerinnen des „Wastl“ im Hof des Anwesens Großweidenmühlstraße 31. Aufgrund der beengten Raumverhältnisse befanden sich die Schränke der Bewohnerinnen im Hof unter freiem Himmel.
FOTOGRAFIE 1914.

deren Obhut die Baulichkeiten standen – das Gebäude an die bayerische Garnison. Die Kaserne diente nun als Hauptarmeespital, obwohl der Zustand der Räume sehr schlecht war und die Räume zum Teil baufällig und unbeheizbar waren, bevor das Garnisonslazarett in die Schießgrabenkaserne am Sand verlegt wurde.

Seit 1808 wurde die Johanniskaserne dann wieder als Truppenquartier für die Infanterie genutzt, um den Nürnbergern Einquartierungen zu ersparen. Erst ab 1826 konnte die Infanterie das Provisorium in St. Johannis verlassen und in die neuerbaute Deutschhauskaserne umziehen. In der Folgezeit wurde der Pachtvertrag aufgrund des in Nürnberg herrschenden Quartiermangels dennoch immer wieder verlängert, auch wenn jetzt nur noch während der Waffenübungen im Herbst zeitweise Soldaten in der Kaserne Unterkunft fanden. Noch bis 1874 nutzte das Militär das Gebäude, zum Teil als Mannschaftsunterkunft, zum Teil als Spital für Cholerakranke.

Um 1900 verfügte das „Wastl" über mehr als 350 Betten und erstreckte sich über zehn verschiedene Grundstücke an der Großweidenmühlstraße. Neben dem noch heute erhaltenen Teil Großweidenmühlstraße 33 (links) ist im Hintergrund das Obdachlosenasyl zu erkennen.
FOTOGRAFIE 1914.

Das Wastl

Nach dem Abflauen der Pestepidemien seit der Mitte des 17. Jahrhunderts wurde das Sebastianspital zunehmend mit bettlägerigen alten Menschen belegt. Daneben fanden vor allem Syphilis- und Krebskranke sowie Menschen mit Hautkrankheiten wie „bösartiger" Krätze Aufnahme.

Anfang des 19. Jahrhunderts boten die beiden Krankenstuben nur noch Platz für acht Personen. Noch immer wurden meist Männer und Frauen eingeliefert, die am „Krätzausschlag" oder an der „Lustseuche" litten, oft zwangsweise auf polizeiliche Anordnung eingewiesen. Außer diesen Kranken waren es vor allem „Epileptische" sowie einige „armselige Pfründer" auf Lebenszeit. Nach einer notdürftigen Renovierung des Spitals im Jahr 1817 konnten 50 bis 60 Personen aufgenommen werden, die von einem Arzt und Schwestern des Martha-Maria-Vereins betreut wurden. Wegen seiner hohen Sterblichkeit und der ständigen Überfüllung wurde die Einrichtung immer wieder kritisiert. Bis zur Mitte des 19. Jahrhunderts diente das Sebastianspital als Abschiebestation für unheilbar Kranke mit „ekelhaften" Krankheiten sowie alten Menschen mit Behinderung.1847 waren immerhin 61 Männer und 112 Frauen untergebracht, die an Epilepsie, Schwachsinn, Geschwüren oder Tuberkulose litten oder aufgrund ihres Alters gelähmt, taub oder blind waren.

In der zweiten Hälfte des 19. Jahrhunderts ermöglichten Zustiftungen den langsamen Umbau vom Siechenspital zum Pfründnerheim. So stiftete 1856 Georg Zacharias Platner eine größere Summe, mit der bauliche und organisatorische Verbesserungen finanziert wurden. Inzwischen ließen sich vereinzelt auch alte Menschen mit Grundvermögen aufnehmen, wie 1869 der Kupferstecher Adam Bühler. Das Spital wurde nun laufend erwei-

Frauenspeisesaal im Sebastianspital Großweidenmühlstraße 29-31.
Fotografie 1914.

tert, so daß im Jahr 1883 bereits nahezu 300 Betten zur Verfügung standen, die jedoch dem durch das rasante Bevölkerungswachstum ständig steigenden Bedarf bei weitem nicht genügten. Im gleichen Jahr beschloß der Magistrat, die Einrichtung als gemeindeeigene Anstalt und nicht mehr als wohltätige Stiftung weiterzuführen.

Durch die Einbeziehung weiterer Gebäude an der Großweidenmühlstraße, wie zum Beispiel des 1887 errichteten Reservespitals („Choleraspital"), das nach der Eröffnung des neuen Krankenhauses an der Flurstraße nicht mehr benötigt und daher dem Sebastianspital angegliedert wurde, stieg die Bettenzahl bis 1901 auf über 350. Die katastrophalen sanitären Verhältnisse und die immer drückender werdende Raumnot ließen den Magistrat nach jahrelangen Überlegungen von weiterem Stückwerk Abstand nehmen. 1909 fiel der Beschluß für einen Neubau des „Wastl" an der Veilhofstraße. Obwohl das neue Altersheim bereits im Sommer 1914 bezugsfertig war, verschob sich der Umzug durch den Ersten Weltkrieg nochmals um fünf Jahre. Das neue Sebastianspital wurde in dieser Zeit zunächst als Volksküche und dann als Heereslazarett verwendet. So konnten erst am 15. Juli 1919 die Pfründner das alte „Wastl" verlassen und

Am 15. Juli 1919 konnten die Bewohner und Bewohnerinnen des alten „Wastl" in das neue Sebastianspital in der Veilhofstraße umziehen.
Fotografie 1919.

in ihr neues Heim umziehen. Während die gehfähigen Insassen mit drei Sonderzügen der Straßenbahn transportiert wurden, stand für die etwa einhundert bettlägerigen Patienten die Sanitätskolonne des Roten Kreuzes mit Kraftwagen zur Verfügung.

Im Zweiten Weltkrieg wurde der östliche Teil des ehemaligen Pestlazaretts – die Gebäude Großweidenmühlstraße 33 – völlig zerstört, während der westliche Teil lediglich schwer beschädigt wurde. Nach dem Wiederaufbau in der Nachkriegszeit nutzte die Obdachlosenfürsorge das Gebäude, die hier vor allem Werkstätten und Lagerräume einrichtete.

Letzte Zufluchten – Obdachlosenasyl und Armenbeschäftigungsanstalt

Seit mehr als hundert Jahren existieren in St. Johannis Einrichtungen, die Menschen auf der untersten Stufe der sozialen Leiter – ohne Arbeit, ohne Wohnung und Obdach – eine letzte Zufluchtsstätte bieten. 1898 wurden das Männerasyl und die Armenbeschäftigungsanstalt aus den Räumlichkeiten des ehemaligen Katharinenklosters in die Großweidenmühlstraße verlegt. Im Zusammenhang mit dem Neubau des Gewerbemuseums (heute Nürnberger Akademie und Bildungszen-

Das Obdachlosenasyl und die Armenbeschäftigungsanstalt in der Großweidenmühlstraße.

Auschnitt aus dem Monumentalplan der Stadt Nürnberg von 1906.

trum) war damals auch das umliegende Areal umgestaltet und städtebaulich aufwertet worden: Für die Betreuung von Randgruppen blieb kein Platz. Mit der Verlegung in die Vorstadt ging eine Vergrößerung beider Einrichtungen einher, im Zeitalter der Industrialisierung mit seinem enormen Bevölkerungswachstum eine dringende Notwendigkeit.

Das Odachlosenasyl für Männer

1897 hatten die städtischen Kollegien einem Neubau des Obdachlosenasyls für Männer auf einem Grundstück der Wohltätigkeitsstiftungen an der Großweidenmühlstraße westlich des Sebastianspitals zugestimmt. Das auf 60 Personen ausgelegte Asyl bestand aus drei Schlafräumen – einem großen Raum mit 60 Quadratmetern für 29 Personen und zwei Räumen mit etwa 30 Quadratmetern für 15 beziehungsweise 16 Personen –, einem Isolierzimmer für die „mit Ungeziefer behafteten Personen", Sanitäreinrichtungen und einer Wohnung für den Hausmeister im Dachgeschoß. Baubeginn war im Februar 1898, bereits im Oktober konnte das Haus eröffnet werden. In den folgenden Jahren stiegen die Benutzerzahlen kontinuierlich: Während 1910 insgesamt 3.549 Obdachlose gezählt wurden, die für drei bis vier Tage Unterkunft fanden, waren es 1913 mit 6.759 Personen fast doppelt soviele. Damit war die Einrichtung an den Grenzen ihrer Kapazität angelangt, die Aufenthaltsdauer war auf zwei bis drei Tage gesunken. Ein von Bürgermeister Schuh 1913 geforderter und vom Magistrat bereits bewilligter zeitgemäßer Neubau wurde durch Ersten Weltkrieg verhindert.

Die überwiegende Mehrzahl der Obdachlosen, etwa 90 Prozent, stammten nicht aus Nürnberg. Sie waren entweder Wanderer auf Durchreise oder Zuwanderer, die nicht hatten Fuß fassen können. Zu Beginn der 1920er Jahre verschlechterten sich die Zustände im Asyl nochmals, vor allem die hygienischen Bedingungen waren unzureichend. Duschen, eine Desinfektionsanlage, mehr Schlafgelegenheiten und eine neue Heizung schufen kurzfristig Abhilfe, erst die Errichtung der Wanderarbeitsstätte im Feldbau Schniegling mit weiteren 64 Betten verbesserte die Lage im Jahr 1922 für die Obdachlosen deutlich. Zu einer menschenwürdigeren Lebenssituation trug auch bei, daß das städtische Wohlfahrtsamt dem Fürsorgegedanken gegenüber der sicherheitspolizeilichen Überwachung immer mehr Raum bot. Aber Arbeitslosigkeit und Wohnungsnot führten in den zwanziger Jahren weiter zu steigenden Zahlen: 1926 wurden mit 12.613 Übernachtungen nahezu doppelt soviele wie 1913 gezählt. Unter den Berufen dominierten Arbeiter und Handwerker mit weitem Abstand.

Die restriktive Politik der Nationalsozialisten gegenüber Wanderern und „Asozialen" ließ die Übernachtungszahlen in den dreißiger Jahren sinken. Während des Krieges waren dann Zwangsarbeiter im Asyl einquartiert, und 1942 wurde das Gebäude zerstört. Eine Holzbaracke diente daraufhin als Notunterkunft.

Die Armenbeschäftigungsanstalt

Die Armenbeschäftigungsanstalt wurde nach der Verlegung aus dem Katharinenkloster 1898 in der ehemaligen Johanniskaserne im westlichen Teil des alten Sebastianspitals untergebracht. Die bis dahin in diesen Räumen einquartierten Pfleglinge des Altersheimes wurden verlegt. Der städtische Verwaltungsbericht stellte 1898 die Planungen für die neue Einrichtung vor: „Im Gebäude der sogenannten Johanniskaserne sind im Erdgeschoß zwei große Arbeitssäle, ein Betsaal, das Treppenhaus und ein Pflegerzimmer, im ersten Obergeschoß drei Schlafsäle für 50 bis 60 männliche Personen vorgesehen. Im gegenüberliegenden sogenannten roten Haus sind im ersten und zweiten Obergeschoß die Hausmeisterwohnung, Arbeits- und Schlafräume für weibliche Personen, im Erdgeschoß ein Raum mit Wannen- und Brausebad und Desinfektionsofen untergebracht."[3)]

Im Mai 1899 konnte die Beschäftigungsanstalt, die Plätze für 100 Männer und zehn Frauen bot, ihren Betrieb aufnehmen. Aufgenommen wurden nur Menschen mit Nürnberger Heimatrecht, die ohne Obdach und Verdienst waren. Nach Ausstattung mit der Anstaltskleidung standen Arbeiten wie Hopfenzupfen, Roßhaardrehen, Süßholzschneiden, Lindenblüten zupfen oder Holzspalten auf dem Programm. Wie das Asyl verzeichnete auch die Beschäftigungsanstalt einen deutlichen Anstieg der Benutzer. Während noch 1898 nur 71 Männer insgesamt 5.000 Tage in der Anstalt verbrachten, waren es 1913 bereits 162 Männer mit etwa 21.500 Aufenthaltstagen. Auch die durchschnittliche Aufenthaltsdauer verdoppelte sich nahezu auf 134 Tage, ein Zeichen dafür, daß es schwieriger wurde, eine Arbeitsmöglichkeit auf dem freien Arbeitsmarkt zu finden.

Nach dem Zweiten Weltkrieg wurden das Männerasyl und die Armenbeschäftigungsanstalt zusammengefaßt und als Arbeitsheim für Männer weitergeführt. Die Einrichtung war eine Anlaufstelle für unterschiedlichste wohnungs- und arbeitslose Männer und hatte auch die Aufgabe, „arbeitsscheue" Unterstützungsempfänger entweder in die Pflicht(arbeit) zu nehmen oder sie in den Arbeitsmarkt zurückzuführen. In den Räumen des alten Sebastianspitals waren verschiedene Werkstätten (für Schreiner, Schuhmacher oder Uhrmacher) eingerichtet, daneben wurde bereits wie heute auf dem großen Freigelände zur Brückenstraße hin biologischer Gartenbau betrieben. Das Heim verfügte über eine Aufnahmekapazität von 70 Plätzen. Mit der sich stetig bessernden Beschäftigungslage wurde das Arbeitsheim aber immer mehr zu einer Auffangstation, an eine Rückführung in den freien Arbeitsmarkt war kaum noch zu denken. 1964 zerstörte ein Brand das gesamte Obergeschoß des Sebastianspitals, das als Arbeitsheim diente.

Erst 1988 wurde wieder mit der Renovierung des unter Denkmalschutz stehenden Gebäudes begonnen; sie konnte 1995 abgeschlossen werden. Heute stehen im renovierten Sebastianspital 31 Plätze für obdachlose Frauen zur Verfügung. Daneben gibt es eine Notschlafstelle und ein Familienasyl für Frauen und Kinder mit acht Plätzen.

Für Männer bietet die Wohnungslosenhilfe in der Großweidenmühlstraße heute 50 Plätze für Rehabilitation oder „Beheimatung" (für Männer mit geistigen, körperlichen, seelischen Behinderungen und Suchtkrankheiten), 25 Plätze in der Notschlafstelle und 17 Plätze in den einzelnen Wohneinheiten in der Bärenschanzstraße.

B.W.

1928.

Die Herz-Jesu-Statue

St. Michaels-Bote, März-Nummer 1928:

Unsere Pfarrkirche ist durch die kirchl. Weihe der neuen Herz-Jesu-Statue am Sonntag Septuagesima um einen prächtigen Schmuck bereichert worden. Das Kunstwerk in Barock-Stil gehalten, stammt aus der altbewährten Kunstanstalt der Gebrüder Stärk – Nürnberg u. macht dem Künstler alle Ehre. Mit Vermeidung aller süßlichen Art trägt es ernstfreundliche Heilandszüge u. weckt beim Beschauer innerliche Andacht. Wir müssen heutzutage recht dankbar sein den Künstlern, denen die religiöse Kunst noch auf das Programm gestellt. Denn was man selbst in Ausstellungen der christl. Kunst so manchmal an verrenkten Gliedern u. häßlichen Gestalten zu sehen

Heimatabend

der Pfarreien St. Michael und St. Anton
Nürnberg

Veranstaltet vom
Volksverein für das katholische Deutschland
unter Mitwirkung des Kirchenchores St. Michael und der übrigen katholischen Vereine von St. Michael und St. Anton

Am Mittwoch, den 1. Februar 1928, abends 8 Uhr im Gasthaus „Sonnenbad", Johannisstraße 141

******

Dieser Pfarrabend steht in Lied, Gedicht, Vortrag und Lichtbild unter dem Gedanken der Heimat

******

Vortragsfolge

1. Heimatlied des Kirchenchores
2. „An die Heimat" — Gedicht von Reinhold v. Stern
3. **Vortrag: „Was ist dem Katholiken Heimat und Vaterland?"** Dr. Getzeny (Stuttgart), Redner auf dem letzten Katholikentag in Dortmund.

Pause

4. „Muttersprache" — Gedicht von Schenkendorf
   „Von Freiheit und Vaterland" — Lesung aus Moritz v. Arndt
5. **Lichtbildervortrag** v. Dr. Getzeny: „Die alte deutsche Stadt als Sinnbild deutschen Bürgersinns"
6. Lied des Kirchenchores.

******

Die Unterzeichneten laden die Katholiken der beiden Pfarreien ohne Ausnahme recht herzlich zu diesem Abend ein.

Pfarrei St. Michael — Stadtpfarrer Köhler
Pfarrei St. Anton — Geistl. Rat Lurz
Volksverein f. d. katholische Deutschland — Kaplan Joh. Kist, Johann Grau

Eintritt frei!

1928

Reserviert

PFARREI ST. MICHAEL / NÜRNBERG

EINLADUNG

zur Namenstagsfeier unseres H. Herrn Stadtpfarrers Köhler

am Freitag, 20. April 1928
abends punkt ½8 Uhr im großen Saal der Rosenau

Saalöffnung ½7 Uhr

Der Schulkinderhort u. Kleinkindergarten St. Michael

Diese Einladung gilt als Eintrittskarte

„Schäffler-Tanz"
in der Rosenau,
aufgeführt 20. IV 1928
v. Schulkinderhort
zum Namenstag d. H.H. Stadtpfarrers.

Religiöses Leben

Drei Kirchen, zwei Pfarreien, eine Synagoge

Blick über die Johannisfelder auf die Johanniskirche und die umliegenden Gebäude. Rechts der Kirche liegt der Siechkobel, unmittelbar links von ihr das alte Pfarrhaus, davor das Steinschreiberhaus und am linken Bildrand die Holzschuherkapelle.
Kolorierter Kupferstich, 18. Jahrhundert.

(links) Doppelseite aus der Chronik der Pfarrei St. Michael.

Eine Kirche ist namengebend für den ganzen Stadtteil St. Johannis geworden: die Johanniskirche auf dem gleichnamigen Friedhof. Sie ist das kunsthistorisch interessanteste Gotteshaus im Stadtteil und nach wie vor namengebend für die evangelisch-lutherische Pfarrei, die mit der Friedenskirche 1928 eine dem Bevölkerungswachstum entsprechend große Kirche baute. Im rasch anwachsenden St. Johannis des 19. Jahrhunderts siedelten sich auch zahlreiche Katholiken an, die 1908 mit der Kirche St. Michael in der Wilhelm-Marx-Straße ein eigenes Zentrum erhielten. Beide Pfarreien, ihre Gotteshäuser und ihre sozialen Einrichtungen und Angebote sind aus dem Leben von St. Johannis nicht wegzudenken.

Auch die Israelitische Kultusgemeinde Nürnberg hatte nach dem Zweiten Weltkrieg lange Jahre ihr Zentrum in St. Johannis. Nachdem die Hauptsynagoge am Hans-Sachs-Platz und andere jüdische Gotteshäuser von den Nationalsozialisten zerstört worden waren, baute die wiedererstandene Israelitische Kultusgemeinde das ehemalige israelitische Schwesternheim in der Wielandstraße 6 zu ihrem Zentrum aus. Für die rund 200 Mitglieder der Gemeinde reichte der Betsaal in der Wielandstraße in den 1950er und 1960er Jahren vollkommen aus. Als jedoch die Mitgliederzahlen nach 1970 anstiegen, wurde an der Johann-Priem-Straße im Nürnberger Nordosten ein neues Gemeindezentrum mit einer Synagoge errichtet, die 1984 eingeweiht wurde. Die Gemeinde verkaufte das Grundstück an der Wielandstraße, um den Bau des neuen Gemeindezentrums zu finanzieren. Die Gebäude wurden abgerissen und machten dem Neubau eines Wohnhauses Platz.

Die evangelische Kirchengemeinde St. Johannis

Die Kirche, die zum Siechkobel St. Johannis gehörte und heute mitten auf dem Friedhof liegt, war jahrhundertelang eine Tochterkirche von St. Sebald. Viele Bewohner der Vorstadt, aber auch der Weidenmühlen und der Dörfer Thon, Groß- und Kleinreuth besuchten die Gottesdienste in St. Johannis und ersparten sich so den weiteren Weg in die Stadtpfarrkirche. Der Kirchenweg, der heute noch zwischen Friedrich-Ebert-Platz und Johannisstraße diesen Namen trägt, erinnert an die Kirchgänger aus dem Nürnberger Norden nach St.

Als einzige mittelalterliche Nürnberger Kirche wurde die Johanniskirche im Zweiten Weltkrieg nicht zerstört und weist daher noch vollständig ihr historisches Erscheinungsbild auf.
KUPFERSTICH VON RÖSLER, 18. JAHRHUNDERT.

Johannis. Von der Mutterkirche St. Sebald abgetrennt wurde die Johanniskirche durch die politischen Entwicklungen am Ende des 18. Jahrhunderts. Nachdem Markgraf Alexander von Ansbach-Bayreuth 1791 auf seinen Thron verzichtet und seine Länder der preußischen Hohenzollernfamilie übereignet hatte, rückte preußisches Militär in Franken ein. Die Bewahrung der komplizierten und verschachtelten fränkischen Rechts- und Herrschaftsverhältnisse gehörte nicht zu den Zielen Preußens. Im Gegenteil: Man wollte sie möglichst vereinfachen und genau festlegbare Grenzen für „Preußisch-Franken" erhalten. Man machte kurzen Prozeß und okkupierte 1796 den gesamten Bereich bis an die Nürnberger Stadtmauer. Vorstadt und Kirche waren nun von Nürnberg abgeschnitten. Am 9. Juli 1796 hatte der Johanniser Geistliche Gottfried Michahelles der neuen preußischen Verwaltung den Amtseid zu leisten. Er war der zweite von drei Geistlichen in St. Johannis aus dieser Familie: Schon sein Vater Michael Michahelles und auch sein Sohn Carl Friedrich Michahelles waren Pfarrer in St. Johannis, so daß man in der Geschichte der Johanniskirche auch vom „Michahellesjahrhundert" spricht, waren doch alle drei zusammen bis 1854 mehr als einhundert Jahre im Dienst.

St. Johannis erhielt nun unter preußischer Verwaltung den Status einer eigenen Pfarrei. Diese umfaßte ein großes Gebiet im Norden und Nordwesten der alten Reichsstadt mit der Vorstadt selbst, den Weidenmühlen, Thon, Groß- und Kleinreuth hinter der Veste sowie Gärten hinter der Veste. Trotz der weiten Ausdehnung war das Pfarreigebiet anfangs nur dünn besiedelt, denn nur knapp 1.500 Personen zählten zur Pfarrei. Dies sollte sich durch die Industrialisierung im Laufe des 19. Jahrhunderts gründlich ändern. Nürnberg wuchs über seine Mauern nach Norden und Nordwesten hinaus, bevölkerungsreiche Stadtteile entstanden. Nur gut einhundert Jahre nach ihrer Gründung, 1910, umfaßte die Pfarrei St. Johannis über 33.000 Mitglieder. Zur Entlastung wurde im Stadtteil Gärten hinter der Veste eine eigene Kirche errichtet, St. Matthäus an der Rollnerstraße. Diese Tochtergemeinde erhielt 1917 eine Notkirche, die Weihe der Pfarrkirche St. Matthäus erfolgte 1935.

Auch nach der Abtrennung des Stadtteils Gärten hinter der Veste zählte die Kirchengemeinde St. Johannis noch immer etwa 20.000 Gläubige. Für diese gab es allein die alte Johanniskirche, die für eine derart große Zahl von zumindest potentiellen Gottesdienstbesuchern bei weitem nicht ausreichte. So entstand mit der Friedenskirche 1928 eine eigene große, das Erscheinungsbild des Stadtteils prägende Pfarrkirche. Noch vor dem Zweiten Weltkrieg strebte auch die evangelische Gemeinde von Thon die Selbständigkeit an. Schon 1937 erhielt sie eine Notkirche, 1952 wurde Thon als Pfarrei St. Andreas schließlich unabhängig von St. Johannis und baute schließlich mit St. Andreas an der Cuxhavener Straße eine eigene Pfarrkirche.

Im Zweiten Weltkrieg blieb die Johanniskirche vor der Zerstörung verschont, während die Friedenskirche am 3. Oktober 1944 bei einem Bombenangriff schwer getroffen wurde und völlig ausbrannte, so daß nur noch die Außenmauern standen. Zum Kirchweihfest am Johannistag 1952 konnte die Friedenskirche nach dem Wiederaufbau eingeweiht werden.

Die Pfarrei, deren Sprengel sich heute im großen und ganzen mit dem Stadtteil St. Johannis deckt – auch der Bereich des Westfriedhofes und das Neubaugebiet von Neuwetzendorf jenseits des Nordwestrings gehören dazu -, ist mit 10.700 Mitgliedern die zahlenmäßig stärkste Nürnberger Pfarrei und auch in der bayerischen Landeskirche eine der größten.

Fünf Pfarrstellen stehen für die seelsorgerische Betreuung der Gemeindemitglieder zur Verfügung. Dadurch, daß es mit der Johannis- und der Friedenskirche zwei Gotteshäuser gibt, werden bisher auch beide für Sonntagsgottesdienste genutzt. Da auch in St. Johannis der regelmäßige Kirchenbesuch am Sonntag nur noch wenige Gemeindemitglieder zusammenführt, ist ab 2001 ein neues Gottesdienstkonzept geplant: Die bisher drei Sonntagsgottesdienste mit – bei steigender Tendenz – etwa 150 regelmäßigen Teilnehmern sollen auf einen in der Friedenskirche reduziert werden, um deren zentrale Bedeutung stärker zu betonen. Im Neubaugebiet Neuwetzendorf wird im Gemeindezentrum Tabeahaus allerdings ein eigener Gottesdienst gefeiert. Die Johanniskirche wird vor allem für besondere Gottesdienste, auch für Trauungen, Meditationen oder regelmäßige ökumenische Taizé-Andachten genutzt werden.

Einen eigenen Beitrag zur Festkultur im Stadtteil liefert die Kirchengemeinde seit einigen Jahren mit dem Palmplatzfest, das in Zusammenarbeit mit Gastronomen und Vereinen jährlich zahlreiche Besucher anlockt.

Die sozialen Aufgaben der Kirche nimmt die Gemeinde St. Johannis traditionellerweise mit großem Engagement wahr. So bestehen ein bereits in den 1920er Jahren gegründeter Kindergarten an der Julienstraße und ein weiterer am Tabeahaus. Auch für die Kinder im Vor-Kindergartenalter ist mit gegenwärtig 21 Krabbelgruppen bestens gesorgt. Der Diakonieverein St. Johannis umfaßt über 900 Mitglieder, und die Gemeinde verfügt als eine der wenigen Kirchengemeinden über einen hauptamtlichen Seniorenbeauftragten. Nicht zu Unrecht, gibt es im Stadtteil doch allein an die 550 Wohnheimplätze für Senioren.

Die Johannis- und die Friedenskirche

Die Johanniskirche erhielt ihren Namen vom heiligen Johannes – nur von welchem, ist unklar: Es kann sowohl Johannes der Täufer als auch Johannes der Evangelist gewesen sein. Der von

Die Kirche auf dem Gottes-acker zu S. Johannis, von innen gegen dem Aufgang anzus:

Fritz und Barbara Holzschuher gestiftete Hochaltar (1511-1516) zeigt, daß man schon um 1500 nicht mehr wußte, welcher der beiden „Johanni" der Patron war, denn im Altarschrein stehen rechts und links von Maria sowohl Johannes der Täufer als auch Johannes der Evangelist. Aufgeklappt zeigen die Altarflügel Malereien mit Szenen aus dem Marienleben. Auf der „Werktagsseite", also in zugeklapptem Zustand, kommen wiederum Szenen aus dem Leben der beiden „Johanni" vor. Johannes der Täufer und Johannes der Evangelist sind mit je vier Szenen vertreten – die Frage nach dem Patron der Kirche kann wohl doch nur mit „beide Johanni" beantwortet werden. Die geschnitzten Figuren des Altares stammen aus dem Umkreis des Veit Stoß, die Malereien von dem Dürerschüler Wolf Traut.

Das gotische Gesprenge über dem Altar ging im

Die Friedenskirche gehört zu den in den 1920er Jahren entstehenden Großkirchen, mit denen den stark angewachsenen Mitgliederzahlen der Kirchengemeinden Rechnung getragen werden sollte.

POSTKARTE 1920ER JAHRE.

Zweiten Weltkrieg verloren, war allerdings der einzige Kriegsverlust in der Kirche, so daß die Johanniskirche, anders als die Kirchen der Altstadt, nicht wiederaufgebaut werden mußte, sondern noch vollständig ihr historisches Erscheinungsbild präsentiert. Betritt man den Kirchenraum, so dominieren auf der linken Seite die bis zum Chorbogen vorgezogenen Emporen, die als nachträgliche Einbauten mehr Platz für die Gläubigen in der Kirche boten. Neben dem Hauptaltar finden sich noch zahlreiche weitere Kunstwerke: Seitenaltäre, Epitaphien oder Totenschilde geben dem Raum eine stimmungsvolle Atmosphäre. Interessant ist ein Gemälde von Bartholomäus Wittig aus dem Jahr 1642 an der Südwand: „Die Jünger reißen am Sabbat Ähren aus". Jesus und seine Jünger spazieren dabei durch Kornfelder in St. Johannis, denn im Hintergrund ist die Silhouette Nürnbergs mit der Burg zu sehen. Bei einem Besuch des Friedhofes sollte die Johanniskirche selbst also keineswegs vergessen werden.

Kirchliches Selbstverständnis einer ganz anderen Epoche präsentiert sich dagegen im Bau der Friedenskirche am Palmplatz. Der mächtige Backsteinbau, der die Platzprobleme der evangelischen Kirchengemeinde lösen sollte, wurde von dem in Nürnberg geborenen Architekten German Bestelmeyer geplant. Bestelmeyer war einer der wichtigsten Architekten am Übergang vom Historismus zur Moderne, hatte schon 1910 eine Professur an der Technischen Hochschule in Dresden erhalten und war ab 1922 Professor an der Technischen Universität München. In den zwanziger Jahren war er äußerst gefragt. Seine Heimatstadt Nürnberg

Der Innenraum der Friedenskirche vor der Zerstörung.
Fotografie 1932.

verdankt ihm mehrere Bauten, etwa die frühere Eingangshalle des Germanischen Nationalmuseums oder die Gustav Adolf-Kirche. Auch die Klinik Hallerwiese in St. Johannis stammt von ihm. Die Friedenskirche entstand in den Jahren von 1925 bis 1928 und konnte am ersten Adventssonntag 1928 eingeweiht werden. Von ihrem äußeren Erscheinungsbild mutet sie eher wie eine moderne „Gottesburg" an. Hatte man zu Beginn des Jahrhunderts noch historisierende Kirchenbauten bevorzugt – wie etwa die katholische Pfarrkirche St. Michael in St. Johannis –, so ging der Trend bei den Sakralbauten in den 1920er und 1930er Jahren wie in Teilen der profanen Architektur hin zum Monumentalen: Wahre „Festungen des Glaubens" entstanden, mit denen die Kirchen deutlich einen festen Platz in der Gesellschaft beanspruchten, katholisches beziehungsweise evangelisches Selbstbewußtsein ausdrückten und städtebaulich Akzente setzten. In Nürnberg gehören etwa auch St. Karl Borromäus in Mögeldorf, St. Ludwig in Gibitzenhof, die Reformationsgedächtniskirche am Maxfeld oder die Gustav-Adolf-Kirche in Lichtenhof in diese Phase des Kirchenbaus.

Heute präsentiert sich die Friedenskirche im Inneren als eine gelungene Mischung aus monumentaler Architektur der 1920er Jahre und gotischer Bildhauer- und Malereikunst, denn nach dem Zweiten Weltkrieg nahm sie herausragende Kunstwerke aus der zerstörten Heilig-Kreuz-Kirche auf.

Im Zentrum steht dabei zu Recht der sogenannte Peringsdörferaltar, der 1486 von Sebald und Katharina Peringsdörfer für die Kirche des Augustinerklosters gestiftet worden war. Nach der Zerstörung des Pilgerspitals Heilig-Kreuz im Zweiten Markgrafenkrieg wurde der Altar von der Augustinerkirche dorthin überführt. Der Peringsdörferaltar ist der größte sogenannte Wandelaltar, der sich in Nürnberg erhalten hat. Seine Malereien stammen teils aus der Werkstatt des Dürerlehrers Michael Wolgemut, teils von Wolgemut selbst; die Schnitzereien werden dem „Meister des Rochusaltares von St. Lorenz" zugeschrieben, der namentlich nicht bekannt ist. Im geöffneten Zustand zeigt er im Altarschrein eine Beweinung Christi, flankiert von Altarflügeln mit einer Kreuztragung (links) und einer Auferstehung Christi (rechts). Beim Peringsdörferaltar handelt es sich nicht um einen einfachen gotischen Flügelaltar, sondern um eine Art „Luxusausführung". Er kann nämlich auf zweierlei Weise zugeklappt werden. Schließt man seine Altarflügel einmal, dann erscheinen vier herausragend gemalte Szenen, die in die Weihnachtsgeschichte gehören: die Verkündigung des Engels an Maria, die Geburt Christi in Bethlehem, die Anbetung des Kindes durch die Weisen aus dem Morgenland und die Darstellung im Tempel. Vollständig geschlossen wandelt sich die Bilderfolge erneut, und der Betrachter erblickt Szenen aus dem Marienleben.

Zudem schmücken ein Triptychon aus einem Vierzehn-Nothelfer-Altar und weitere Kunstwerke aus der Heilig-Kreuz-Kirche die Friedenskirche, die damit als jüngster Kirchenbau im Stadtteil dennoch alte Johanniser Traditionen pflegt.

Die Namengebung der Kirche sollte in den 1920er Jahren, als die Erinnerung an das Grauen des Ersten Weltkrieges noch frisch und nicht durch

Der Peringsdörferaltar fand nach der Zerstörung der Heilig-Kreuz-Kirche eine neue Heimat in der Friedenskirche. FOTOGRAFIE 1982.

den unvorstellbar schlimmeren Zweiten Weltkrieg überdeckt war, stets zur Wahrung des Friedens zwischen den Menschen und Nationen mahnen und an die Toten des Krieges gedenken. Dieser Mahnung und diesem Gedächtnis stiftete der nach einer Kriegsverletzung wieder gesundete Johanniser Carl Geim die große Friedensglocke des Geläutes der Friedenskirche. Mit einem Durchmesser von 2,28 Metern und einem Gewicht von 175 Zentnern – also 8,75 Tonnen – war sie lange die größte Glocke Süddeutschlands (diesen Titel kann seit 1965 eine Glocke im Würzburger Dom tragen) und wurde als einzige Glocke der Friedenskirche nicht im Zweiten Weltkrieg eingeschmolzen, sondern kehrte schon 1948 zurück. Zu ihr passend wurde in den 1950er Jahren ein neues Geläute für die Friedenskirche geschaffen, so daß sich elf Glocken in dem mächtigen Backsteinturm befinden. Sie bilden zusammen das schwerste „evangelische" Geläute ganz Süddeutschlands. 1992 verstummte die Friedensglocke wegen eines 80 Zentimeter langen feinen Risses. Die Reparaturkosten von 170.000 DM schienen der Pfarrgemeinde zu teuer, es fanden sich jedoch Spender und Spenderinnen aus dem Stadtteil und aus der ganzen Stadt, um die Glocke wieder zum Klingen zu bringen. Somit konnte die Friedensglocke im November 1995 wieder ihren Ton über die Dächer von St. Johannis senden. Daher gilt bei einem Spaziergang durch St. Johannis: nicht nur Augen, sondern auch Ohren auf!

Die katholische Pfarrei St. Michael

Mit der bayerischen Verwaltung und dem bayerischen Militär kamen im Jahr 1806 erstmals wieder Katholiken nach Nürnberg. Ihnen wurde mit einem Schreiben König Max I. Joseph vom 1. Oktober 1809 die Frauenkirche am Hauptmarkt als Gotteshaus zugewiesen. Am 1. Mai des folgenden Jahres wurde die katholische Pfarrei Nürnberg Unsere Liebe Frau errichtet und damit offiziell von der damals nächsten katholischen Pfarrei Neunkirchen am Sand abgetrennt.

Mit dem zunehmenden Wachstum Nürnbergs im 19. und 20. Jahrhundert richtete das Erzbistum Bamberg auch in den bevölkerungsreichen Vororten Seelsorgestellen ein. In St. Johannis, wo inzwischen Tausende von Katholiken lebten, erwarb der Kirchenbauverein der Pfarrei Unsere Liebe Frau 1905 für etwa 100.000 Mark ein Grundstück mit der Adresse Johannisstraße 111/113, das heutige Gelände von Kirche und Pfarrhaus an der Wilhelm-Marx-Straße. Die Planungen für einen großen Kirchenneubau begannen. Das höchste Platzangebot war auch das ausschlaggebende Argument bei der Auftragsvergabe, denn der Entwurf des Nürnberger Architekten Otto Schulz gewann den Architektenwettbewerb wegen der Größe der Kirche, wie Kuratus Johann Buchfelder in der Einleitung zur 1918 begonnenen Pfarreichronik schreibt.

Schon am 25. Oktober 1908 wurde der Grundstein gelegt; mit der Ausführung des Plans von Otto Schulz wurde der Baumeister Hans Saueressig aus

Eine große Menschenmenge versammelte sich, als am 14.12.1927 die Glocken für die Friedenskirche angeliefert und eingeweiht wurden. Das Fuhrwerk biegt gerade von der Johannisstraße Richtung Palmplatz ab.
Bildpostkarte 1928.

Die 1910 eingeweihte katholische Kirche St. Michael in der Wilhelm-Marx-Straße. Links die „Restauration Kreuzer Nürnberg".
BILDPOSTKARTE 1919.

Nürnberg beauftragt. Knapp zwei Jahre später, am 25. September 1910 – also vier Tage vor dem Michaelstag –, weihte der Bamberger Erzbischof Friedrich von Abert die Kirche ein, die das Patrozinium St. Michael erhielt. Um die Wende zum 20. Jahrhundert waren in der Architektur Rückgriffe auf vergangene Stilepochen modern. Gerade Kirchenbauten plante man in neuromanischer, neugotischer oder wie im Falle von St. Michael in neubarocker Form und nicht im eigentlichen Stil der Zeit, dem Jugendstil. Auch für die Neuromanik (St. Anton in Gostenhof, Weihe 1910) und für die Neugotik (Herz Jesu in Galgenhof, Weihe 1905) gibt es interessante Beispiele im katholischen Nürnberger Kirchenbau vor dem Ersten Weltkrieg. Neubarock wurde in St. Michael auch die Ausstattung der Kirche gestaltet: Der Hochaltar und die beiden Seitenaltäre kamen aus der Werkstatt Gebrüder Stärk in Nürnberg, die drei dazugehörigen Altarbilder aus München. Kuratus Johann Buchfelder charakterisiert sie als „leider recht unglücklich ausgefallen".[1] Erst 1931 wurde im Rahmen eines Gefallenenehrenmales die Pietà angeschafft, welche die Kriegszerstörungen überlebte und noch heute die Kirche schmückt. Die vier Glocken lieferte die Glockengießerei Lottes in Bamberg. Insgesamt lobt Buchfelder aber das „Ebenmaß der Formen" und die „harmonische Wirkung".

Am 1. Juli 1911 konnte dann auch das westlich an die Kirche angebaute Pfarrhaus bezogen werden. Dort wohnten zunächst Kapläne, die nach wie vor der Pfarrei Unsere Liebe Frau zugeordnet waren. Am 1. Januar 1916 wurde St. Michael dann zu einer Kuratie erhoben, also einem eigenen Seelsorgebezirk, der aus einer bestehenden Pfarrei ausgegliedert war. Der Bezirk umfaßte die Stadtteile St. Johannis, Wetzendorf und Schniegling sowie die Orte im Knoblauchsland westlich der Bucher und Erlanger Straße bis nach Buch im Norden. Schniegling erhielt mit der Notkirche St. Konrad 1936 ein eigenes Gotteshaus und wurde 1971 aus der Pfarrei St. Michael ausgegliedert.

Die vier Geistlichen an St. Michael 1928: Pfarrer Georg Köhler und die Kapläne Gärtlein, Topp und Schwalb (v.l.n.r.).
FOTOGRAFIE 1928.

Johann Buchfelder war in den Jahren von 1918 bis 1922 Leiter der Kuratie St. Michael und gibt in der Pfarrchronik ein gutes Bild von den schwierigen Zeiten mit Krieg, politischen Veränderungen und materieller Not. So fand auch die kurze Episode einer Nürnberger Räterepublik ihren Niederschlag in der Pfarrchronik. Johann Buchfelder schrieb schon im Herbst 1918 über das Ende der Monarchie in Bayern: „Die Folgen dieser Umwälzung sind für die Kirche unübersehbar“[2]. Die Sorge weiter kirchlicher Kreise über eine ähnliche Entwicklung wie in Rußland trieb auch Buchfelder um; seine Befürchtungen schienen sich zu bestätigen, als am 7. April 1919 die bayerische Räterepublik ausgerufen wurde und die Landesregierung unter Ministerpräsident Hoffmann nach Bamberg floh. Auch in Nürnberg kam es zu Aktionen: 2.000 Menschen demonstrierten am Nachmittag des 7. April für die Räterepublik und riefen zum Generalstreik für den kommenden Tag auf. Durch das Eingreifen der Armee behielt aber die Regierung Hoffmann die Lage in Nürnberg – anders als in München – unter Kontrolle. Eine der Aktionen des Nürnberger Arbeiter- und Soldatenrates am 7. April 1919 galt auch der Michaelskirche. Johann Buchfelder schreibt dazu: „Die Spartakisten kommen um 11 h auf meine Wohnung und verlangen, daß von 1/212-12 h mit sämtlichen Glocken wegen der Ausrufung der Räterepublik geläutet wird. Ich verhandle mit 3 Spartakisten, 3 warten im Hausplatz, 3 weitere bleiben unten an der Haustüre stehen. Per Telephon hole ich mir bei H. H. Dekan Stahl Bescheid und teile ihnen mit, daß ich die Erlaubnis zum Läuten nicht geben kann; nur der Gewalt werde ich weichen. Sie erkundigen sich bei ihrem spartakistischen Hauptquartier, was sie tun sollen und es kommt der telephonische Bescheid, sie sollen abziehen. Mit bösen Gesichtern verschwinden sie unverrichteter Dinge. (...) Die Aufregung (...) bei der ganzen Aktion war keine geringe.“[3] Kurz danach tauchten bereits Regierungstruppen an der Kirche auf und bewachten diese, damit nicht doch noch für die Räterepublik geläutet werde. Inzwischen hatten sich die Ereignisse aber in die Innenstadt verlagert.

Die Fronleichnamsprozession 1928 in der Helenenstraße.
FOTOGRAFIE 1928.

Die eigentliche Selbständigkeit als Pfarrei erhielt St. Michael am 5. März 1922. Dies wurde im Dezember bei einem Festabend im Rosenausaal gefeiert. Der erste Pfarrer, Georg Köhler, war schon 1917/18 als Kuratus in St. Michael tätig und wurde am 1. Mai 1923 in sein Amt eingeführt. Im März 1926 konnte die Orgel eingeweiht werden, und ab Januar 1927 erschien unter dem Motto „Furchtlos und treu“ der „St. Michaels-Bote“ als Pfarrblatt.

1927 wurde erstmals eine eigene Fronleichnamsprozession abgehalten. Um nicht mit der zentralen Veranstaltung der Nürnberger Katholiken am Hauptmarkt zu kollidieren, fand sie bei prächtigem Wetter erst am Sonntag nach dem Feiertag statt und führte von der Michaelskirche durch die Marxstraße (um Verwechslungen mit Karl Marx zu vermeiden, wurde sie erst von der NS-Stadtregierung in Wilhelm-Marx-Straße umbenannt) über die

Die Kinder des Kindergartens St. Michael.
Fotografie Oktober 1928.

Blick in die Marxstraße nach Westen am Vorplatz der Kirche, 1929. Die Häuser sind für die Fronleichnamsprozession geschmückt.
Fotografie 1929.

Helenenstraße, Johannisstraße durch die Amalienstraße wieder zurück zur Kirche. Auf dem Prozessionsweg waren an den Kreuzungen der Kirschgartenstraße und der Amalienstraße mit der Marxstraße Altäre aufgebaut, an denen die Prozession halt machte und die Gläubigen den Segen erhielten.[4)]

In der Weimarer Republik vertrat Pfarrer Köhler die Linie des politischen Katholizismus in der Bayerischen Volkspartei, deren Wahlergebnisse er auch in seiner Pfarrchronik festhielt; zudem sammelte er die Flugblätter der politischen Gegner. Der nationalsozialistischen Machtübernahme stand er mit gemischten Gefühlen gegenüber, wog sich aber wie große Teile der Kirche durch den Abschluß des Konkordates zwischen dem Heiligen

Stuhl und der NS-Regierung noch 1933 in Sicherheit. Bald wurde ihm aber schmerzlich bewußt, daß der NS-Staat die Kontrolle über alle Bereiche des Lebens ausüben wollte und für andere Weltanschauungen keinen Platz mehr vorsah.

1938 verließ Pfarrer Köhler St. Michael, als Nachfolger kam Franz Xaver Eichhorn. Im Zweiten Weltkrieg wurde die Kirche zweimal von Bomben getroffen: Am 10. August 1943 brannte der Turm, wobei ein Übergreifen der Flammen auf die Kirche selbst verhindert werden konnte. Schwer zerstört wurde der Chor der Kirche mit den Altären am 20. Februar 1945. Nach dem Krieg zog sich der Wiederaufbau der Kirche bis 1949 hin.

Das soziale Engagement in St. Michael ist älter als Kirche und Pfarrei selbst. Schon 1897 übergab der jüdische Bürger Eugen Herz einen „Wärmestuben-Verein" in der Amalienstraße an die Niederbronner Schwestern und bildete damit den Grundstock für das heutige Altenheim St. Michael. In der Wärmestube gaben die Schwestern zunächst vor allem Mahlzeiten an die Bedürftigen im Stadtteil aus, 1898 wurde dann eine Ambulanz zur medizinischen Versorgung der Bevölkerung eingerichtet. Wiederum mit der Unterstützung Eugen Herz' gründete sich ein „Wohltätigkeitsverein Mädchen- und Frauenheim Neuwetzendorf", und die Nieder bronner Schwestern nahmen nun auch wohnungs- und arbeitslose sowie vorbestrafte Mädchen in das Heim auf. Schon 1907 erweiterte man die Einrichtung um einen Kindergarten, der damals bereits von mehr als 100 Kindern täglich besucht wurde, und 1926 um einen Kinderhort. 1931 löste sich der Verein auf und übereignete das Anwesen an der Amalienstraße der Pfarrei. Die Gebäude wurden 1945 durch Bomben zerstört und bald als Mädchen- und Altenheim wiederaufgebaut. Bei einem Umbau wurde 1971 wieder ein Kindergarten angegliedert. Der Krankenpflegeverein St. Michael betreibt das Haus an der Amalienstraße 17-19.

Heute verfügt die Pfarrei, die über 9.000 Katholiken umfaßt und seit 1968 von Pfarrer Werner Herold geleitet wird, neben dem Altenheim und dem Kindergarten St. Michael über ein Jugendheim und ein Pfarrzentrum. Das jüngste Bauprojekt ist die neue Kirche St. Ulrich im Neubaugebiet Neuwetzendorf-Vogelherd, die im Dezember 2000 eingeweiht wird. *M.S.*

Das Haus des Wohltätigkeitsvereins in der Amalienstraße, Grundstein des sozialen Engagements der Gemeinde St. Michael.
POSTKARTE UM 1900.

H.C.K.
BERLIN

Industrie in St. Johannis

Von Bleistiften, Zündhütchen, Modelleisenbahnen und Speiseeis

Hermann Kurz gründete 1855 seine erste Bleistiftfirma – heute Schwan-Stabilo – und 1882 im Alter von 57 Jahren mit H.C. Kurz seine zweite Firma.
FOTOGRAFIE 1895.

Die Industrialisierung von St. Johannis begann später und verlief langsamer als in anderen Stadtteilen im Bereich des Nürnberger Burgfriedens: St. Johannis verfügte nie über einen dörflichen Kern mit Handwerksbetrieben und traditionellem Gewerbe, aus denen sich moderne Gewerbe- und Industriebetriebe hätten entwickeln können. Die Funktion der Johannisstraße als jahrhundertealte Fernhandelsstraße Richtung Frankfurt übernahm ab 1800 die als moderne Chaussee errichtete Fürther Straße. Noch bedeutsamer war jedoch die Entscheidung des Nürnberger Magistrats, den neuen Hauptbahnhof entgegen ursprünglichen Plänen nicht am Neutor im Bereich von St. Johannis, sondern am Frauentor im Süden der Stadt zu errichten.

Dennoch siedelten sich seit den 1840er Jahren auch in St. Johannis in den ehemaligen Gartengrundstücken die ersten Gewerbebetriebe an. So verlegte Jakob Burgschmiet 1844 seine Werkstatt in den Stadtteil. Weitere kleine Betriebe folgten in den 1850er Jahren: 1854 errichtete Johann Scheller eine Zündholzfabrik, 1857 der Chemiker Karl Puscher eine Farbenfabrik und 1858 der Kaufmann Wilhelm Merkel eine Fabrik für leonische Kupferdrähte.

Weltzentrum der Bleistiftindustrie

Ebenfalls in den 1850er Jahren stand der Bleistiftmacher Andreas Froescheis mit der Eröffnung einer Werkstatt in einem ehemaligen Hammerwerk an der Großweidenmühle am Anfang einer Entwicklung, die für St. Johannis in der Folgezeit prägend werden sollte: Drei der vier größten Nürnberger Bleistiftfabriken wählten als Standort diesen Stadtteil. Ende des 19. Jahrhunderts beherrschten Nürnberger Bleistiftfirmen den Weltmarkt, Hauptexportziel waren die USA.

Froescheis als Pionier der Bleistiftfabrikation in St. Johannis ließ 1868 den Markennamen „Lyra" als Warenzeichen für seine Produkte eintragen. Noch heute ist dies der Name der inzwischen im Nürnberger Stadtteil Gebersdorf angesiedelten Firma und das weltweit älteste Warenzeichen für Holzbleistifte. Um 1900 produzierte Lyra in den ständig vergrößerten, weitläufigen Fabrikanlagen an der Großweidenmühlstraße mit 500 Mitarbeitern jährlich über 50 Millionen Bleistifte, von denen 70 Prozent exportiert wurden. Teilhaber Johannes Grasser hatte dem Exporterfolg durch ausgedehnte Reisen und den Aufbau von eigenen Auslandsvertretungen den Weg gebahnt. An der

Die Belegschaft der Bleistiftstiftfirma H.C. Kurz im Hof des Firmengebäudes am Kirchenweg. In der Mitte, mit Melone und Stock, der Firmengründer selbst.
FOTOGRAFIE VOR 1900.

Stelle der ehemaligen Mühle am Großweidenmühlsteg ließ sich Froescheis um 1890 neben den Fabrikanlagen eine repräsentative Unternehmervilla errichten. Das Gebäude konnte Ende der 1980er Jahre nach langem Leerstand vor dem Abriß bewahrt, renoviert und in Eigentumswohnungen umgewandelt werden. Nach dem Umzug der Firma nach Gebersdorf 1987 wurde das Firmengelände verkauft, die Fabrikgebäude abgerissen und ein Komplex mit Büros und Eigentumswohnungen errichtet.

Als zweite Bleistiftfabrik siedelte sich die Firma H. C. Kurz 1882 am Kirchenweg 5 in der Nähe des heutigen Friedrich-Ebert-Platzes an. Hermann Christian Kurz hatte bereits 1854 mit seinem Teilhaber Georg Großberger am Maxtor eine Bleistiftfabrik errichtet, die er in den 1860er Jahren jedoch an seinen Schwiegersohn Georg Schwanhäuser verkaufte, woraus die heutige Bleistiftfabrik Schwan-Stabilo entstand. Nach kurzem Rückzug ins Privatleben gründete er erneut eine Fabrik, deren Markenzeichen der den Drachen tötende Ritter Georg war. Die Marke firmierte daher im Ausland als „Horse Pencil Factory". Auch diese Firma expandierte gewaltig und unterhielt Filialen in Berlin und St. Petersburg. Im Zweiten Weltkrieg wurden die Fabrikanlagen weitgehend zerstört. Nach dem Wiederaufbau beschäftigte H. C. Kurz in St. Johannis Ende der 1950er Jahre wiederum etwa 200 Mitarbeiter, bis ein Fabrikbrand 1963 das Ende des Standortes brachte und die Produktion ausgelagert wurde. Heute verarbeitet Kurz als einzige Bleistiftfirma in St. Johannis in äußerst bescheidenem Rahmen mit fünf Mitarbeitern vorgefertigte Kosmetikartikel und Stifte weiter und stellt sie fertig.

Die dritte und letzte Bleistiftfabrik in St. Johannis errichtete Ludwig Kreutzer, seit 1883 Alleininhaber der Firma Staedtler, im Jahr 1885 auf einem weitläufigen Gartengelände zwischen Kirchenweg, Rückert-, Bieling- und Rieterstraße. Während das

Die 1806 von Johann Froescheis gegründete Firma Lyra ist die älteste Johanniser Bleistiftfirma, ihr Warenzeichen sogar das weltweit älteste für Holzbleistifte. Die Fabrikgebäude lagen an der Großweidenmühlstraße, der Holz- und Graphitlagerplatz befand sich an der Brückenstraße. Nach dem Umzug der Firma nach Gebersdorf Ende der 1980er Jahre wurden auf dem Fabrikareal Wohn- und Bürogebäude errichtet.
AQUARELLIERTE FEDERZEICHNUNG 1906.

Fabrikgebäude im zurückliegenden Teil des Grundstücks an der heutigen Rieterstraße entstand, baute Kreutzer für seine Familie ein repräsentatives Wohnhaus am Kirchenweg, das ein Park mit Springbrunnen vom angrenzenden Fabrikareal abgrenzte. Kreutzer hatte den Traditionsnamen Staedtler beibehalten, der für eine alteingesessene Familie von Nürnberger Bleistiftmachern stand.

Die Firma expandierte kontinuierlich: Bis Anfang der 1920er Jahre war das ehemalige Gartenareal weitgehend mit Fabrikgebäuden bebaut. Die Beschäftigtenzahl stieg von 150 Mitarbeitern im Jahr 1905 auf 450 im Jahr 1920. Entscheidend zum Aufschwung trug Rudolf Kreutzer, der Sohn Ludwig Kreutzers, bei, der 1905 in die Firma eingetreten war und deren Geschicke bis 1967 bestimmte. Im Zweiten Weltkrieg hatte die Fabrik nur leichte Bombenschäden zu verzeichnen, nach deren Behebung eine ungeheuere Aufwärtsentwicklung einsetzte. Die Mitarbeiterzahl stieg auf 1.000 an.

Wirtschaftliche Expansion war für Firmenchef Rudolf Kreutzer jedoch kein Selbstzweck: Durch seine Ehefrau war er Anhänger der Anthroposophie und der Ideen Rudolf Steiners geworden. 1950 gründete das kinderlose Ehepaar die „Rudolf und

(Links) Die Bleistiftfirma Kurz hatte ihr Firmenareal auf einem Gelände zwischen Kirchenweg, Roritzerstraße und Jagdstraße.
KOLORIERTE POSTKARTE 1890ER JAHRE.

(Links unten) Die wiederaufgebaute Firma Kurz in den 1950er Jahren.
Ein Fabrikbrand im Jahr 1963 brachte das Ende des Produktionsstandortes St. Johannis.
FOTOGRAFIE 1950ER JAHRE.

1877/78 wurden die Lyra-Fabrikanlagen, die sich zuvor in ehemaligen Mühlgebäuden der Großweidenmühle befunden hatten, neu errichtet. Stets ins Bild gerückt wurde bei allen Darstellungen Nürnberger Bleistiftfirmen die Burg als Wahrzeichen der Stadt. Links oben ist die Johanniskirche zu erkennen.
STICH UM 1882.

Mitarbeiter der Bleistiftfirma J. Froescheis (Lyra).
FOTOGRAFIE 1886.

Clara Kreutzer Stiftung", die einerseits die Nachfolgefrage durch Kooption regelte und andererseits „der Neutralisierung des Eigentums an den Produktionsmitteln dienen [sollte]. (...) Stiftungszweck wurde die Förderung des Rudolf-Steiner-Schulwesens und der naturwissenschaftlichen Forschung auf dem Boden der anthroposophischen Lehre."[1] 1955 ließ Kreutzer an der Ecke Rieterstraße-Wetzendorfer Straße ein „Gemeinschaftshaus" mit Kantine einrichten. Heute befindet sich in diesem Gebäude eine Eurythmieschule und auf dem benachbarten ehemaligen Staedlerschen Fabrikareal mit dem „Martin-Bauer-Heim" ein anthroposophisches Altenheim.

Mangelnde Expansionsmöglichkeiten in St. Johannis zwangen auch Staedtler 1988 zum Umzug in die neuerrichtete Fabrik im Nürnberger

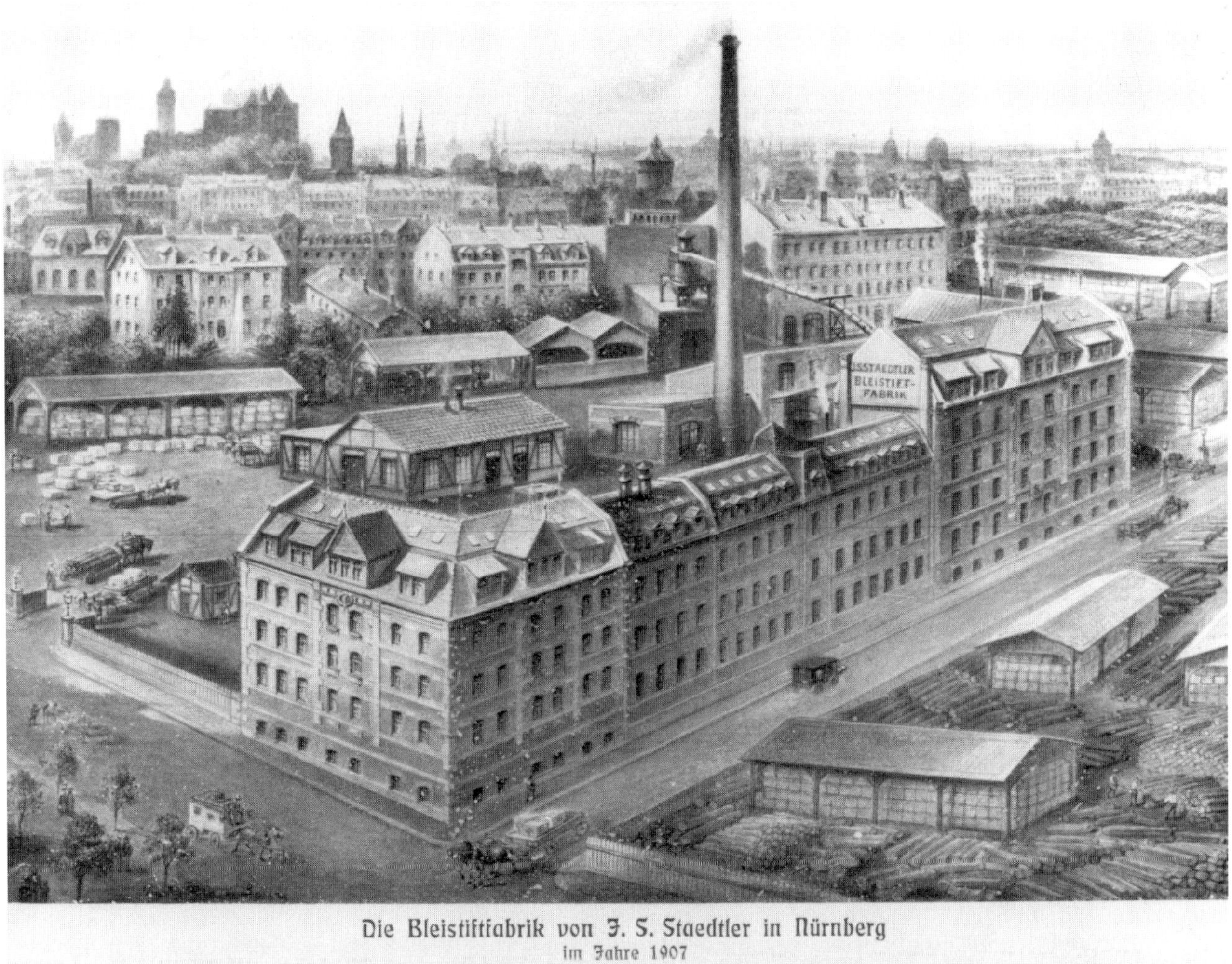

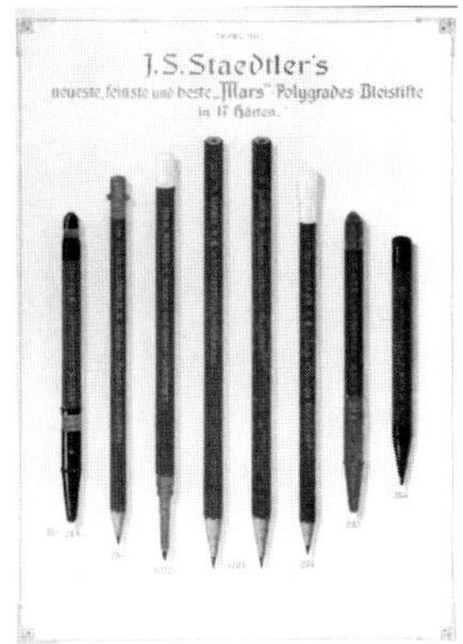

1885 ließ Ludwig Kreutzer auf einem ehemaligen Gartengelände zwischen Kirchenweg und Rieterstraße die neuen Fabrikgebäude der Firma J. S. Staedtler errichten. Auch auf dieser Darstellung ist die Burg – perspektivisch falsch – als Wahrzeichen ins Bild gerückt.

GEMÄLDE 1907.

1929 forderte ein tragisches Explosionsunglück zwölf Todesopfer. Elf Frauen und ein Mann fanden auf dem Westfriedhof eine letzte Ruhestätte, ein Grabdenkmal der Firma Staedtler erinnert an das Unglück.

FOTOGRAFIE 2000.

Vorort Boxdorf. Heute ist die Staedtler-Mars GmbH die größte Nürnberger Bleistiftfirma. Weltweit stellen etwa 3.400 Mitarbeiter Schul- und Büroartikel, Farben und technische Zeichengeräte her. Nach dem Abriß der alten Fabrikanlagen in St. Johannis wurde auf dem Areal ein Wohn- und Geschäftshauskomplex errichtet, das ehemalige Verwaltungsgebäude nutzt das Finanzamt Nürnberg-Nord.

Die Rheinisch-Westfälischen-Sprengstoffwerke hatten 1889 die Munitionsfirma von Heinrich Uttendörfer am Kirchenweg erworben.
ANZEIGE 1930ER JAHRE.

MUNITION, NACHTLICHTE UND ZINNFIGUREN

Ein weiteres traditionsreiches, aber längst nicht mehr im Stadtteil ansässiges Unternehmen war die 1856 von Heinrich Uttendörfer und Johann Kirchdörffer gegründete erste bayerische Munitionsfabrik. Am heutigen Kirchenweg 56 in Höhe der früheren Sternschanze, westlich des Rohlederergartens, stellte die Firma in ihren Anfangsjahren Zündhütchen für Vorderladerwaffen, weshalb sie in St. Johannis jahrzehntelang umgangssprachlich nur als „Zündhütchenfabrik" bezeichnet wurde. In den 1860/70er Jahren beschäftigte sie bereits 60 Mitarbeiter. Als erster Betrieb in Deutschland produzierte sie unter anderem Metall-Patronenhülsen als neuartige Munition für ein von dem Nürnberger Ingenieur Ludwig Werder konstruiertes Hinterladergewehr. 1889 verkaufte Uttendörfer, da er keinen Nachfolger hatte, seinen Betrieb an die Rheinisch-Westfälische Sprengstoff AG (RWS) mit Hauptsitz in Köln. Diese baute ihn stark aus, so daß schließlich etwa 200 Arbeiterinnen und Arbeiter mit der Produktion von Munition für die deutsche Heeresverwaltung und den Export beschäftigt waren. Da es im zunehmend dichter bebauten Stadtteil St. Johannis keine Erweiterungsmöglichkeiten gab und es immer wieder zu Beschwerden kam, errichtete die Firma ab 1896 auf einem großen Gelände im Fürther Vorort Stadeln eine neue Fabrik. In St. Johannis wurden weiterhin Metallhülsen für Gewehr- und Revolverpatronen sowie Papphülsen für Jagdschrotpatronen hergestellt. Während des Ersten Weltkriegs (1915/16) entstand nach Plänen von Max Heilmaier das ehemalige Verwaltungsgebäude in der Lobsingerstraße.

1917, auf dem Höhepunkt der Rüstungsproduktion, beschäftigte die RWS etwa 3.000 Arbeiter. 1931 fusionierte die RWS mit Dynamit Nobel, aus dem Nürnberg-Fürther Werk wurde die Zweigniederlassung RWS Nürnberg AG. Im Zweiten Weltkrieg erreichte der Beschäftigtenstand 1939/40 mit etwa 4.000 Personen nochmals Rekordhöhen, die Hälfte der Beschäftigten waren Zwangsarbeiter. Nach Schließung und totaler Demontage der Werksanlagen kam es 1948 zur Umgründung unter dem Namen „Nürnberger-Fürther Industriewerke NFI". Nun produzierte man hier nichtmilitärische Produkte wie Pressen und Addiermaschinen. Jedoch wurde bereits 1952 im Zuge der Wiederbewaffnung der Bundesrepublik das Nürnberg-Fürther Industriewerk wieder in die Dynamit Nobel AG eingegliedert, nahm die alte Patronenproduktion wieder auf und beschäftigte ein Jahr später wieder 1.000 Menschen. 1962 erfolgte die Auflösung der Nürnberger Verwaltung.

Heute gehört die Produktion von Zündsätzen für Auto-Airbags zu den expansionsträchtigsten Produkten von Dynamit Nobel in Fürth-Stadeln.

Nürnberg war im 19. Jahrhundert auch wichtiges Zentrum der Produktion von Nachtlichten, die vor der Verbreitung des elektrischen Lichts eine wichtige Alltagsfunktion hatten. Der Prototyp, das Modell „St. Peter“, bestand aus einem Korkschwimmer, auf dem ein Metallplättchen und ein Docht aufgesetzt waren. Als Brennstoff diente Speiseöl. Um 1850 gab es etwa 40 Nachtlichtemacher in Nürnberg, welche die Lichte im Familienbetrieb herstellten. Die erfolgreichste Firma auf diesem Gebiet war die 1808 gegründete Fabrik von Gottlob August Glafey, der eine Vielzahl von Familien in Heimarbeit beschäftigte. 1860 siedelte die Firma nach St. Johannis in die heutige Burgschmietstraße über. Der wirtschaftliche Durchbruch gelang jedoch erst seinem Nachfolger Gottlob Glafey (1845-1899) seit Ende der 1860er Jahre. Nachtlichte aus Nürnberg wurden nun in großem Stil auch ins Ausland exportiert. Glafeysche Nachtlichte brannten sogar am Heiligen Grab in Jerusalem.

1907 wurde der Betrieb von der Burgschmietstraße in die Frauenholzstraße verlegt, wo das ehemalige Fabrikgebäude noch heute im Hinterhof steht. Rund 60 festangestellte Beschäftigte und 100 Heimarbeiterfamilien waren in diesen Jahren für Glafey tätig. Bis 1912 produzierte die Firma ausschließlich Nachtlichte. Mit deren Verdrängung durch das elektrische Licht erfolgte nach und nach die Umstellung auf Teelichte sowie Illuminations- und Grablichte. Zu Beginn des 20. Jahrhunderts entstand unter dem Namen „Hindenburglicht“ der Vorläufer jenes Teelichtes, das heute in keinem Haushalt fehlt. 1962 wurde der inzwischen stark verkleinerte Betrieb in den Neumühlweg nach Gebersdorf verlegt. Heute produziert Glafey mit zehn Beschäftigten in Gebersdorf qualitativ hochwertige, nur im Fachhandel erhältliche Tee- und

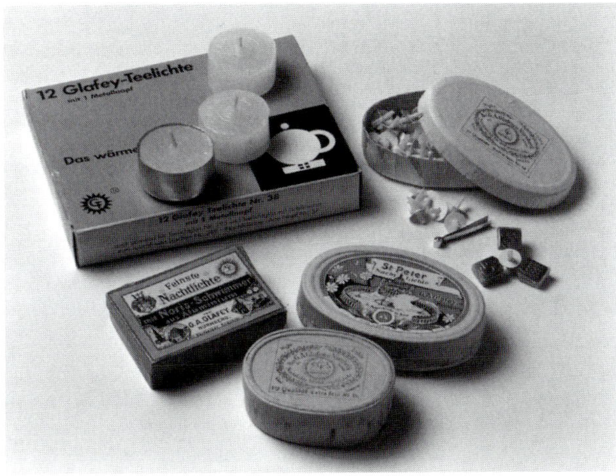

Glafey Tee- und Nachtliche aus verschiedenen Jahrzehnten.

Fotografie 2000.

Grablichte.

Wie die Herstellung der Nachtlichte war auch die Zinnfigurenproduktion eine Domäne der Nürnberg-Fürther Industrie. Eine der erfolgreichsten Firmen auf diesem Gebiet war die Zinnfigurenoffizin Heinrichsen, die seit 1871 im ehemaligen Gartenanwesen Johannisstraße 19 produzierte. Die Ende der 1830er Jahre gegründete Firma hatte bereits während des Krimkrieges einen enormen Aufschwung erlebt: So ließ zum Beispiel Zar Nikolaus I. bei Heinrichsen alle russischen Garderegimenter für sein Kadetteninstitut in Zinn gravieren.

Die Blütezeit der Firma lag jedoch in den Jahren zwischen 1870 und 1900 unter der Leitung Wilhelm Heinrichsens (1834-1908), der seinem Vater den Betrieb 1869 abgekauft hatte. Neben den Graveuren waren um 1900 in der Hochsaison zwölf Arbeiterinnen beschäftigt, die an einem einzigen Tag etwa 25.000 Zinnfiguren gossen. Für das Putzen der Rohlinge war wiederum eine größere Zahl Frauen beschäftigt. Vor allem der nächste Arbeitsschritt, das aufwendige Bemalen der Figuren war ein erheblicher Kostenfaktor. Zusätzlich zum Werkstattpersonal von 45 Beschäftigten waren dafür bis zu 160 weitere Heimarbeiterinnen tätig, denen diese Arbeit nur einen kärglichen Verdienst ermöglichte: Der sozial engagierte und klar-

Werbemarken für Glafey-Nachtlichte.

Im ehemaligen Gartenanwesen Johannisstraße 19, das von 1998 bis 2000 grundlegend restauriert wurde, produzierte von 1871 bis 1981 die Firma Ernst Heinrichsen Zinnfiguren.
In der Blütezeit wurden in der Firma pro Tag 25.000 Figuren gegossen.
Fotografie 2000.

Werbeanzeige der Firma Ernst Heinrichsen, um 1878.

Zinnfiguren der Firma Heinrichsen, um 1840 (u.) und 1930.

sichtige Firmenchef Wilhelm Heinrichsen bemerkte zur Situation der Heimarbeiterinnen 1889: „Eine fleißige und geschickte Heimarbeiterin verdient sich mit dem Bemalen der Zinn- und Bleifiguren bei circa 12stündiger Tagesarbeit höchstens 5-6 Mark die Woche. Beruht ja ein großer Teil unserer deutschen Spielwaarenindustrie lediglich auf der Billigkeit der weiblichen Arbeitskraft. Daß es für eine allein stehende Arbeiterin schwer ist, mit einem Wochenverdienst von 5-6 Mark ihren Unterhalt zu fristen, bedarf wohl keiner weiteren Ausführung." Und weiter: „Ein vernünftig rechnender und human gesinnter Mensch wird eine Art von Gänsehaut bekommen, wenn er bedenkt, wieviel Elend, Hunger und Entbehrung mit solchen Arbeitslöhnen verbunden ist."[2)]

Das Ende des Ersten Weltkriegs brachte auch das Ende der Massenproduktion von Zinnfiguren, statt Kinderspielzeug entwickelten sich Zinnfiguren nun zu Sammlerstücken. Bis heute produziert die Firma, die noch immer in Familienbesitz ist, in kleinem Umfang. 1981 wurde der langjährige Firmensitz Johannisstraße 19 an die Neuendettelsauer Diakonie verkauft.

„Maritimes Spielzeug", Pinsel, Metallwaren und Speiseeis

Ende des 19. Jahrhunderts galt Nürnberg als Weltzentrum der Spielwarenindustrie. Eine Vielzahl von kleineren Betrieben, die meisten im benachbarten Stadtteil Gostenhof ansässig, produzierten Blechspielwaren. In St. Johannis ließ sich die Firma Fleischmann nieder, die 1889 in der Bielingstraße ein neues Produktionsgebäude errichtete. Erst zwei Jahre zuvor war sie von Jean Fleischmann (1864-1917) als Gravieranstalt für kunstgewerbliche Gegenstände gegründet worden. 1898 begann er mit der eigentlichen Blechspielwarenproduktion: Hergestellt wurden sogenannte „mari-

time Spielwaren“ wie Schiffe in allen Größen, magnetische Schwimmtiere und Springbrunnen. Der Vertrieb der Produkte erfolgte anfänglich nur über den Nürnberger und Fürther Großhandel. Den zunehmenden Geschäftserfolg dokumentierte der Anstieg der Beschäftigtenzahl von 25 Personen um die Jahrhundertwende auf 60 im Jahr 1910. In diesem Jahr erhielt Jean Fleischmann auf der Weltausstellung in Brüssel sogar eine Goldmedaille für seine Spielwaren. Nach dem Tod des Firmengründers 1917 wird die Firma bis heute von Mitgliedern der Familie Fleischmann geleitet. 1933 wurde ein Teil der Mitarbeiter der Firma Bing, die ein Jahr zuvor für ihre Spielwarenproduktion Konkurs angemeldet hatte, ebenso wie umfangreiches Material aus der Modellschiffsfertigung von Fleischmann übernommen. Unter ihnen befand sich auch ein Großteil der Vertreter, so daß Fleisch-

Seit 1889 produziert die Firma Gebr. Fleischmann in St. Johannis: Anfänglich „maritime“ Blechspielwaren, seit den 1950er Jahren mit großem Erfolg Modelleisenbahnen.

Titelseite des Blechspielwarenkatalogs, 1908.

Belegschaft der Firma Gebr. Fleischmann im Jahr 1912.
FOTOGRAFIE 1912.

Endkontrolle von Modelleisenbahn-Lokomotiven.
FOTOGRAFIE 1950ER JAHRE.

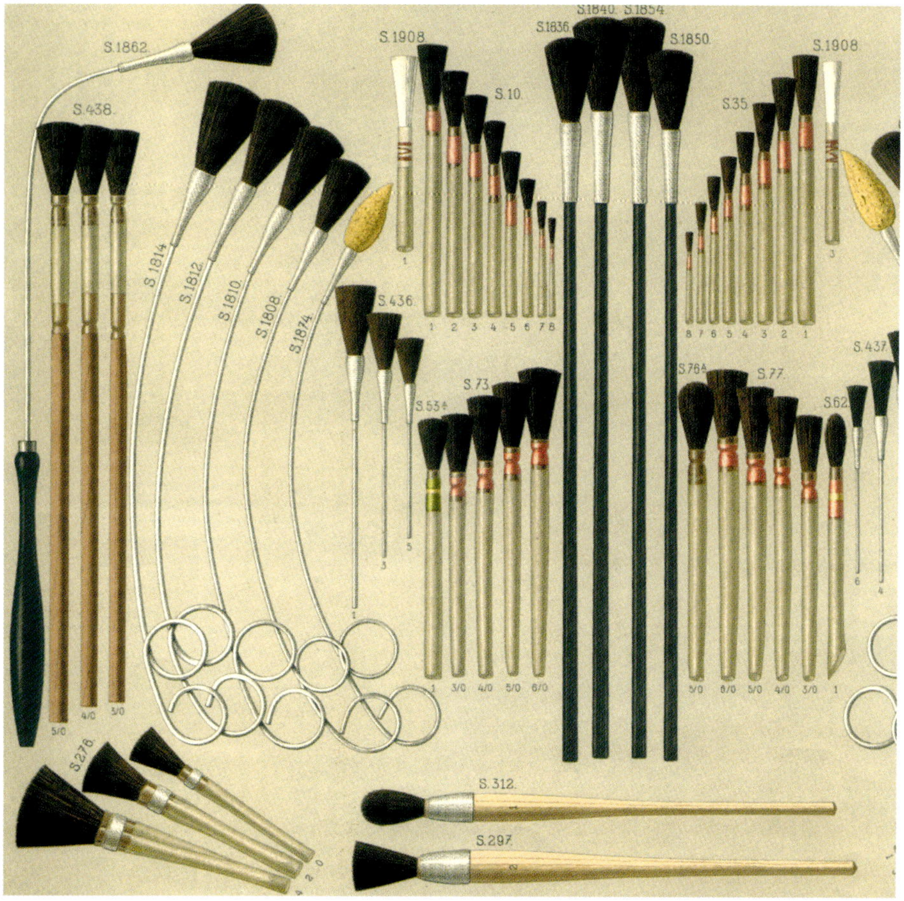

Bis zum Ersten Weltkrieg beherrschte die Nürnberger Pinselindustrie den Weltmarkt.

Katalogseite mit Spezialpinseln der Vereinten Pinselfabriken Nürnberg, um 1900.

mann seine Produkte nun direkt dem Fachhandel anbieten konnte. 1938 verleibte man sich im Rahmen der sogenannten Arisierungen jüdischer Firmen die Blechspielwarenfirma Doll & Co. ein. Von nun an gehörten auch Eisenbahnen und Dampfmaschinen zum Produktionsprogramm.

Nach einer teilweisen Zerstörung der Fabrikanlagen im Zweiten Weltkrieg konnte bereits 1945 die Produktion wieder aufgenommen werden. Hergestellt wurden nun Gebrauchsgegenstände wie Möbelschlösser, Vorhangstangen oder Kartoffelschäler. Mit der wirtschaftlichen Erholung in den fünfziger Jahren begann die Firma mit der Herstellung vor allem von Modelleisenbahnen, wobei seit 1960 das neue Material Kunststoff immer mehr Blechteile ersetzte. 1964 kam zu den Produktionsstandorten Nürnberg und Dinkelsbühl noch ein Werk in Heilsbronn hinzu. Heute zählt Fleischmann zu den wenigen großen Modelleisenbahnfirmen in Deutschland.

Weitgehend unbekannt ist die ehemals überragende Bedeutung der Nürnberger Pinselindustrie, die bis zum Ersten Weltkrieg den Weltmarkt beherrschte. 1889 vereinigten sich 14 klein- und mittelständische Nürnberger Pinselhersteller zu den „Vereinigten Nürnberger Pinselfabriken" (VP). Dieser Zusammenschluß ist zum Teil auf die amerikanische Schutzzollpolitik für den Pinselimport seit den 1870er Jahren zurückzuführen. Mit der Gründung einer Filiale in New York versuchte die VP die Zahlung der Schutzzölle zu umgehen. Auch in Wien wurde bald nach der Vereinigung ein Filialbetrieb eröffnet. Um billiger produzieren zu können, reduzierte die VP die Zahl der Standorte auf fünf, von denen sich zwei in St. Johannis – Johannistraße 41 und Lange Zeile 4 – befanden. Um das Jahr 1895 hatte allein die VP etwa 1.400 Beschäftigte, darunter über 100 Auslandsvertreter. Neben der VP gab es noch die „Freie Vereinigung Nürnberg", eine Art Gewerbeverein, in dem sich die freien Pinselhersteller – wie Leopold Klein und die Gebrüder Regensteiner, zwei weitere Pinselfabrikanten in der Johannisstraße – organisiert hatten.

Heute produzieren in Nürnberg nur noch wenige Firmen Pinsel, wie zum Beispiel in St. Johannis die „Vereinigten Pinselfabriken Leonhardy" und „Jean Schramm" am alten Standort im Rückgebäude des Barockanwesens Johannisstraße 41. Dort werden Pinsel für den Künstlerbedarf oder auch Malerpinsel, zum Beispiel zum Lackieren, hergestellt. Maschinen führen dabei nur wenige Produktionsschritte aus, so daß man durchaus noch die Bezeichnung Handwerk verwenden kann. Die Firma Jean Schramm stellt ausschließlich Kosmetik- und Rasierpinsel her. Das Zentrum der

Katalogseite und Logo der Bayerischen Metallwarenfabrik aus dem Jahre 1907.

Die bayerische Metallwarenfabrik zwischen der Wiesental- und der Steinstraße (Bildmitte) produzierte in ihrer Blütezeit mit über 600 Beschäftigten in St. Johannis Tafelgeräte und Haushaltswaren. Seit der Schließung der Firma befindet sich ein Gewerbezentrum in dem ehemaligen Fabrikkomplex.
FOTOGRAFIE 1960ER JAHRE.

deutschen Pinselindustrie befindet sich heute im westlichen Landkreis Ansbach, in Bechhofen dokumentiert dies das Deutsche Pinsel- und Bürstenmuseum.

Ein weiterer sehr arbeitsintensiver Betrieb, der jedoch längst nicht mehr im Stadtteil ansässig ist, entwickelte sich aus der Bayerischen Metallwarenfabrik, die 1902 von dem Handelsvertreter Hans Wagner (1874-1952) und dem Techniker Willi Gundel (1874-1954) gegründet wurde. Neben zugekauften Waren vertrieben sie auch selbst produzierte Silberwaren, Tafelgeräte und galvanisierte Haushaltswaren. Vier Jahre später errichteten sie in der Wiesentalstraße das erste Fabrikgebäude. Die stark auf den Export ausgerichtete Firma wuchs rasch, errichtete weitere Produktionsgebäude auf dem Areal zwischen Wiesental- und Steinstraße und beschäftigte Mitte der 1920er Jahre bereits über 330 Mitarbeiter. Die Weltwirtschaftskrise führte zu einem so drastischen Geschäftseinbruch, daß sich die Mitarbeiterzahl halbierte. Nach starken Zerstörungen durch Bombentreffer im Jahr 1944 wurde die verbliebene Produktion nach Wolframs-Eschenbach ausgelagert.

Bereits 1945/46 begann man mit dem Wiederaufbau der Firmengebäude in St. Johannis. Gefertigt wurden nun Blechspielzeug aus Bombenschrott sowie Gebrauchs- und Haushaltsartikel. Die Firma, inzwischen unter der Leitung des Sohnes Max Wagner (1910-1995), expandierte in der Wirtschaftswunderzeit kräftig: Mitte der sechziger Jahre waren am Standort St. Johannis 650 Menschen beschäftigt. Die Fertigung war von bisher zeitlosen Artikeln auf modische Trendartikel umge-

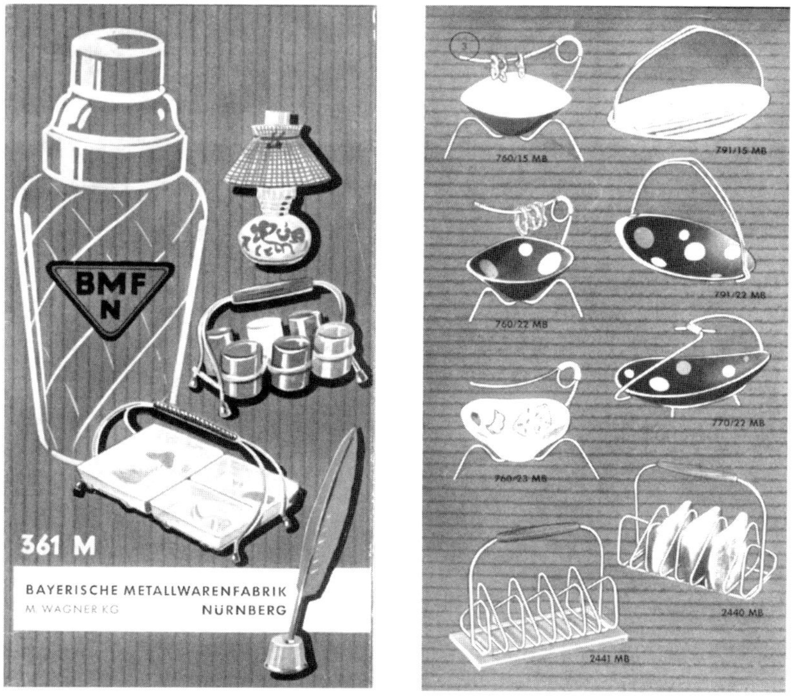

Auszug aus dem Katalog der Bayerischen Metallwarenfabrik, fünfziger Jahre.

stellt worden. Verkaufsschlager waren neben diversen Leuchtermodellen vor allem Bierseidel, auf deren Bedeckelung die Firma ein Patent hatte anmelden lassen, das ihre Fertigung deutlich verbilligte. Ende der siebziger Jahre verließ der Betrieb wegen Mangel an Ausdehnungsmöglichkeiten St. Johannis und zog in einen schmucklosen Neubau an der Sigmundstraße um. Im Zuge von Rationalierungsmaßnahmen wurde die Zahl der Mitarbeiter auf 350 gesenkt. Da die Produktion in Nürnberg sehr kostenintensiv war, wurden in der Folgezeit immer mehr Artikel im Ausland eingekauft und nur weitervertrieben. 1990 verkaufte die Eigentümerfamilie den Betrieb, 1998 meldete der neue Eigentümer Konkurs an.

Heute befindet sich in dem weitläufigen, 14.000 Quadratmeter umfassenden ehemaligen Fabrikkomplex zwischen Wiesental- und Steinstraße ein Gewerbezentrum mit 34 verschiedenen Firmen und Institutionen.

Die wirtschaftlich bedeutendste heute noch in St. Johannis ansässige Firma ist die Schöller GmbH, der deutschlandweit größte Hersteller von Speiseeis und Produzent von Tiefkühlkost. Bereits 1937 hatte Theo Schöller (*1917) gemeinsam mit seinem Bruder Karl auf dem elterlichen Anwesen in der Martin-Richter-Straße eine Eisfabrikationsstätte errichtet, in der Eis am Stiel noch größtenteils in Handarbeit hergestellt wurde. Kurze Zeit später wurden mit bald 25 Mitarbeitern und einem Fuhrpark aus Fahrrädern mit Hilfsmotoren große Umsätze auf Volksfesten und bei Fußballspielen, aber auch bei Theater- und Kinovorführungen erzielt. Da während des Krieges die Speiseeisproduktion und dessen Verkauf fast völlig zum Stillstand kam, wurden die vorhandenen Kälteanlagen zur Herstellung von Tiefkühlerzeugnissen genutzt. 1941 erwarb Schöller das heutige Firmengelände an der Bucher Straße Ecke Nordring im Nordosten von St. Johannis. Nach 1945 wurde dort eine Großküche für Hilfsbedürftige und Betriebe eingerichtet.

In der Zeit nach dem Zweiten Weltkrieg schrieb Schöller in St. Johannis für einige Jahre im kulturellen Bereich Geschichte. Nach der Renovierung der beschädigten Bucher-Säle richtete Karl Schöller hier 1947 einen Theatersaal ein, der im Februar 1948 den Namen „Neues Theater“ erhielt. Das Theater war eine Gastspielbühne unter seiner Lizenz, in dem auch die deutschen Filmgrößen der damaligen Zeit wie Hans Moser, Theo Lingen oder Heinz Rühmann auftraten. Bis 1950 wurde es zudem von den Städtischen Bühnen Nürnberg bespielt. Daneben fanden Schulabschlußfeiern, Modenschauen und Weihnachtsfeiern statt. Ein Teil der Räumlichkeiten wurde vermietet, zum Beispiel an das Rundfunkstudio Nürnberg, das Fränkische Landesorchester und an eine der Nürnberger Entnazifizierungsspruchkammern. Der Veranstaltungsbetrieb wurde erst 1958 eingestellt und die Gebäude an die Eisfirma Schöller übergeben oder abgerissen.

Im September 1945 hatte Theo Schöller auf dem gleichen Gelände an der Bucher Straße eine kleine Eisfabrik eingerichtet. Anfänglich wurde das Speiseeis vor allem an Angehörige der amerikanischen Truppen verkauft. Seit den fünfziger Jahren stieg der Umsatz mehr und mehr, Hauptabnehmer waren Betreiber von Kiosken, da Privatpersonen noch kaum Kühlschränke besaßen. 1955 mußte bereits stark vergrößert werden, und obwohl immer mehr Maschinen die aufwendige Handarbeit ersetzten, beschäftigte Schöller zu diesem Zeitpunkt bereits 100 Mitarbeiter. Seit dem Auslaufen des bereits 1936 abgeschlossenen Lizenzvertrages für „JOPA"-Eiskrem im Jahr 1960 vertrieb Schöller seine Produkte unter eigenem Namen. In diesem Jahr hatte die Firma knapp 300 Beschäftigte. Umfangreiche Werbekampagnen in den sechziger Jahren führten zu weiterer Expansion: In St. Johannis entstanden zusätzliche Verwaltungs-, Produktions- und Kühlhausneubauten. Bis 1985 war der Marktanteil Schöllers in Deutschland auf knapp 30 Prozent angewachsen, und die Firma verfügte über das dichteste Vertriebsnetz der Branche.

Um im Herbst und Winter bei eingeschränkter Eisproduktion einen saisonalen Ausgleich zu schaffen, hatte Schöller 1957 mit der Produktion von Lebkuchen begonnen sowie 1976 und 1985 die traditionsreichen Nürnberger Lebkuchenfirmen Haeberlein-Metzger und Seim übernommen. Schöller war damit bei einer Tagesproduktion von 2,5 Millionen Lebkuchen zu einem der größten Hersteller dieses Gebäcks geworden. 1998 wurde der Bereich Saisonbackwaren jedoch wieder aufgegeben und an eine Aachener Firma verkauft.

Wie in den anderen zentrumsnahen Nürnberger Stadtteilen ist auch in St. Johannis der Strukturwandel in Industrie und Gewerbe deutlich zu spüren: Betriebe wie Lyra, Staedler, Glafey, Dynamit Nobel haben den dichtbesiedelten Stadtteil verlassen und sind an die Peripherie gezogen. Firmen wie H. C. Kurz oder die Vereinigten Pinselfabriken sind zwar noch im Stadtteil, beschäftigen hier aber nur noch eine Handvoll Mitarbeiter, die Bayerische Metallwarenfabrik (BMF) existiert nicht mehr. Die beiden einzigen in St. Johannis verbliebenen größeren Betriebe der „old economy" sind Fleischmann und Schöller. Der mit dieser Entwicklung einhergehende Verlust an Arbeitsplätzen konnte durch Dienstleistungsfirmen wie das Callcenter „Sell-by-tel" mit 350 Beschäftigten oder die Kleinfirmen im Gewerbezentrum St. Johannis der ehemaligen BMF bei weitem nicht aufgefangen werden.

B.W.

Firmengelände der Firma Schöller an der Bucher Straße.

FOTOGRAFIE 1967.

JAKOB DANIEL
BURGSCHMIET
1796–1858

Denkmäler für Europa

Die Erzgießerei Burgschmiet-Lenz in der Burgschmietstraße

Eingang zur Werkstatt Burgschmiet-Lenz in der Burgschmietstraße 14.
FOTOGRAFIE 2000.

Noch heute sind sie im Nürnberger Stadtbild allgegenwärtig: die Bronzedenkmäler „großer Männer" aus dem denkmalsüchtigen 19. Jahrhundert. Ob das von Albrecht Dürer, Martin Behaim, Hans Sachs, Peter Henlein oder Johannes Scharrer, alle stammen aus der heute noch existierenden Kunstgießerei-Werkstatt Burgschmiet-Lenz in St. Johannis. Zu ihren besten Zeiten erhielt die Werkstatt Aufträge nicht nur aus vielen deutschen Städten, sondern auch aus Schweden, Prag oder Chicago.

Jakob Daniel Burgschmiet (1796-1858) hatte 1850 in der heutigen Burgschmietstraße den eingeschoßigen Werkstattneubau der Gießhütte mit seinem eingemeißelten Namen über dem Tor errichten lassen. Vorausgegangen war ein steiler gesellschaftlicher Aufstieg des „bildhauerischen Naturtalents" (M. Mende), der ihn aus der Unterschicht der Vorstadt Wöhrd ins gehobene Bürgertum führte. Dabei wurde Burgschmiets Arbeit sogar die Aufmerksamkeit des bayerischen Königs Ludwig I. zuteil, der 1827 und 1839 seine Werkstatt besuchte.

Neben seiner künstlerischen Begabung zeichnete sich Burgschmiet durch handwerkliche Vielseitigkeit und das Bemühen aus, sich als Autodidakt ständig weiterzubilden. Vier Lehr- und fünf Gesellenjahre lang produzierte Burgschmiet im Haus eines Drechslers, der ihn nach dem frühen Tod seiner Eltern aufgenommen hatte, vor allem billiges Spielzeug. 1816 machte er sich als Fabrikant für mechanisches Spielzeug selbständig, einige Jahre später ging er mit einem selbstgebauten mechanischen Theater auf Deutschlandtournee. Anfang der 1820er Jahre beantragte er – wieder in Nürnberg zurück – seine Aufnahme als Schutzbürger, um sich als „Maler und Künstler" hier niederzulassen. Er erhielt die Genehmigung mit der Auflage, seine langjährige Lebensgefährtin und Mutter seines Kindes zu heiraten. Beruflich machte er bald mit ersten Bildwerken für das Waisenhaus, der Restaurierung des Schönen Brunnens (gemeinsam mit anderen Künstlern) und der Kreuzwegstationen des Adam Kraft von sich reden. Auch bei seiner ersten großen Arbeit, dem 1825 eingeweihten Melanchthon-Denkmal am Egidienberg, war sein bevorzugtes Material noch der Stein. Burgschmiet hatte sich inzwischen als Bildhauer einen ausgezeichneten Ruf erworben, so daß ihm 1826 das Lehramt der neueingerichteten Abteilung für „Modellieren, Bossieren, Cisellieren" an der Polytechnischen Schule übertragen wurde.

(Links) 1897 wurde zu Ehren des genialen Erzgießers Jakob Daniel Burgschmiet – ein Jahr nach dessen 100-jährigem Geburtstag – in einem kleinen Park an der Ecke Burgschmietstraße/Neutorgraben ein Denkmal errichtet.
FOTOGRAFIE 2000.

Epitaph des Grabes Jakob Daniel Burgschmiets auf dem Johannisfriedhof.
FOTOGRAFIE 2000.

(Mitte) In der Werkstatt Burgschmiet-Lenz.
FOTOGRAFIE 1979.

(Rechts) Jakob Daniel Burgschmiet mit Gesellen bei der Bearbeitung der gegossenen Einzelteile eines Radetzky-Denkmals.
HOLZSCHNITT NACH EINER ZEICHNUNG VON FELIX PHILIPP KANITZ IN DER LEIPZIGER ILLUSTRIERTEN ZEITUNG, 1858.

Erst mit dem von König Ludwig I. von Bayern angeregten und vom Rat der Stadt beschlossenen Bronzedenkmal zu Ehren von Dürers 300. Geburtstag im Jahr 1828 wandte sich Burgschmiet ernsthaft dem Bronzeguß zu. Der Guß nach dem Modell des damals berühmtesten deutschen Bildhauers Christian Daniel Rauch sollte ursprünglich in München gefertigt werden, wurde dann aber auf Drängen Johannes Scharrers und des Nürnberger Rates Burgschmiet übertragen. Da er als Bildhauer bisher über wenig Erfahrung im Metallguß verfügte, spendierte ihm der Rat zu Studienzwecken ein sechsmonatiges Reisestipendium nach Paris. 1829 richtete Burgschmiet seine erste Gießerwerkstatt Am Sand (an der Insel Schütt) ein. Mit dem Dürerdenkmal gelang ihm dann 1839/40 erstmals in der Geschichte der Bronzeplastik ein perfekter Guß. Die Oberflächen mußten nicht, wie bis dahin üblich, aufwendig von Hand nachgearbeitet werden.

In den folgenden Jahren wurde Burgschmiet mit Aufträgen aus ganz Europa überhäuft. Sein letztes Werk war das monumentale Radetzki-Kriegerdenkmal in Prag, dessen Guß er kurz vor seinem Tod 1858 noch vollenden konnte.

Spätestens nach der Errichtung des Dürer-Denkmals war Daniel Burgschmiet eine überregionale Berühmtheit und repräsentierte als moderner Künstler und Handwerker des frühen Industriezeitalters den beginnenden Wiederaufstieg Nürnbergs. Gleichzeitig knüpfte er an die große Rotgießertradition Nürnbergs an und wurde als legitimer Nachfolger Peter Vischers gefeiert. Er paßte sich in Auftreten und Kleidung immer mehr der Statuette des alten „Meisters" auf dem Sebaldusgrab an: Vollbart, Mütze und Lederschürze. Seit einer Reportage über seine Werkstatt in der damals vielgelesenen Zeitschrift Europa gehörte auch für Nürnberg-Besucher eine Besichtigung seiner Werkstatt zum touristischen Pflichtprogramm.

Nach Burgschmiets Tod führte sein Schwiegersohn Christoph Lenz (1829-1915) die Werkstatt weiter. Unter seiner Leitung entstanden unter anderem das Hans-Sachs-Denkmal (1874), das Martin-Behaim-Denkmal (1890) und der Nymphenbrunnen am Aufseßplatz (1897). Daneben schuf er eine Reihe der damals beliebten Kriegerdenkmäler für verschiedene deutsche Orte. Christoph Lenz´ Sohn Ernst übernahm Mitte der 1890er Jahre die Werkstatt, sein bedeutendstes Werk war der Nachguß des Neptun-Brunnens (1902): Um 1900 stand die Gießerei in St. Johannis auf der Höhe ihres wirtschaftlichen Erfolgs und beschäftigte 14 Mitarbeiter.

Christoph und Heinrich Lenz führten in dritter und vierter Generation die Familientradition der Werkstatt fort, deren Erfolg bis zum Ausbruch des Ersten Weltkriegs anhielt. Das bedeutendste Denkmal aus der Zeit der Weimarer Republik war die „Trauernde Noris" auf dem Nürnberger Westfriedhof. Mit dem Ende der monumentalen bronzenen Denkmalkultur wurde aus dem einstigen Weltunternehmen ein Kleinbetrieb, der sich vor allem mit Brotarbeiten und kleineren künstlerischen Arbeiten über Wasser hielt und hält. So werden zum Beispiel seit 150 Jahren Bronzeepitaphien für den Johannis- und Rochusfriedhof gegossen. *B.W.*

werktags

Bürger, Fabrikanten, Privatiers

Villen und edle Mietwohnungen im Osten von St. Johannis

Das Relief über dem Eingang der Villa von Anselm Hirsch spielt auf den Familiennamen des Erbauers an.
FOTOGRAFIE 2000.

(Links) In der 1914 erbauten Villa von Anselm Hirsch befindet sich heute die „Hauptstelle für Befragungswesen".
FOTOGRAFIE 2000.

Unmittelbar vor der Nürnberger Stadtmauer standen noch um die Jahrhundertwende eine Vielzahl von Villen und großzügigen Mehrfamilienhäusern. Bürobauten, die Ringstraße und der mehrgeschossige Mietwohnungsbau ließen die Villen mit ihren großen Grundstücken allerdings seit den 1920er Jahren nach und nach verschwinden. So stehen heute nur noch wenige dieser Anwesen in St. Johannis: Fünf Gebäude in der Wieland- und Campestraße, sowie je eines in der Hallerstraße 26 und in der Langen Zeile 33.

Eine der ersten Villen im Stil der Jahrhundertwende in St. Johannis ist auf einem Stadtplan von 1896 an der Ecke Wieland- und Campestraße zu erkennen. Es handelt sich um das Anwesen Wielandstraße 27 des Kaufmanns Wilhelm Leuchs, der bereits 1886 ein herrschaftliches Wohnhaus mit einem runden Ecktürmchen, zwei Freitreppen an der Vorder- und Rückfront sowie mit einer durch Wasserdampf betriebenen Zentralheizung hatte bauen lassen. Die Familie Leuchs war eine bekannte Nürnberger Kaufmannsfamilie, deren Ahnherr Johann Georg Leuchs zu den wichtigen Nürnberger Liberalen zu Beginn des 19. Jahrhunderts zählte. Nach ihm ist eine kleine Straße in St. Johannis benannt.

In der Nachbarschaft der Villa von Wilhelm Leuchs befanden sich um 1890 vor allem große Gärten, die noch auf die Kultur der Hesperidengärten zurückgingen. Erst etwas weiter südlich der Villa Leuchs mit ihrer ausgedehnten Gartenanlage befanden sich 1886 an der Burgschmietstraße und in westlicher Richtung an der Langen Zeile die nächsten, wesentlich älteren Häuser – meist ursprünglich Gartenhäuser der Hesperidengärten.

Mitte des 19. Jahrhunderts hatten in zunehmenden Maß reiche Bürger Grundstücke in

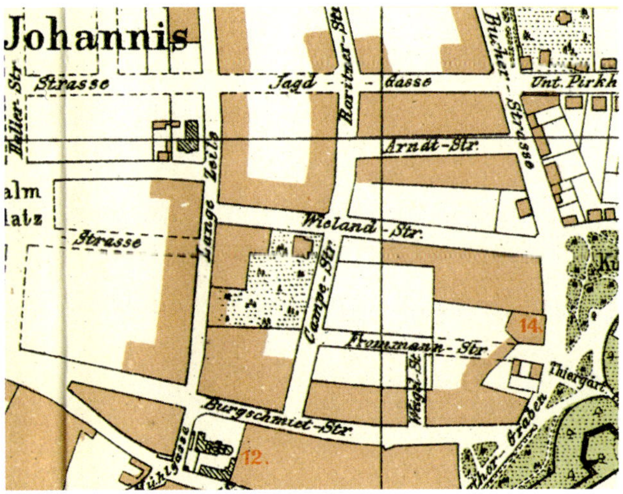

Im Stadtplan des Jahres 1890 ist an der Ecke Wieland- und Campestraße die Villa Leuchs zu erkennen.

Georg Zacharias Platner ließ vor seiner Villa einen kleinen Park anlegen, die Platnersanlage.
Kolorierter Stich von F. Scharrer.

In den 1860er Jahren erbaute Gottlob Glafey eine Villa in der Burgschmietstraße 15.
Fotografie 1932.

St. Johannis erworben. 1802 kam der berühmte Buchhändler und Verleger Friedrich Campe nach Nürnberg. Er ließ sich in der Langen Zeile in einem Haus mit großem Garten nieder, der einen Teil des ehemaligen Schmidtschen Hesperidengartens bildete. Im Garten gab es Kuppeltempel, kleine Fontänen und am Ende eines kleinen Laubengangs ein Panorama des Schlosses Rauschenberg. „Campe hegte und pflegte darin Dahlien und Weinstöcke und stellte in grandseigneuraler Manier die ganze Herrlichkeit an Sonntagen dem Publikum zur Verfügung. Aber er konnte ebenso kratzbürstig wie jovial sein. Als ihm sein Nachbar, der Magistratsrat Winter, ein unschönes Haus, die „lange Wurst", vor die Nase setzen läßt, um ihm die Aussicht in seinen Garten zu versperren, baut Campe ein turmhohes hinteres Haus, das die Familie nie bewohnt, denn er will „doch in Winters Garten sehen." [1)]

Als weiterer Prominenter seiner Zeit zog der Kaufmann Georg Zacharias Platner, der maßgeblich an der Realisierung der ersten deutschen Eisenbahnstrecke von Nürnberg nach Fürth beteiligt war, an den heutigen Friedrich-Ebert-Platz und ließ dort zwischen 1817 und 1821 vor seiner Villa einen kleinen Park im englischen Stil anlegen, die nach ihm benannte Platnersanlage.

Auch viele Unternehmer und Fabrikanten suchten die gute Wohnlage direkt vor der Stadtmauer in St. Johannis. Einer von ihnen war Gottlob Glafey, Fabrikant von Nachtlichten. Er errichtete 1860 in der Burgschmietstraße 15 eine Fabrikationsstätte für Nachtlichte sowie eine zweistöckige kleine Villa.

Der eigentliche Bauboom für St. Johannis zwischen Bucher Straße und Langer Zeile begann aber erst in den beiden letzten Jahrzehnten des 19. Jahrhunderts mit der Villa des Fabrikanten Leuchs. Die Wielandstraße taucht erstmals 1888 in den Adreßbüchern der Stadt Nürnberg auf – mit damals erst fünf Hausnummern. Namensgeber der Straße war nicht der Dichter Martin Wieland, sondern der durch wohltätige Stiftungen verdiente Nürnberger Christian Gottlieb Wieland, welcher in der Bucher Straße gewohnt hatte.

In der Nachbarschaft der Villa Leuchs besaß die Kaufmannswitwe Emma Weigel ein sehr großes Grundstück, den Weigelsgarten, der nach 1890 in einzelne Bauplätze aufgeteilt wurde. Zu diesem Zweck verzeichnet der städtische Verwaltungsbericht 1895 in der Rubrik „Chauseeneubauten" erstmals die nach Friedrich Campe benannte Campestraße, die mitten durch das Grundstück der Witwe Weigel führte. Auf dem ehemaligen Weigelschen Garten stehen heute noch zwei der damals errichteten Villen: Das Anwesen Campestraße 17, das der Fabrikbesitzer und Kommerzienrat Eduard Bach 1909 errichten ließ, und die Villa der Bankiersfamilie Kohn in der Campestraße 10.

Fast ein Schlösschen – die Villa der Familie Kohn

Die Kohn-Villa war das prächtigste Anwesen in der ganzen Gegend. Schon allein der große Park zeigte Status und Reichtum der Bankiersfamilie Kohn. Emil Kohn, der Sohn des Firmengründers Anton Kohn, hatte das Anwesen 1897 im Stil eines kleinen Rokoko-Schlößchens an der erst zwei Jahre zuvor gebauten Campestraße errichten lassen. Der reich verzierte Treppenturm mit seiner eigens angelegten Zufahrt ist der Blickfang der Villa, die sich symmetrisch zur Ecke Campe- und Fromannstraße hin orientiert. Über ein oval ausschwingendes Treppenhaus mit Stuckdecken gelangte man ins Hochparterre mit den Repräsentationsräumen: ein Vestibül, einen großen Festsaal mit Veranda sowie einen Wintergarten und Nebenräume. Hochparterre und erster Stock der Villa boten mit jeweils etwa vierhundert Quadratmetern genügend Raum für den großbürgerlichen Lebensstil der jüdischen Bankiersfamilie. Hier fanden gepflegte Treffen zum Kaffee statt, bei denen sich selbstverständlich ein Kindermädchen um den Nachwuchs kümmerte. Das oberste, dritte Stockwerk unter dem Dach war vermietet, Küche und Wirtschaftsräume befanden sich im Tiefparterre.

Das Adreßbuch des Jahres 1902 verzeichnet die ersten Bewohner der Villa in der Campestraße 10: den Bankier Emil Kohn, den Oberpostassessor Paul Kann und den Kunstgärtner A. Fink. Die in der Villa lebenden Frauen und Kinder verzeichnet das Adreßbuch nicht. Emil Kohn wohnte mit seiner Frau Wilhelmine in dem Haus. Paul Kann, der Vizepräsident der Oberpostdirektion in Nürnberg und damals wohl höchste jüdische Beamte Bayerns, hatte Emil Kohns Tochter Elise geheiratet und lebte mit seiner Frau und den Töchtern Charlotte und Helene in der Villa. Ein Familienfoto zeigt Emil Kohn mit seinen beiden Enkelinnen in sonntäglicher Kleidung beim Spaziergang im Park der Villa.

Emil Kohn mit seinen Enkelinnen im Park der Villa an der Campestraße.
Fotografie um 1905.

Die Villa Kohn in der Campestraße 10 wurde 1897 im Stil eines Rokoko-Schlößchens errichtet.
FOTOGRAFIE 1998.

Den Besucher der ehemaligen Villa Kohn empfängt eine prächtige Treppenanlage.
FOTOGRAFIE 1998.

Das großbürgerliche Leben der Kohns in der Villa an der Campestraße wurde gut dreißig Jahre nach dem Bau des Hauses durch die Nationalsozialisten zerstört. In der Nacht vom 9. auf den 10. November 1938 stürmte die SA auch die Villa der Familie Kohn und schlug alles kurz und klein. Auf Bitten des Hausmeisters ließen die Schlägertrupps jedoch die achtzigjährige Wilhelmine Kohn in Ruhe, die diese Nacht im Haus miterleben mußte. Bei den darauffolgenden „Arisierungen" wurde die Familie gezwungen, nicht nur ihr Bankhaus, sondern auch die Villa in der Campestraße zu einem Schleuderpreis abzugeben. Für zehn Prozent des Einheitswertes ging die Villa zunächst in den Besitz der Gauleitung Franken über – ein Teil des Arisierungsskandals, bei dem sich führende Nazis in Nürnberg in schamloser Weise an jüdischem Besitz zu bereichern versuchten.

Emil Kohn, der bereits 1906 im Alter von 61 Jahren gestorben war, und seine Frau Wilhelmine, die bis 1940 lebte, hatten insgesamt vier Kinder: außer der im Haus lebenden Elise Kann die Tochter Johanna, verheiratete Guggenheim, sowie die beiden Nachfolger Emil Kohns im Bankgeschäft, Martin und Richard Kohn. Alle vier Kinder wurden 1941 und 1942 in Konzentrationslager deportiert und haben dies nicht überlebt.

Die Villa in der Campestraße ging nach der „Arisierung" in den Besitz des Deutschen Reiches über und wurde ab 1940 vom Reichsarbeitsdienst genutzt, der im Garten einige Holzbaracken errichtete und aus dem Anwesen Mieteinnahmen bezog. Erst nach einem jahrelangen, für die Nürnberger Finanzbehörden und die Stadtverwaltung beschämenden gerichtlichen und außergerichtlichen Verfahren erhielten die Enkel des Villenerbauers Emil Kohn das Anwesen in der Campestraße zurück. Im Gegensatz zu ihren Eltern hatten sie in den USA den Nationalsozialismus überlebt. 1955 verkauften die Erben das Haus ihrer Eltern und Großeltern an den Verein Gesellschaft Museum. Charlotte und Helene Kann, die 1905 noch als glückliche Kinder mit ihrem Opa Emil Kohn im Garten des Hauses fotografiert worden waren, wollten offensichtlich nach allem, was sie in der Zeit des Nationalsozialismus erlebt hatten, nicht mehr in St. Johannis wohnen.

Nachbarschaft der Villen

In der Nachbarschaft der Villa der Familie Kohn wurde vor 1914 in der Wielandstraße 29 eine weitere Villa errichtet, die heute noch steht. Hinter einem prächtigen schmiedeeisernen Zaun führt ein Weg durch einen schmalen schattigen Garten zu einer Terrasse mit steinerner Brüstung und elegant geschwungener Außenbeleuchtung. Das Haus gehörte nach der Jahrhundertwende der Familie des Richters Hesselberger, die dort auch wohnte.

Selbst bei Villen waren Gärten von der Größe des Kohnschen Anwesens so nahe an der Innenstadt absolut ungewöhnlich. Ein Teil der Gegend wurde bereits um 1900 mit Mietshäusern bebaut, wie dies heute noch an der Südseite der Wielandstraße (Hausnummern 3-23) zu sehen ist. Aber auch hier wurden keine Wohnungen für arme Leute errichtet, sondern gutbürgerliche Häuser mit einer aus Sandstein gefertigten Fassade im Stil des Historismus. Die gegenüberliegende Straßenseite wurde erst in den 1930er Jahren mit billigeren Mietwohnungen bebaut. So lebten bis nach dem Zweiten Weltkrieg in diesem besseren Viertel von St. Johannis praktisch keine Arbeiter, wie umgekehrt eine wohlsituierte Bürgerfamilie nicht in die Gegend zwischen Wiesental- und Johannisstraße gezogen wäre, wo nach 1918 eine große Siedlung der Wohnungsbaugesellschaft der Stadt Nürnberg entstand.

Die geheimnisvolle Villa Hirsch

In den Jahren vor dem Ersten Weltkrieg änderte sich der Villenbau: Der Fabrikant Anselm Hirsch ließ die Villa Leuchs in der Wielandstraße 27 abreißen und 1914 ein wuchtigeres, wesentlich größeres Villengebäude errichten. Der Entwurf für das heute noch stehende Gebäude stammt von dem Architekten Hans Pylipp, der auch den Rathausbau am Fünferplatz, in dem der Stadtrat tagt, gestaltet hat. An den Bauherren der Villa erinnert ein Relief über dem Eingang mit einem Hirsch, auf dem ein Baby reitet. Darüber befindet sich die Jahreszahl der Erbauung des Hauses. Anselm Hirsch besaß eine Leonische Drahtwarenfabrik in der Kirschgartenstraße 80, in der Nähe des Klinikums Nord. Er hat nicht lange im seinem neuen Haus gewohnt, denn das Adreßbuch des Jahres 1924 verzeichnet als Hausbesitzer bereits „Hirsch, A., Fabrikbesitzer in New York."

Der wohl jüdische Besitz wurde nach 1939 von einer NS-Behörde und als Offiziersklub der Luft-

Die Familie Kohn beim Nachmittagskaffee im Wintergarten der Villa.
Fotografie um 1908.

Vier Generationen der Familie Kohn. Unten sitzend die achtzigjährige Wilhelmine Kohn, die Gattin des Villenerbauers Emil Kohn.
Fotografie Oktober 1938.

Ludwig Ruffs Wohnhaus für die MAN in der Wielandstraße 27 markiert eine neue Art des Villenbaus in den zwanziger Jahren.
FOTOGRAFIEN 1924.

waffe genutzt. Von 1945 bis 1950 belegten schließlich US-Amerikaner das Haus, bis es in den Besitz des Bundes gelangte. Dort befindet sich heute die „Hauptstelle für Befragungswesen", die im Auftrag des Bundes Aussiedler, Übersiedler oder Asylbewerber zu den Verhältnissen in ihren Heimatländern befragt. Die so gesammelten Informationen sollen der Bundesregierung Entscheidungen erleichtern, die diese Länder betreffen. Wegen der strikten Geheimhaltung der Befragungsergebnisse und der oft geschlossenen Fensterläden kursiert in der Nachbarschaft das Gerücht, hier sei der Verfassungsschutz oder die „Staatssicherheit" untergebracht. Insgesamt macht die Villa einen fast unbewohnten und nicht wirklich genutzen Eindruck. Dies wird noch dadurch unterstützt, daß das große, mit einer Mauer umgebene Grundstück zu einem Parkplatz für Autos degradiert wurde. Es gäbe sicherlich eine sinnvollere Verwendung für diese an sich sehr attraktive Immobilie.

Gehobenes Wohnen der zwanziger Jahre

Mit der Villa von Anselm Hirsch deutete sich eine Änderung im Villenbau an, die sich nach dem Ersten Weltkrieg fortsetzte: Die Gärten wurden kleiner, Häuserfassaden strenger, verspielte Abfolgen von Balkons und Erkern oder auf kleinen Säulen ruhende Eingangsvorbauten paßten nicht mehr in die neue, weniger üppige Zeit.

Ein Beispiel dafür ist das Wohnhaus Wielandstraße 23, das im Jahr 1923 als Zweifamilienhaus der MAN errichtet wurde. Es stammt von dem Architekten Ludwig Ruff, der in den 1920er Jahren einer der bekannteren Privatarchitekten in Nürnberg war. Er plante in Nürnberg unter anderem die Siedlung Werderau; einer größeren Öffentlichkeit ist Ludwig Ruff aber als Architekt der Kongreßhalle auf dem Reichsparteitagsgelände bekannt. Zwar wurde Ludwig Ruff, der bereits 1934 verstarb, ein bevorzugter Architekt Adolf Hitlers, seine Bauten der 1920er Jahre lassen dies aber noch nicht erkennen. Als Architekt der MAN errichtete Ruff mit dem Haus Wielandstraße 23 einen einfachen Bau mit expressiven Details wie dem kleinen Dekorelement über dem Fenster des Treppenturms und der modisch-expressionistischen Verdachung. Die ersten Bewohner des Hauses waren Verwaltungsbeamte des Unternehmens mit ihren Familien: der kaufmännische Beamte Dr. Haniel sowie der Prokurist Käferlein. Außerdem wohnte unter dem Dach die Apothekerswitwe Rasch.

Konventioneller als das Zweifamilienhaus von Ludwig Ruff gibt sich die Villa in der Hallerstraße 26. Über dem mit Sandstein eingefaßten Portal ist das Erbauungsjahr 1924 zu lesen. Als Schmuckelement befinden sich an den Fassaden senkrecht durchlaufende Sandsteinbänder, die Säulen andeuten. Der Garten ist mit einer mannshohen Mauer umgeben, so daß das Anwesen heute noch den Anschein erweckt, man habe die Villa eines Fabrikbesitzers vor sich hat. Ursprünglich wohnten dort im Erdgeschoß der Fabrikant Volz und im ersten Stock der Ingenieur Schlotterbeck. Julius Volz gehörte das Elektromotorenwerk „Fränkische Electra", das sich neben seiner Villa befand.

Im Kontrast zu der nüchtereren Bauweise der Villa in der Hallerstraße steht das Gebäude Lange Zeile 33. Es handelt sich um die wohl älteste der Villen in dieser Gegend: Sie wurde im Stil der Neurenaissance 1886 erbaut und ist noch von einem kleinen Garten mit schmiedeisernem Gartenzaun umgeben. Naturstein betont die Hausecken, Erker, Fenster und den Abschluß zum Dach. Man kann sich heute noch vorstellen, wie der wohlhabende Familienvorstand auf den reich verzierten Balkon im ersten Stock heraustritt oder die Pflanzen im kleinen Wintergarten über dem Eingangsbereich bewundert.

Das Ende des Villenbaus

Die Zeit des Villenbaus war in St. Johannis spätestens nach dem Zweiten Weltkrieg vorbei, eigentlich jedoch schon in den zwanziger und dreißiger Jahren. Denn das Gebäude von Ludwig Ruff in der Wielandstraße 23 war genauso wie die Villa in der Hallerstraße eigentlich ein exklusives Zweifamilienhaus. Von Anfang an mischte sich in diesem besseren Viertel von St. Johannis gehobener Mietwohnungsbau mit Villen und Doppelhäusern. Große Gärten waren ein Luxus weniger reicher Familien, der nach und nach aufgeben wurde. Bis in jüngste Zeit hat sich eigentlich nur der Garten der Kohn-Villa gehalten, der jetzt als „Campe-Park" bebaut wird, da die Renovierung und der Bauunterhalt der Villa finanziert werden müssen. Der Besitzer des gesamten Grundstücks und der Kohnvilla, der Verein Gesellschaft Museum, läßt die Wohnanlage im Erbbaurecht errichten und sichert so auf Dauer sein Vereinsvermögen.

Der Campe-Park beinhaltet auf drei Stadthäuser verteilt 25 Wohnungen und vier Büros. In moderner Form wird hier auf die gehobenen Wohnanlagen der Jahrhundertwende Bezug genommen. Der geplante Park zwischen den Häusern erinnert mit seinen symmetrisch angelegten Hecken und einem Brunnenrondell in der Mitte an den hier einmal vorhandenen Weigelsgarten.

Eine ähnliche Bebauung des Grundstücks, allerdings nur mir zwei statt der jetzt errichteten drei Häuser, war bereits Ende des 19. Jahrhunderts vorgesehen. Als Emil Kohn jedoch das gesamte Grundstück erwarb, standen diese Baupläne nicht mehr zur Diskussion, und es wurde nur die Kohnvilla mit ihrem besonders großen Park errichtet.

Für die Nachbarn ist das Bauprojekt mit einem bedauerlichen Verlust an Grün verbunden. Daß in dieser sehr attraktiven und stadtnahen Lage jedoch weitere Wohnungen entstehen, ist städtebaulich sicher ein vertretbares Projekt. Insofern ist dieser Teil von St. Johannis auch nach über hundert Jahren das geblieben, was er seit 1900 immer gewesen ist: ein bürgerliches Wohnquartier mit den „besseren" Adressen.

A.S.

Die Villa des Fabrikanten Julius Volz in der Hallerstraße 26.
FOTOGRAFIE 2000.

Die Villa des Fabrikanten Eduard Bach in der Campestraße 17.
FOTOGRAFIE 2000.

Das Anwesen Lange Zeile 33 mit seinem schönen Vorgarten gehört zu den ältesten noch vorhandenen Villengebäuden in St. Johannis.
Fotografie 2000.

Die Wohnanlage Campe-Park nutzt den Garten der Kohn-Villa (unten) als Baugrund.
Architekturzeichnung 1999.

KONSUM-
GENOSSENSCHAFT NÜRNBERG-FÜRTH

Die wbg-Siedlung St. Johannis

„... beste Anfänge einer ganz neuzeitlichen Wohnkultur..."

Zwei Kinder in der Siedlung. Fotografie 1930er Jahre.

(Links) Die wbg-Siedlung St. Johannis: Kirschgartenstraße Ecke Krugstraße mit dem Konsumladen. Fotografie um 1927.

Als die ersten Wohnungen der wbg-Siedlung St. Johannis bezogen werden konnten, schrieb die Tagespresse begeistert von den „besten Anfängen zur Einführung einer ganz neuzeitlichen Wohnkultur"[1]). Die ab Mai 1925 errichtete Wohnanlage war die zweite Siedlung, welche die 1918 gegründete wbg in Nürnberg errichtete. Das erste Siedlungsprojekt des städtischen Wohnungsunternehmens an der Ostendstraße war noch von den Schwierigkeiten der Zeit des Ersten Weltkrieges und der Not der Nachkriegsjahre geprägt, so daß die wbg erst bei ihrer zweiten Siedlung einen großen Wurf in städtebaulicher Hinsicht verwirklichen konnte: Im Westen von St. Johannis, der in manchen Stadtplänen noch als „Neuwetzendorf" bezeichnet wurde, errichtete man in zwei Jahren bis 1927 immerhin fast 550 Wohnungen in 75 Häusern, samt Läden und einigen Künstlerateliers. Bis Ende 1932 kamen noch knapp fünfhundert Wohnungen hinzu, so daß die Siedlung Anfang der dreißiger Jahre 1.030 Wohnungen unterschiedlicher Größe umfaßte.

Wohnungshygiene und Städtebau

Die eigentliche Leistung beim Bau der Siedlung St. Johannis liegt jedoch nicht in ihrer Größe, sondern in der städtebaulichen Anlage, die ebenso wie die Hausarchitektur von Baurat Konrad Sorg stammt. Ein Teil der Siedlung zieht sich unterhalb der Wilhelm-Marx-Straße in ziemlich steiler Hanglage von der St. Michaelskirche bis zum Westring hin. Die Bebauung des Geländes wurde bereits in einer zeitgenössischen Beschreibung als besonders originell hervorgehoben: „Durch die mäanderähnliche Form des nördlichen Teils der Bauanlage entstehen große, nach Süden hin geöffnete Höfe, die durch ihre Weiträumigkeit Licht- und Luftzutritt überallhin gestatten. Diese Art der Bauanlage hat gerade in unserer Zeit bei dem immer mehr anwachsenden Verkehr den großen Vorteil, daß viel mehr Wohnungen der Straße, ihrem Lärm und ihrem Staub entrückt werden, als dies sonst bei geschlossenen Hofanlagen der Fall ist."[2]) Von der Wilhelm-Marx-Straße aus sind so als Zufahrten von Norden her drei Sackstraßen

Luftbild der Siedlung aus den achtziger Jahren. Gut zu erkennen sind die rechteckigen Baublöcke in der Bildmitte und (nördlich davon) die Hangbebauung mit den Wohnhöfen nach Süden.
FOTOGRAFIE 1980ER JAHRE.

entstanden, die in Fußgängertreppen zur Krugstraße hin enden. Auf der anderen Seite der sich S-förmig den Hang entlangziehenden Hauserreihe bildeten sich dadurch große Höfe mit Grünflächen, die an drei Seiten von Häusern umgeben, nach Süden hin aber offen sind. Der „Helenenhof" an der Helenenstraße macht dies auch im Namen deutlich.

Die einzelnen Wohnungsgrundrisse ordneten sich dem Ziel unter, helle und gut belüftete Wohnräume zu schaffen: „In hygienischer Hinsicht ist besonders hervorzuheben, daß die Räume der Wohnung, ihrer Verwendung entsprechend, der Himmelsrichtung nach, orientiert sind. Grundsätzlich sind an die Straßennordseiten Treppenhäuser, Wirtschaftsräume und dergl. gelegt, Wohn- und Schlafräume gehen nach Süden. Das alte System, die Wohnräume an die Straße, gleich nach welcher Himmelsrichtung zu legen, ist damit verlassen."[3)] Der südliche Teil der Siedlung, zwischen Krugstraße und dem Pegnitzgrund, wurde auf ebenem Gelände in Form von konventionellen rechteckigen Wohnblocks gebaut. Allerdings waren auch sie meist nicht vollständig geschlossen, um eine bessere Belichtung und Belüftung des Innenbereichs zu erzielen.

Der Durchgangsverkehr sollte möglichst aus der Siedlung fern gehalten werden. Wer von der

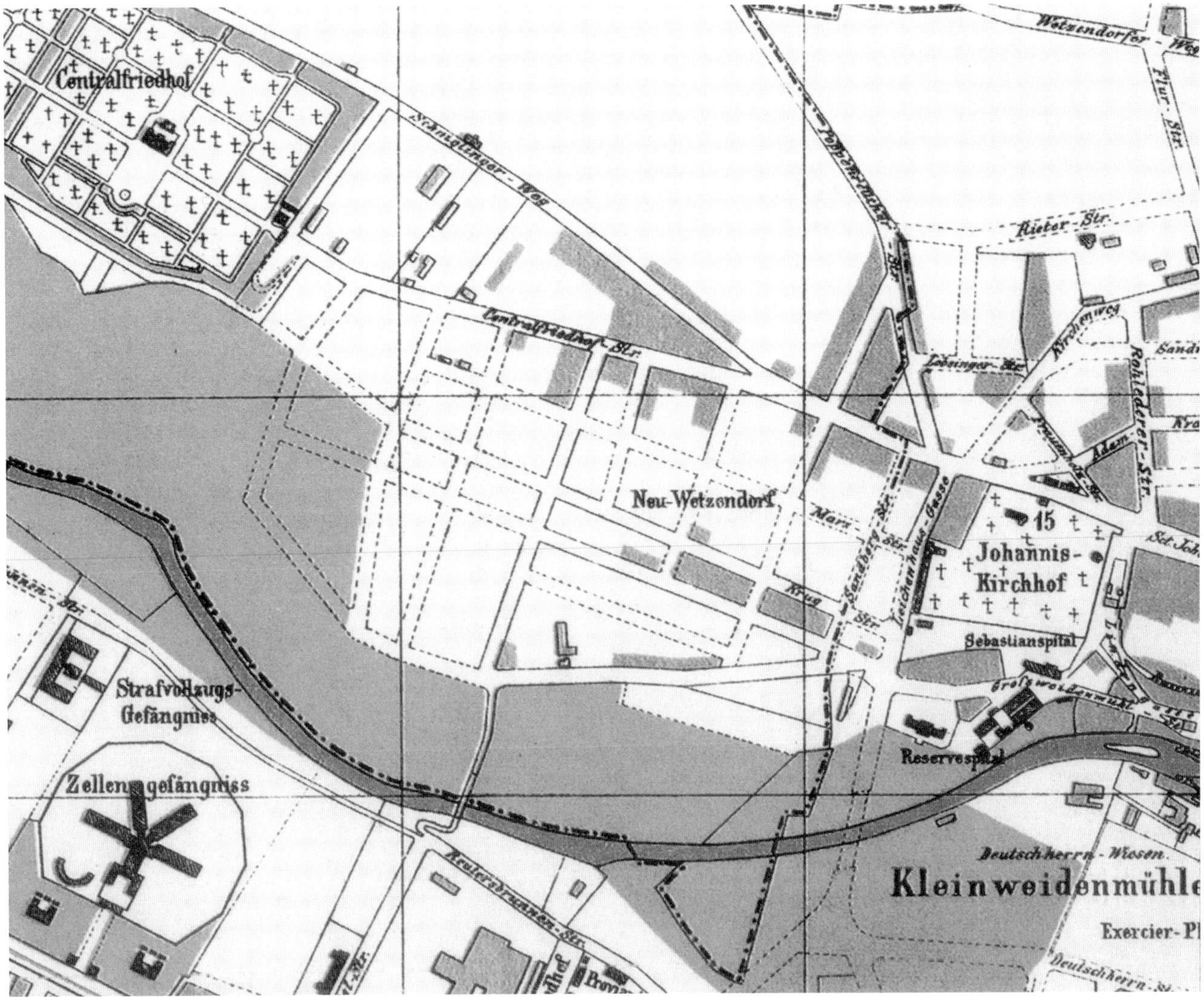

Das Gebiet westlich des Johannis-Friedhofs hieß anfangs noch „Neuwetzendorf“ und wurde erst 1899 eingemeindet. Hier entstand nach und nach ein Arbeiterquartier. Ab 1925 erbaute die wbg hier ihre Kleinwohnungssiedlung.
STADTPLAN 1880ER JAHRE.

Johannisstraße zum Pegnitzgrund fahren will, muß auch heute noch die Wohnhöfe umgehen und wird dann über die Krug- und Kirschgartenstraße bis zum Westbad im Pegnitzgrund gelangen. Die anderen Straßen in der Siedlung sind eher eng, und die Christoph-Weiß-Straße wurde sogar überbaut. Nur eine schmale Hausdurchfahrt dient dort dem Straßenverkehr. Normalerweise wird jemand, der nicht in die Siedlung will, die Straßen innerhalb der Siedlung auch nicht benutzen.

Die Wohnungen selbst waren entsprechend der damaligen wirtschaftlichen Verhältnisse modern ausgestattet. Alle Wohnungen hatten Loggia und Bad, waren jedoch nicht allzu geräumig. Meistens hatten die Wohnungen nur „drei Wohnräume einschließlich Küche“. Eine „Zweizimmerwohnung nebst Küche mit Austritt und Bad“ hatte 58 Quadratmeter Wohnfläche. Damals sprach man deshalb auch von der „Kleinwohnungssiedlung“ St. Johannis.

Blick über den Pegnitzgrund zur Siedlung und zur Kirche St. Michael.
FOTOGRAFIE UM 1927.

DIE ARCHITEKTUR DER SIEDLUNG – EINFACH, ABER BEHAGLICH

So modern sich die Gesamtanlage der Siedlung gab, so wenig avantgardistisch war die Architektur der Häuser und die Gestaltung der Hausfassaden: „Das Äußere der Bauten ist in rein sachlicher Weise unter Wahrung einer gewissen Behaglichkeit, die beim Wohnungsbau wohl kaum zu entbehren ist, mit größter Einfachheit durchgeführt", schrieb Baurat Konrad Sorg über seine Architektur.[4)] Trotz der wirtschaftlichen Not, die die „größte Einfachheit" vorgab, gestalteten Künstler kleine Figuren für die Treppendurchgänge und für die Hausdurchfahrt in der Christoph-Weiß-Straße einige Relieffiguren. An den Hausfassaden findet man ab und zu kleine Erker, die manchmal an mittelalterliche Chörlein erinnern. Auch über den Haustüren wurde bescheidener Fassadenschmuck angebracht. Schließlich gab es auch Wandmale-

Über den Treppendurchgängen wurden kleine Figuren als Bauschmuck angebracht.
FOTOGRAFIE UM 1927.

Die Wohnhöfe der Siedlung sind nach Süden ausgerichtet und nicht durch Autoverkehr oder Garagenanlagen belastet.
FOTOGRAFIE UM 1927.

reien beim Konsumladen an der Kirschgartenstraße Ecke Krugstraße, die Produktion und Handel darstellten. Kunst am Bau sollte angesichts der sonst sehr nüchternen, sparsamen und einfachen Architekturformen die für Sorg notwendige „Behaglichkeit" herstellen. Mehr Kunst am Bau und mehr Fassadenschmuck konnte und wollte man sich damals nicht leisten.

Dennoch konnte man in städteplanerischer und sozialpolitischer Hinsicht stolz auf die Kleinwohnungsanlage St. Johannis sein. An den Häuserblocks sind heute noch kleine Erinnerungstafeln mit dem Jahr der Erbauung, dem Namen des Architekten und ein Nürnberg-Wappen angebracht. Als 1927 ein großer Nürnberg-Band in der Buchreihe „Monografien deutscher Städte" erschien, widmete man der Siedlung eine ausführliche Beschreibung mit mehreren Bildern und Plänen.

Wandschmuck an den Säulen der Tordurchfahrt Christoph-Weiß-Straße.
FOTOGRAFIE 2000.

Das Kaufhaus Voitländer, Johannisstraße Ecke Wilhelm-Marx-Straße, bot Stoffe und Bekleidung an.
FOTOGRAFIE UM 1927.

Baustopp im Nationalsozialismus

In den wirtschaftlichen Krisenjahren vor 1933 kam es zur völligen Einstellung des Mietwohnungsbaues. Nach 1933 paßte der Bau städtischer Mietwohnungen nicht mehr in das ideologische Konzept der Nationalsozialisten, die nun auch in Nürnberg an den Schalthebeln der Macht saßen. Die wbg nutzte in dieser Zeit staatlich gewährte Darlehen, um Stadtrandsiedlungen mit großen Gärten für die Siedler anzulegen. Entsprechend der damaligen Vorstellungen sollte der deutsche Arbeiter möglichst heraus aus der Stadt mit ihren angeblich schädlichen Einflüssen und so stärker mit der deutschen Scholle in Verbindung gebracht werden.

Für die Siedlung in St. Johannis bedeutete dies zunächst einen Baustopp über mehrere Jahre, bis schließlich in den Jahren 1938 und 1939 der Restausbau der Wohnanlage erfolgte, da die Nationalsozialisten mit ihrer rückwärtsgewandten Siedlungsideologie die Wohnungsnot nicht beheben konnten. Allerdings folgten diese Häuser, die den westlichen Rand der Siedlung an der Gottlieb- und Krugstraße bilden, nicht mehr dem modernen städtebaulichen Konzept der zwanziger Jahre und zeigen auch in ihrem äußeren Erscheinungsbild eine Kehrtwendung zu überkommenen, damals als „deutsch" angesehenen Architekturformen. Zu Kriegsbeginn hatte die Siedlung etwa 1.100 Wohnungen, von denen nur ganze 72 im Nationalsozialismus gebaut worden waren.

Bombenschäden in der Siedlung

Der Bombenkrieg hinterließ auch in der wbg-Siedlung St. Johannis seine Spuren: Im Helenenhof und in der Helenenstraße, in der Wehefritzstraße und der Krugstraße wurden Häuser zum Teil vollständig zerstört. Insgesamt fielen dem Bombenkrieg 298 Wohnungen ganz oder teilweise zum Opfer, mehr als ein Viertel der ganzen Siedlung. Der Wiederaufbau erfolgte nach und nach bis 1956, so daß die Siedlung schließlich 1.145 Wohnungen und damit sogar einige mehr als bei ihrer Fertigstellung 1939 hatte. Dies lag daran, daß man angesichts der Wohnungsnot in den Nachkriegsjahren meist ein Stockwerk höher baute. Der Häuserblock an der Ecke Helenen- und Krugstraße des Architekten Günther Dittrich mit seinen fünf Stockwerken, den breiten Balkons an der Südseite und den Gestaltungen in Putz über den Hauseingängen ist ein typisches Beispiel für die Wohnungsbaukultur der fünfziger Jahre. Dies fiel auch dem Autor August Sieghardt auf, als er 1954 einen weit verbreiteten Nürnberg-Stadtführer schrieb: „Beachtung verdienen die modernen Wohnhausbauten der Gemeinnützigen Wohnungsbaugesellschaft der Stadt Nürnberg an der Krug-, Helenen- und

(Links) **Das Haus Kirschgartenstraße 33 wurde im Februar 1945 zerstört.**
Fotografie 1945.

Wiederaufbau des Hauses Helenenhof 5.
Fotografie 1952.

Wilhelm-Marx-Straße mit ihren Loggien und Sgraffitoschmuck, die innen sehr großzügig eingerichtet sind"[5].

Trotz der Hinzufügungen im Nationalsozialismus und in der Nachkriegszeit bietet die Kleinwohnungssiedlung St. Johannis heute das Bild einer typischen Mietwohnungssiedlung der Weimarer Republik. Wer durch die Siedlungsstraßen spaziert und sich die Autos wegdenkt, kann sich in die zwanziger Jahre zurückversetzt fühlen, als hier einfache Leute, Arbeiter, Postangestellte oder Witwen wohnten.

Alltagsleben in der Siedlung

Die Hausordung eines Mietvertrags, der 1929 unterschrieben wurde und noch heute gültig ist, gibt Einblicke in das Alltagsleben der Siedlung Ende der zwanziger Jahre. Die Benutzung von Waschhaus und Trockenboden spielt in der Hausordnung eine wichtige Rolle. Waschmaschinen gab es noch nicht und die Waschtage der einzelnen Mietparteien mußten koordiniert werden. „In der Regel darf eine Partei das Waschhaus und den Waschtrockenboden nicht länger als zwei Tage benützen, Ausnahmen hiervon bedürfen der

Über viele Jahre wohnten auch prominente Theaterleute wie der Intendant der Städtischen Bühnen in der Nachkriegszeit, Karl Pschigode, in der Siedlung, mehrere Schauspieler oder auch Stadträte der Weimarer Republik wie Hermann Schirmer von der KPD.

„St. Johannis ist ein Dorf" – dieser Eindruck von alteingesessenen Bewohnern der Siedlung spiegelt sich auch in der Beobachtung wider, daß es eine „katholische" und eine „evangelische" Straße gab. Während in der Nähe der katholischen Kirche St. Michael in der Wilhelm-Marx-Straße viele Katholiken wohnten, waren die Wohnungen der parallel im Süden verlaufenden Krugstraße eher von evangelischen Mietern belegt.

Der Neubau Ecke Krugstraße und Helenenstraße des Architekten Günther Dittrich brachte ein Stockwerk mehr als zuvor im Haus unter.

FOTOGRAFIE 1953.

Erlaubnis der Vermieterin." Auch die Entsorgung von Schmutzwasser („nur in den Küchenausguß") sowie die Lagerung von Brennholz und Kohlen waren genau geregelt. „Die Fußböden der Wohnung sind öfter und reichlich zu ölen. Das Öl ist vor Gebrauch warm zu machen." Schließlich war beispielsweise Gesang und Musizieren nur bei geschlossenem Fenster in der Zeit von sieben Uhr morgens bis zehn Uhr abends erlaubt. Miete wurde damals noch bar an den Hausverwalter entrichtet.

Langjährige Bewohner der Siedlung treten dem Klischee entgegen, die Kleinwohnungsanlage St. Johannis sei eine reine Arbeitersiedlung gewesen. Sie bezeichnen ihr Viertel als „gehobene Wohngegend". Dies war sicher auch Ziel der Wohnungsbaugesellschaft, die kein wie auch immer geartetes Ghetto entstehen lassen wollte. Manche Häuser wurden beispielsweise komplett an Postbeamte vermietet, die einen Beruf mit sicherem Einkommen hatten und eher dem kleinbürgerlichen Milieu als einer proletarischen Kultur zuzuordnen sind.

Die Renovierungsarbeiten an der Wiesentalstraße in den neunziger Jahren brachten für die Mieter u.a. größere Balkone.

FOTOGRAFIEN 1993 UND 1998.

Der „rote Sandberg“

Einen weiteren Hinweis auf das Alltagsleben in der Siedlung geben Wahlergebnisse in den Stimmbezirken Kirschgartenstraße und Helenenhof. Bei der Stadtratswahl 1929 lag die SPD in den beiden Stimmbezirken mit 687 Stimmen weit vor den Nationalsozialisten mit 222 Stimmen. Mit immerhin 148 Stimmen erreichte die katholische Bayerische Volkspartei den dritten Platz, 91 Stimmen entfielen auf die Kommunisten. Trotz des stabilen katholischen Milieus im Stadtteil und trotz des hohen Stimmanteils für die NSDAP unterstützte damit die Siedlung St. Johannis mit überwältigender Mehrheit die Arbeiterparteien, wobei die SPD allein mehr Stimmen hatte als alle anderen Parteien zusammen.

Dies begründete den Ruf als Arbeiterquartier am „roten Sandberg“. Der Name Sandberg hat mit einer lokalen Besonderheit zu tun, die beim Bau der Siedlung zusätzliche Kosten verursachte. Denn man stieß bei den Fundamentierungsarbeiten auf „ein förmliches Labyrinth unterirdischer Gänge (...). Die Gänge liefen in dem weichen Sandsteinfelsen wirr durcheinander, sie gingen bis zu sechs Meter Tiefe hinab, waren 1,50 bis zwei Meter hoch und fünfzig bis achtzig Zentimeter breit. Es stellte sich durch Nachforschungen heraus, daß diese Gänge die Bezugsquelle von weißem Silbersand waren, der in Franken heute noch zum Putzen und Bestreuen (zwecks leichterer Reinhaltung) von Gängen, Treppen, auch von Zimmern, wie zum Putzen von Eßbestecken usw. verwendet wird.“ [6] Die Sandbergstraße erinnert heute ebenso an den westlichen Teil von St. Johannis wie der dort ansässige Sandberg-Verlag, in dem dieses Stadtteilbuch erscheint.

Im Arbeiterquartier am Sandberg erschien zwischen 1930 und November 1933, also noch Monate nach der Machtübernahme der Nationalsozialisten, die Stadtteilzeitung „Roter Sandberg“

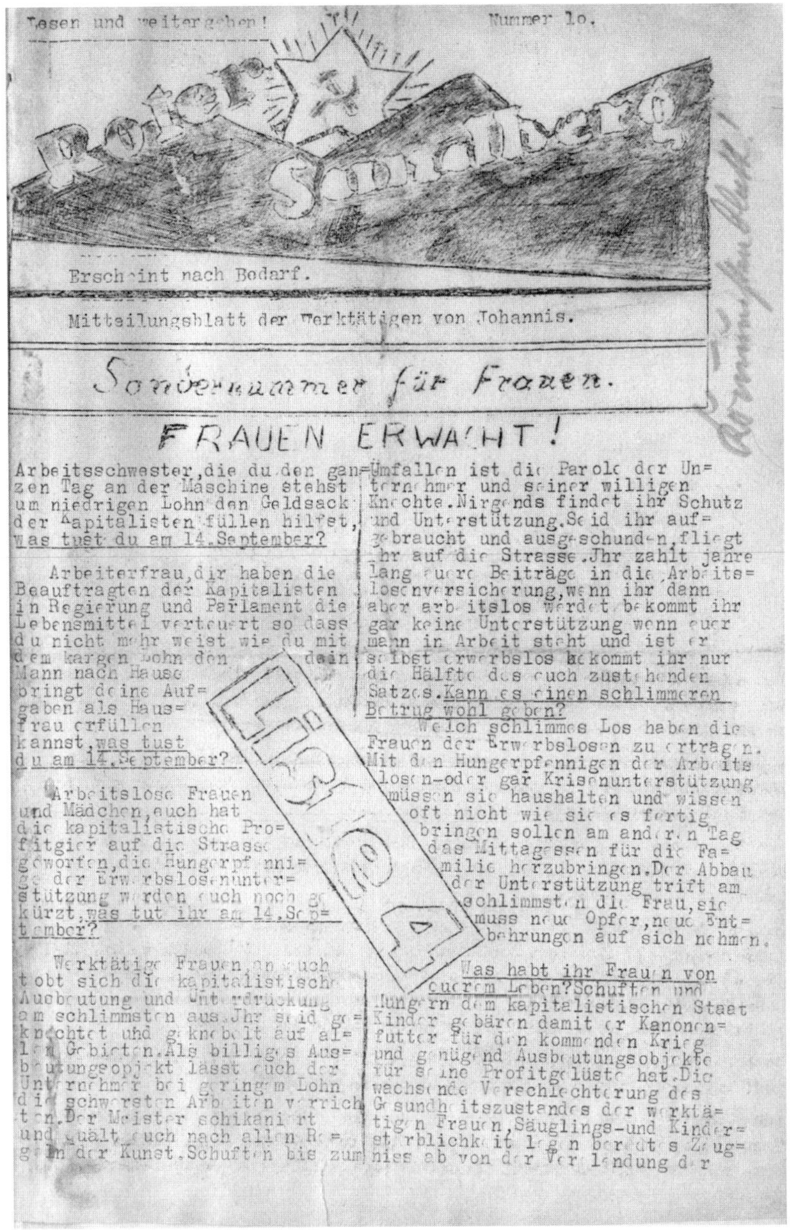

Lesen und weitergehen! Nummer 1o.

Roter Sandberg

Erscheint nach Bedarf.

Mitteilungsblatt der Werktätigen von Johannis.

Sondernummer für Frauen.

FRAUEN ERWACHT!

Arbeitsschwester, die du den ganzen Tag an der Maschine stehst um niedrigen Lohn den Geldsack der Kapitalisten füllen hilfst, was tust du am 14. September?

Arbeiterfrau, dir haben die Beauftragten der Kapitalisten in Regierung und Parlament die Lebensmittel verteuert so dass du nicht mehr weist wie du mit dem kargen Lohn den dein Mann nach Hause bringt deine Aufgaben als Hausfrau erfüllen kannst, was tust du am 14. September?

Arbeitslose Frauen und Mädchen, euch hat die kapitalistische Profitgier auf die Strasse geworfen, die Hungerpfennige der Erwerbslosenunterstützung werden euch noch gekürzt, was tut ihr am 14. September?

Werktätige Frauen, an euch tobt sich die kapitalistische Ausbeutung und Unterdrückung am schlimmsten aus. Ihr seid geknechtet und geknebelt auf allen Gebieten. Als billiges Ausbeutungsobjekt lässt euch der Unternehmer bei geringem Lohn die schwersten Arbeiten verrichten. Der Meister schikaniert und quält euch nach allen Regeln der Kunst. Schuften bis zum

Umfallen ist die Parole der Unternehmer und seiner willigen Knechte. Nirgends findet ihr Schutz und Unterstützung. Seid ihr aufgebraucht und ausgeschunden, fliegt ihr auf die Strasse. Ihr zahlt jahrelang euere Beiträge in die Arbeitslosenversicherung, wenn ihr dann aber arbeitslos werdet, bekommt ihr gar keine Unterstützung wenn euer Mann in Arbeit steht und ist er selbst erwerbslos bekommt ihr nur die Hälfte des euch zustehenden Satzes. Kann es einen schlimmeren Betrug wohl geben?

Welch schlimmes Los haben die Frauen der Erwerbslosen zu ertragen. Mit den Hungerpfennigen der Arbeitslosen- oder gar Krisenunterstützung müssen sie haushalten und wissen oft nicht wie sie es fertig bringen sollen am anderen Tag das Mittagessen für die Familie herzubringen. Der Abbau der Unterstützung trifft am schlimmsten die Frau, sie muss neue Opfer, neue Entbehrungen auf sich nehmen.

Was habt ihr Frauen von euerem Leben? Schuften und Hungern dem kapitalistischen Staat Kinder gebären damit er Kanonenfutter für den kommenden Krieg und genügend Ausbeutungsobjekte für seine Profitgelüste hat. Die wachsende Verschlechterung des Gesundheitszustandes der werktätigen Frauen, Säuglings- und Kindersterblichkeit legen beredtes Zeugniss ab von der Verelendung der

Liste 4

Die Stadtteilzeitung „Roter Sandberg“ warb von 1930 bis Ende 1933 für die Ziele der KPD. Das einzige erhaltene und hier erstmals veröffentlichte Exemplar der Zeitung aus dem Jahr 1930 fand sich in der Pfarrchronik St. Michael und richtete sich an die Arbeiterinnen.

als „Mitteilungsblatt der Werktätigen von Johannis“. Bisher war kein vollständiges Exemplar der KPD-Zeitung bekannt, die vor allem wegen des Organisationsgeschickes des Kommunisten Fritz Peter erscheinen konnte. Auch in den Gerichtsurteilen der NS-Zeit gegen Verteiler dieses Blattes sind nur Bruchstücke der Zeitung überliefert. Ein frühes Exemplar aus dem Jahr 1930 hat sich jedoch in der Pfarrchronik der Gemeinde St. Michael erhalten, das der Chronist erbost mit dem Wort „Kommunistenblatt“ beschrieb. Diese Nummer 10 des Blattes beschäftigt sich als „Sondernummer für Frauen“ mit der Situation von Arbeiterinnen im Kapitalismus aus Sicht der KPD: „Was habt ihr Frauen von euerem Leben? Schuften und Hungern, dem Kapitalismus Kinder gebären damit er Kanonenfutter für den kommenden Krieg und genügend Ausbeutungsobjekte für seine Profitgelüste hat.“ Die KPD forderte zur Wahl der Liste 4 auf und gab den „Arbeitsschwestern“ die Losung: „unbändiger Hass und Ekel dieser Gesellschaft, die den werktätigen Frauen die Lebensmöglichkeiten abschnürt.“

Die Sprache des Flugblatts läßt einiges von Gegensätzen und Notlagen in den Krisenjahren der Weimarer Republik deutlich werden, die auch das Arbeitermilieu in der Kleinwohnungsanlage St. Johannis spaltete, einen Teil der Menschen in die Arme der NSDAP trieb, während andere für die KPD kämpften, der SPD oder der katholischen Bayerischen Volkspartei die Treue hielten. Im Helenenhof und den anderen Straßen der Umgegend wohnten die verschiedenen Lager Tür an Tür. Bereits am 5. April 1933 sollte eine großangelegte Razzia in der Siedlung dem Widerstand aus der Arbeiterschaft ein Ende machen. Dabei wurden zwölf Personen verhaftet, das weitere Erscheinen des Blattes wurde so jedoch nicht verhindert. Die Titelblattgestaltung der Stadtteilzeitung brachte eine Vision zum Ausdruck: Über der zackig stilisierten Bergsilhouette des roten Sandbergs geht ein

Die alten Gänge zur Gewinnung von Putz- und Scheuersand brachten Probleme bei den Fundamentierungsarbeiten für die Siedlung.
FOTOGRAFIEN JULI 1925.

(Links) Das Wohnquartier im Westen von St. Johannis bestand nicht nur aus der wbg-Siedlung. In den umliegenden Straßen mit ihrer meist älteren Bebauung wohnten viele Arbeiterfamilien, wie hier in der Julienstraße 23.
POSTKARTE UM 1900.

roter Stern mit Hammer und Sichel auf. Ein derartiger Sieg war für die Kommunisten aber selbst im Arbeiterquartier des roten Sandbergs weit jenseits der realen Möglichkeiten.

Geblieben ist in St. Johannis jedoch ein bemerkenswertes Bauensemble aus der Zeit der Weimarer Republik, das die Erfolge demokratischer Stadtpolitik widerspiegelt und die damaligen Visionen sozialen und hygienischen Wohnens zeigt. So gehört das Gebiet mit der wenig bedeutungsvoll klingenden Bezeichnung „Sandberg" zu den Sehenswürdigkeiten von St. Johannis.

A.S.

1894 eröffnete der „Lutherische Hilfsverein für weibliche Diakonie“ unter Vorsitz von Stadtpfarrer Heinlein in der heutigen Heimerichstraße 58 eine Pflege- und Krippenanstalt („Wetzendorfer Krippe“). In dem Kinder- und Jugendheim konnten 150-200 Pfleglinge aufgenommen werden; betrieben wurde die Einrichtung von Neuendettelsauer Diakonissen. Mit Beginn des Zweiten Weltkrieges wurden die Kinder nach Schillingsfürst evakuiert und stattdessen russische Kriegsgefangene einquartiert. Nach dem Krieg bezogen städtische Dienststellen wie das Fürsorge- oder das Jugendamt das Haus, heute ist es Teil des Klinikums Nürnberg Nord.
FOTOGRAFIE 1996.

Kinder der Pflege- und Krippenanstalt mit einer Neuendettelsauer Diakonisse.
FOTOGRAFIE 1905.

Wohnhaus Lange Zeile 16.
BILDPOSTKARTE 1912.

1910 wurde die Gaststätte Orpheum an der Ecke Burgschmietstraße und Johannisstraße zum ersten Kino außerhalb der Altstadt umgestaltet. 1943 wurde das Haus durch einen Bombenangriff völlig zerstört. Nach dem Krieg wurde das „Orphala" als reines Kino mit fast 600 Plätzen wiederaufgebaut. 1963 fiel es dem allgemeinen Kinosterben zum Opfer. Heute beherbergt das Gebäude einen Supermarkt.
POSTKARTE 1899.

Die „Restauration zur goldenen Linde" in der Lindengasse 22 bot unter ihrem Besitzer Anton Obermeyer „zu jeder Tageszeit kalte und warme Speisen". Noch heute ist die Gaststätte ein beliebtes Lokal. Der derzeitige Besitzer eröffnete um 1970 hier eine der ersten griechischen Gaststätten in Nürnberg.
BILDPOSTKARTE 1912.

Von den Anwesen Johannisstraße 13 bis 21 hat sich nur das Haus Johannisstraße 13 (vorne links) erhalten.
FOTOGRAFIE 1912.

(Links)
Johannisstraße 31-33.
FOTOGRAFIE 1927.

(Rechts)
Auf dem Grundstück des Rohlederersgartens am Kirchenweg entstand zwischen 1928 und 1930 die Frauen- und Säuglingsklinik. Links oben ist die Direktorenvilla des Städtischen Krankenhauses zu erkennen.
FOTOGRAFIE 1928.

Siedlungsbau nach 1945. Die 1956 im Nordwesten von St. Johannis angelegte Siedlung Hufelandstraße (oben) war laut Geschäftsbericht der wbg „sichtbarer Ausdruck für das Bestreben des Unternehmens, vorbildliche Wohnsiedlungen zu schaffen." Man erhoffte sich dadurch wertvolle Erfahrungen für das Großprojekt Nürnberg-Langwasser.
FOTOGRAFIE UM 1960.

Auch die Mietwohnungsblöcke für Krankenhausbedienstete in der Juvenellstraße wurden 1974 von der wbg errichtet. FOTOGRAFIE 1975.

6
62

Schule in St. Johannis

Schulbaracken und Behelfsrathaus

1904 errichtete die Stadt Nürnberg an der Schnieglinger Straße neben dem alten Neuwetzendorfer Schulhaus (links) einen neuen „Schulpalast".
POSTKARTE 1920ER JAHRE.

Jahrhundertelang gab es in St. Johannis kein eigenes Schulhaus, die wenigen Kinder waren auf die Schulen in der Sebalder Altstadt angewiesen. Selbst in der Zeit als eigene politische Gemeinde zwischen 1808 und 1825 war St. Johannis anfangs die einzige Gemeinde in der ganzen Umgebung, die über kein einziges Gebäude zum Schulunterricht verfügte. Statt dessen hielten zwei angestellte Lehrer für die inzwischen etwa 200 schulpflichtigen Kinder den Unterricht im Sebastianspital oder in angemieteten Räumen in Privatwohnungen.

Erst im Jahre 1818 konnte endlich ein neues Schulgebäude an der Johannisstraße gegenüber dem Steinschreiberhaus eingeweiht werden. Die Eröffnungsrede für den schmucklosen zweistöckigen Sandsteinbau mit zwei Klassenzimmern und zwei Lehrerwohnungen hielt der Pfarrer und „Lokalschul-Inspektor" Carl Friedrich Michahelles. Mit dem zunehmenden Bevölkerungswachstum platzte auch die um eine Baracke erweiterte Schule schon bald aus allen Nähten. Abhilfe schuf erst das 1881 errichtete neue Schulhaus an der Adam-Kraft-Straße 2, das bereits 1897/98 und wiederum 1902 erweitert werden mußte. Seit den zwanziger Jahren nutzten Berufsfortbildungsschüler einen Teil des Gebäudes, für deren Unterricht ein Teil der Räume umfassend neugestaltet wurde. Gegenüber wurde in der Langen Zeile 31 ein eigenes Schulwerkstättengebäude errichtet. Die neuen Räume standen Schülern des schmückenden und Bekleidungsgewerbes zur Verfügung, ein großer Saal der Malertagesschule.

Über ein eigenes Schulhaus verfügte seit 1883 der hauptsächlich von Arbeiterfamilien bewohnte Ortsteil Neuwetzendorf – westlich der Linie Sandbergstraße-Poppenreuther Straße. Zur Eröffnung der Schule, die ohne größere Feierlichkeiten stattfand, „verabreichte die Gemeindeverwaltung [Wetzendorf] jedem Neuwetzendorfer Kinde zwei Bratwürste mit Brot". Das schnelle Bevölkerungswachstum zwang die Gemeinde bereits ein Jahr später, das Haus aufzustocken und kurz darauf zwei Schulbaracken aufzustellen. Als 1899 Neuwetzendorf nach Nürnberg eingemeindet wurde und damit zu St. Johannis kam, errichtete die Stadt 1904 angrenzend an das alte Schulhaus einen der vielen im Kaiserreich entstehenden „Schulpaläste". Das repräsentative Gebäude, dessen Architektur deutliche Jugendstilelemente aufweist, ver-

(Links) Pflasterarbeiten in der Johannisstraße in Höhe Kirchenweg. Das kleine Sandsteingebäude in der Johannisstraße 60 mit der angebauten Baracke hinter der Straßenbahn war das erste Schulhaus des Stadtteils.
FOTOGRAFIE 1913.

Schulklasse des Jahrgangs 1900 mit 55 Mädchen im Schulhaus Schnieglinger Straße.

FOTOGRAFIE 1900.

fügte über 36 Klassenzimmer und löste die bis dahin herrschende Schulraumnot, die zu Schulklassenstärken von über 50 Schülern geführt hatte.

Gegen Ende des Zweiten Weltkrieges mußte das Schulhaus geräumt werden, und eine Abteilung des Volkssturms wurde einquartiert. Nach Kriegsende zogen amerikanische Truppen ein. Im Oktober 1945 konnte der Unterricht in oftmals fensterlosen und ungeheizten Räumen begonnen werden, wenn auch anfangs nur für eine Stunde täglich. In den fünfziger Jahren und zuletzt 1986 wurde das Schulgebäude grundlegend renoviert.

Der dritte große Schulhausneubau in St. Johannis entstand 1913/1914 am Bielingplatz. Neben dem Schulhaus Sperberstraße war es der letzte große repräsentative Neubau vor dem Ersten Weltkrieg. Trotz der gewaltigen Dimensionen des Gebäudes mit 56 Räumen für 1.800 Schüler herrschte auch an dieser Schule bald wieder Raummangel, und es wurden im Schulhof zwei Baracken mit je vier Klassenzimmern errichtet. Im Zweiten Weltkrieg entging das Gebäude als einziges großes Schulgebäude der Zerstörung und wurde daher von 1945 bis 1954 statt des zerstör-

ten Rathauses als Behelfsrathaus genutzt. Als Sitzungssaal für den Stadtrat diente die obere Turnhalle, in der auch die entscheidenden Sitzungen zum Wiederaufbau stattfanden. In der unteren Turnhalle fanden eine Reihe von Spruchkammerverhandlungen, unter anderem gegen den ersten Vizekanzler der NS Regierung Franz von Papen, statt.

Vorübergehend war auch die Bundesanstalt für Arbeitsvermittlung im Schulgebäude untergebracht. Nach deren Auszug 1953 konnte im Westtrakt wieder Unterricht gehalten werden. 1954 erfolgte schließlich die Freigabe des ganzen Gebäudes.

Heute nutzen die Peter-Vischer-Realschule und das gleichnamige Gymnasium das Schulhaus. Der seit Anfang der 1980er Jahre ebenfalls im Schulhaus ansässige städtische Kulturladen „Vischers Culturia“ bietet nicht nur ein Schülercafé, sondern ist mit seinem Kursangebot und dem Senioren-Erzählcafé auch eine Stadtteilbegegnungsstätte.

Schulklasse des Jahrgangs 1913 im Schulhaus Schnieglinger Straße.
FOTOGRAFIE 1913.

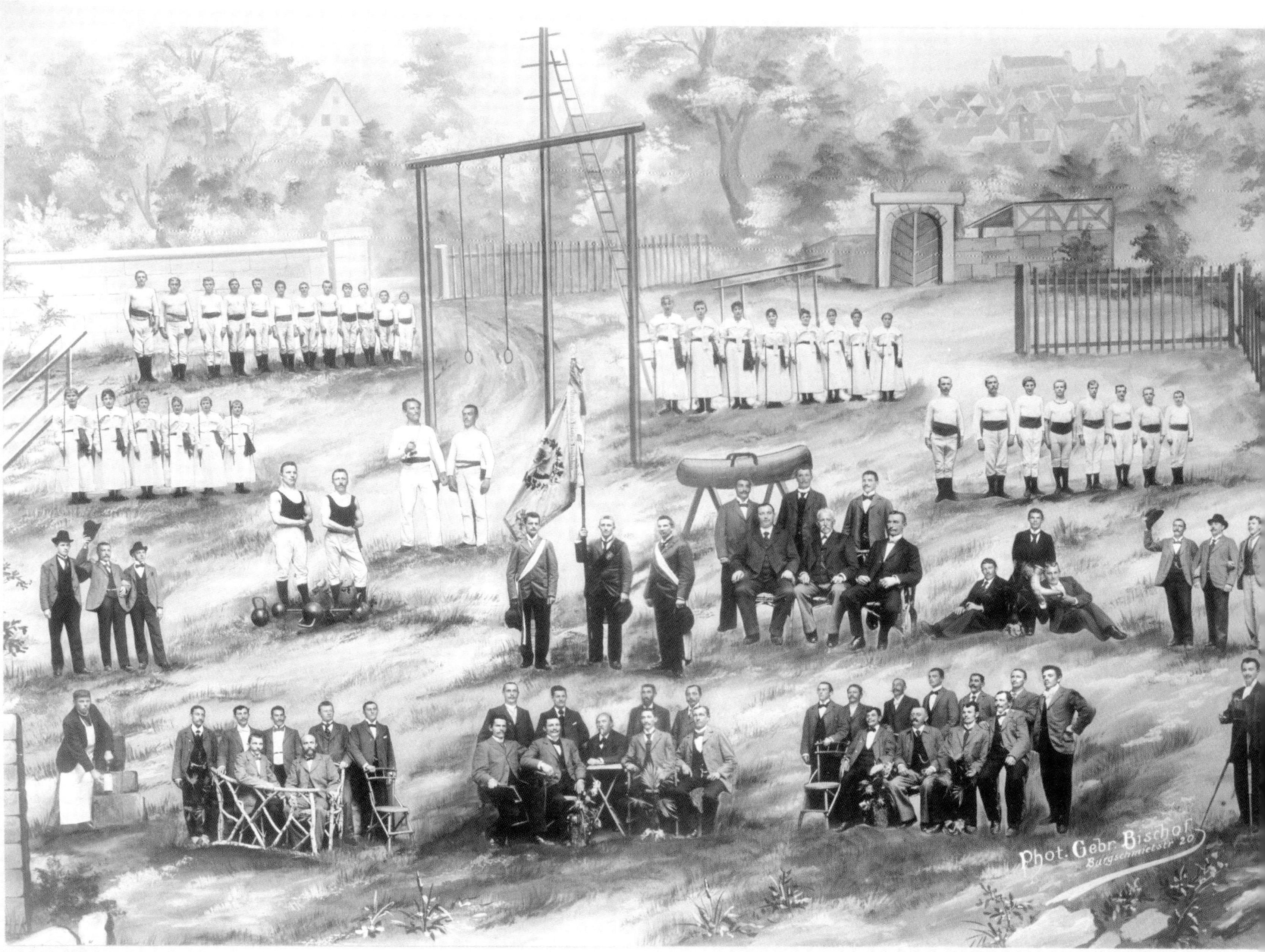

1883 Gegründet Turnverein St. Johannis 1899 Enthüllt

Vereine in St. Johannis

Vorstadtverein, Arbeiterturner und Athletenclub

Sportler und Sportlerinnen des Turnvereins St. Johannis in einer der für diese Zwecke sehr beliebten Fotomontagen, 1899.

Die ersten „modernen" Vereine gründeten sich in Nürnberg im späten 18. und frühen 19. Jahrhundert als bürgerliche Zusammenschlüsse, denen die Arbeiterschaft gegen Ende des 19. Jahrhunderts eigene Arbeitervereine entgegensetzte. In den Nürnberger Stadtteilen, deren Keimzellen ehemalige Dörfer waren, wuchs das Vereinsleben zudem oft aus dörflichen oder bäuerlichen Wurzeln. In St. Johannis hingegen fanden sich die ersten Vereine erst relativ spät, mit der zunehmenden Bebauung der ehemaligen Gartengrundstücke, zusammen.

Den Anfang machte der noch in den 1870er Jahren gegründete Vorstadt-Verein St. Johannis. Zu einem regelrechten Vereins-Gründungsboom kam es in den beiden folgenden Jahrzehnten. Stadtteilbewohner gründeten den ersten Nürnberger Ruderverein (1880), mehrere bürgerliche und Arbeiter- Turn- und Sportvereine (1880er Jahre), einen Radfahrerclub (1890), einen bürgerlichen Gesangverein (1890) und den Arbeitergesangverein „Vorwärts Neuwetzendorf" (1894) sowie einen Veteranen- und Kriegerverein (1895).

Der Bürgerverein St. Johannis-Schniegling-Wetzendorf

Der älteste noch bestehende Verein im Stadtteil ist der als Vorstadt-Verein St. Johannis gegründete heutige Bürgerverein St. Johannis-Schniegling-Wetzendorf. Er fand sich im Januar 1874 im Kaffeegarten an der Hallerwiese zusammen und ist damit der älteste Nürnberger Bürgerverein überhaupt. Die 78 Personen, die in der ersten Mitgliederliste auftauchen, stammten zumeist aus dem gehobenen Bürgertum. Viele von ihnen waren Haus- und Grundstücksbesitzer oder Fabrikanten wie Wilhelm Heinrichsen. Einer der Initiatoren war der Nachtlichtefabrikant Gottlob Glafey, der auch das Amt des ersten Vorsitzenden übernahm.

Anlaß für die Vereinsgründung war eine vom Stadtmagistrat geplante Erweiterung des Johannisfriedhofs sowie der schlechte Zustand der Straßen und der Kanalisation im Stadtteil. Besonders die Friedhofserweiterung wurde von vielen Bewohnern aus St. Johannis abgelehnt, da damit „wertvolles Bauland" vernichtet würde und sie auch aus „hygienischen Gründen" dagegen waren. Mit der Entscheidung für den Bau eines neuen „Centralfriedhofs", des heutigen Westfriedhofs, im Jahre 1875 erübrigte sich jedoch der Protest der Johan-

Der Nachtlichtefabrikant Gottlob Glafey war einer der Gründer des Vorstadt-Vereins St. Johannis.
Fotografie 1890er Jahre.

Eintrittskarte zu einem der beliebten Sommerfeste des Vorstadtvereins im Biergarten des Löwenbräu-Kellers auf dem heutigen Schöller-Gelände an der Bucher Straße Ecke Nordwestring.

niser Bürger. Dennoch gewann der Verein in den nächsten Jahren viele neue Mitglieder: 1882 waren es 192 (der damals etwa 3.300 Einwohner zählenden Vorstadt) und 1909 bereits 334.

Da der neue Verein sich laut Paragraph 1 der Statuten „gemeindlichen Angelegenheiten“ widmete, erklärte der Magistrat ihn für „politisch“ und ermöglichte damit eine Überwachung seiner Tätigkeit durch die Vereinspolizei. Die erhalten gebliebene Polizeiakte ermöglicht auch heute noch, die Vereinsgeschichte – trotz des Verlustes aller Unterlagen im Zweiten Weltkrieg – nachzuvollziehen.

Seit 1876 schrieb der Bürgerverein auch offiziell die „Förderung der Zusammengehörigkeit der Bewohner der Vorstadt St. Johannis durch gesellige Zusammenkünfte“ auf seine Fahnen. Fortan fanden jährlich „große Concerte“ im Hofmannsgarten, Bockpartien im Rohlederersgarten, musikalische Abendunterhaltungen im Kaffeegarten und Faschingsvergnügen in der Rosenau statt.

In den ersten Jahrzehnten seines Bestehens war der Vorstadtverein sehr rührig. So bemühte sich der Bürgerverein 1880 um einen Notsteg bei der Großweidenmühle, nachdem ein Hochwasser den Steg weggerissen und einige Monate lang nur eine Fähre den Verkehr notdürftig regelte. Die „Brückenfrage“, das heißt die Verbindung zum benachbarten Stadtteil Gostenhof, blieb jedoch bis zur Errichtung der Johannisbrücke Anfang der 1890er Jahre aktuell. 1881 erreichte der Verein eine Neupflasterung der Johannisstraße und die lange geforderte Beseitigung eines stinkenden offenen Wassergrabens entlang der Kreuzwegstationen, volkstümlich „Bach Kidron“ genannt.

In den 1890er Jahren standen die Bemühungen um eine Straßen- oder Pferdebahn für den Stadtteil und die Frage des damals heiß diskutierten Burgbergtunnels, dessen „Verwirklichung (man) in nicht zu großer Ferne erhoffte“, im Mittelpunkt der Vereinsarbeit. Neben Eingaben gegen die Uttendörfersche Sprengstoffabrik, durch die man sich bedroht fühlte, stand 1902 wiederum der Kampf gegen eine Erweiterung des Johannisfriedhofes auf der Tagesordnung. Der Jahresbericht 1902 vermerkte hierzu: „Dabei bleibt es dem Laien wohl für immer unverständlich, wie man statt einer Schließung die Vergrößerung eines inmitten einer Großstadt liegenden Leichenfeldes vom sanitären Standpunkte aus begutachten kann!“[1] Der Protest blieb erfolglos: Nach dem Abbruch der Gebäude des wenige Jahre vorher aufgelassenen Johannisbauernhofes erstreckte sich nun das Friedhofsareal bis an die Brückenstraße.

1907 machte sich der Vorstadtverein mit einer Denkschrift für den Bau des projektierten Justizpalastes in St. Johannis auf einem Grundstück zwischen Johannisstraße und Adam-Kraft-Straße stark, der auch vom zuständigen Ministerium favorisiert wurde. Dagegen stand eine starke Opposition, deren Meinung am deutlichsten die „Nordbayerische Volkszeitung“ formulierte: „Dieses Projekt kann doch wohl nicht ernst genommen werden, denn St. Johannis mit seinen beiden großen Friedhöfen, dem Centralkrankenhaus, der Latrinenreinigungszentrale, der Desinfektionsanstalt und verschiedentlichen mittleren und kleineren Fabriken (...) ist (...) wahrlich nicht der Stadtteil, der

„Zur Erinnerung an das süddeutsche Arbeiterturnerfest 1912".
Turner und Turnerinnen des St. Johannis 1883.
FOTOGRAFIE 1912.

Anspruch auf ein von der Gesamtbevölkerung und den per Bahn zugereisten Interessenten lebhaft frequentiertes Staatsgebäude erheben könnte."[2] Die Entscheidung fiel schließlich zuungunsten von St. Johannis auf ein weitläufiges Grundstück zwischen Zellengefängnis und Fürther Straße.

In den folgenden Jahrzehnten verlief die Arbeit des Bürgervereins in ruhigen Bahnen, gesellige Veranstaltungen standen im Vordergrund. Im Nationalsozialismus bestand der Verein zunächst mit stark eingeschränkter Tätigkeit fort, bis er sie 1941 völlig einstellte. 1947 kam es zu einem Wiederbeginn als Arbeitsgemeinschaft, einige Jahre später schloß sich der „Vorstadtverein Nürnberg Nordwest", in dem sich Schniegling-Doos und Wetzendorf zusammengefunden hatten, als Gruppe dem Vorstadtverein St. Johannis an. Von 1955 bis 1971 erschien als eigene Vereinspublikation „Nürnberg westlich der alten Kaiserburg. Mitteilungsblatt des Vorstadtvereins St. Johannis – Schniegling – Wetzendorf und Kriegsopfersiedlung".

Nach einigen Jahren Stagnation übernahm 1975 der junge CSU-Stadtrat Roland Cantzler den Vorsitz, den er inzwischen seit 25 Jahren innehat. Seit 1977 erscheint wieder zweimal jährlich ein Informationsblatt. Es weist nicht nur auf die neuesten Bau- und Verkehrsplanungen hin oder will mit historische Beiträgen die Beziehung der Johanniser zu ihrem Stadtteil stärken, sondern kämpfte im Laufe der Jahre um die Verwirklichung einer Reihe von Projekten. Ende der 1970er Jahre gelang es dem Bürgerverein nicht, eine Erweiterung des Johannisfriedhofes durchzusetzen, die durch den Abriß der aufgelassenen Desinfektionsanstalt möglich geworden wäre. Statt dessen wurde das Gebäude zu einer Stadtteilbegegnungsstätte umgebaut. Größter Erfolg des Bürgervereins war die Rekonstruktion dreier Hesperidengärten zwischen Johannisstraße und Riesenschritt, die er mit größter Hartnäckigkeit gegen zeitweilige politische Widerstände durchsetzte. Mit der Anknüpfung an die alte Gartenkultur, die den Vorort jahrhundertlang prägte, gelang es, ein weiteres kulturelles Highlight im Stadtteil zu schaffen. Darüber hinaus machte sich der Verein verdient um die Vermittlung der kulturgeschichtlichen Bedeutung des Johannisfriedhofes, aber auch um die Sanierung und Reno-

Vereinsheim und Gaststätte des Turn- und Sportvereins St. Johannis 1883 am Zeisigweg.
Postkarte 1950er Jahre.

(Rechts) Seit vielen Jahren ist die Ringermannschaft der Sportvereinigung St. Johannis 07 in der 1. bzw. 2. Bundesliga erfolgreich.
Fotografie 1999.

vierung für den Stadtteil charakteristischer historischer Gebäude wie der Gartenhäuser aus der Barockzeit oder des ehemaligen Sebastianspitals, die er über Jahre hinweg immer wieder anmahnte.

Der Turn- und Sportverein St. Johannis 1883

Der älteste noch bestehende Sportverein im Stadtteil ist der 1883 gegründete Turnverein St. Johannis, dessen Sportgelände allerdings seit den 1920er Jahren außerhalb der Stadtteilgrenzen in der Gemarkung Wetzendorf liegt. Er ist heute vorrangig im Breitensport aktiv und bietet Sportmöglichkeiten in den Abteilungen Fußball, Handball, Faustball, Volleyball, Gymnastik, Kinder- und Jedermannturnen, Tennis und Wintersport.

Der ursprünglich stark von der Arbeiterschaft geprägte Verein trat 1894 aus der bürgerlich und patriotisch geprägten Deutschen Turnerschaft aus und schloß sich mit sieben weiteren Nürnberger Vereinen dem damals neugegründeten Arbeiter-Turn- und Sportbund an. Im gleichen Jahr gründeten diese den „Arbeiterturngau Nürnberg", dem sie mit 700 Mitgliedern beitraten. Bereits im September wurde in St. Johannis deren erstes Gaufest mit einem Wetturnen, Konzert und Ball gefeiert. 1895 nannte sich der Verein folgerichtig in Arbeiter Turn- und Sportverein St. Johannis Nürnberg um. Als dann auch noch die 1891 im Stadtteil gegründete Turngemeinde dem Arbeiterturngau beitrat, bestanden kurzzeitig bis zu ihrem Zusammenschluß 1898 zwei Arbeiterturnvereine in St. Johannis nebeneinander. Anfang des 20. Jahrhunderts schlossen sich mit den Turnverein Neuwetzendorf und dem FC Hermania zwei weitere Vereine an.

Wie bei vielen Vereinen um die Jahrhundertwende waren ständige Sportplatzwechsel an der Tagesordnung, da vorhandene Freiflächen in rasantem Tempo städtisch überbaut wurden. Erst 1920 konnte der Verein ein eigenes Sportgelände am Zeisigweg erwerben und ein Jahr später in Betrieb nehmen, während die Turner weiterhin im Schulhaus Schnieglinger Straße trainierten. Als Besonderheit verfügt der Turn- und Sportverein über eine eigene Kleingartenanlage, die das Vereinsgelände umgibt. Die frühen zwanziger Jahre markierten mit einer Mitgliederzahl von über 1.000 einen ersten Höhepunkt in der Vereinsgeschichte. Nach der Teilnahme an den Arbeiter-Olympiaden in Frankfurt und Wien gehörte der Verein 1929 zu den Ausrichtern des Zweiten Deutschen Arbeiter- Turn- und Sportfestes in Nürnberg, das vom 18. bis 21.

Juli mit fast 50.000 Teilnehmern im Städtischen Stadion stattfand.

Als Arbeitersportverein erlitt er 1933 das Verbot durch die Nationalsozialisten, bereits ein Jahr später gelang jedoch die Neuzulassung unter Weglassung der Bezeichnung „Arbeiter". In die Nachkriegszeit fallen neben dem drastischen Rückgang der Turninteressierten auch die größten Erfolge der Fußballmannschaft, die 1963/64 bis in die Bayernliga aufsteigen konnte.

Nach einer erheblichen Erweiterung des Vereinsgeländes Ende der siebziger Jahre konzentrierte sich der Verein auf den Breitensport.

Die Sportvereinigung St. Johannis 07

Neben Turn- und Radfahrvereinen waren „Stemm-, Ring- und Athletenclubs" die dritte große Gruppe unter den Sportvereinen an der Wende vom 19. zum 20. Jahrhundert. 1906 schlossen sich daher auch in St. Johannis junge Männer unter der Bezeichnung „Athletenclub Saxon" nach dem Vorbild der internationalen Berufsringer zusammen. Ein Jahr später gliederten sie sich dem Arbeiter-Athletenbund an.

Nach einer Unterbrechung der Vereinstätigkeit im Ersten Weltkrieg kam es in den zwanziger Jahren zu steigenden Mitgliederzahlen und deutlichen Leistungsverbesserungen im Ringen und Gewichtheben. Bereits 1922 war es zum Zusammenschluß mit dem früheren Stemmverein „Achilles" gekommen. Ab 1928/29 ermöglichte eine eigene Sporthalle die Ausübung zusätzlicher Sportarten wie Boxen und Artistik.

1933 wurde der Verein von den Nationalsozialisten verboten und enteignet. Erst im Januar 1946 kam es zur Wiedergründung unter Übernahme der Statuten von 1907. Nachdem in den siebziger Jahren das alte Vereinsgelände mit Ringerhalle an der Vogelherdstraße wegen Neubaumaßnahmen abgetreten werden mußte, konnte 1982 am Zeisigweg 70 in Nachbarschaft zum Turn- und Sportverein Johannis 1883 das neue Sportzentrum eröffnet werden, das einen deutlichen Aufschwung des Sportbetriebs ermöglichte.

In den achtziger Jahren stellten sich dann zunehmend sportliche Erfolge ein: 1984 holte Pasquale Passarelli nach zwei deutschen Meisterschaften eine Goldmedaille bei den Olympischen Spielen in Los Angeles und errang damit den größten Erfolg in der Vereinsgeschichte. Die Erste Ringermannschaft stieg in die höchste deutsche Ringerliga auf, die Nachwuchsringer wurden deutsche Jugendmeister und Bernhard Rieger 1990 Deutscher Meister im griechisch-römischen Stil.

Der 600 Mitglieder zählende Verein bietet heute neben seiner Domäne Ringen weitere Sportmöglichkeiten in den Abteilungen Taekwondo, Fitness und Gymnastik, Kinderturnen sowie Skigymnastik und Kegeln. *B. W.*

Emil Dauernheim, Erster Vorsitzender nach der Neugründung der Sportvereinigung St. Johannis 07 im Jahre 1946.

Fotografie 1950er Jahre.

Die Pegnitz

Mühlen, Hochwasser und Renaturierung

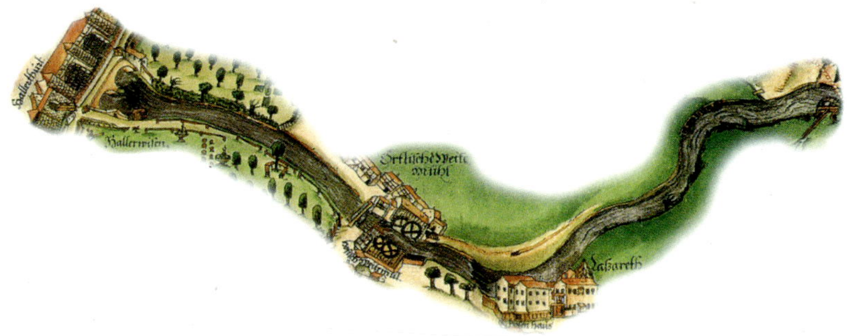

Die Pegnitz in St. Johannis. Ausschnitt aus dem Pfinzing-Plan.

(Links) „Der letzte Nürnberger Eisenhammer" auf der Großweidenmühle. Jahrhundertelang bestimmten Mühlräder das Bild der Pegnitz in Nürnberg und seinen Vororten. Romantisierendes Aquarell von Matthäus Christoph Hartmann (1791-1850) aus dem Jahr 1839.

Der Stadtteil St. Johannis steht seit Anbeginn in enger Verbindung mit dem ihn nach Süden begrenzenden Fluß, der Pegnitz. Bereits im Mittelalter wurden entlang des Ufers einige Mühl-, Mahl-, Polier-, Schleif- und Hammerwerke errichtet, welche zum Teil ihre Funktion bis ins letzte Jahrhundert behielten. Seit dieser Zeit nutzte man die Pegnitz auch zur Entsorgung von flüssigen Abfällen. Laut eines Beschlusses des Nürnberger Rates war es hingegen untersagt, sich der festen Stoffe über das Gewässer zu entledigen.

Bis ins 20. Jahrhundert hinein bedrohte die Pegnitz die angrenzende Bebauung auch immer wieder mit Hochwasser. Aber auch die flußnahe Erhohlung bei angenehm kühler Luft spielte sehr früh schon eine Rolle. Während im 15. Jahrhundert die Hallerwiese als eine stadtnahe Erholungsfläche entstand, hat sich mittlerweile das gesamte Pegnitztal westlich der Stadtmauern bis nach Fürth zum Ausgleichsterrain für die streßgeplagte Bevölkerung von St. Johannis und der Altstadt entwickelt.

Entlang der Großweidenmühlstraße, zwischen Brückenstraße und Hallerwiese entstand in den letzten Jahren ein völlig umgestaltetes Wohnviertel, welches aufgrund seiner zentralen Lage zur Altstadt, sowie der interessanten und mutigen Architektur, aber gerade auch wegen des Ausblickes auf das Tal und der Nähe zum Fluß mittlerweile zu den am teuersten gehandelten Immobilienstandorten in Nürnberg zählt.

Die Klein- und Grossweidenmühle

Die Weidenmühlen beiderseits der Pegnitz, flußabwärts auf der linken Seite die Kleinweidenmühle und rechts die Großweidenmühle, wurden 1234 erstmals urkundlich erwähnt. Der Anlaß war ihre Übertragung durch Kaiser Friedrich II. an den Deutschen Orden, welcher dem Staufer mehrere Schenkungen im Bereich Nürnbergs zu verdanken hatte, so beispielsweise auch die berühmte Doppelkapelle auf der Kaiserburg. Im Jahre 1431 erwarb die Stadt die beiden Mühlenkomplexe.

Für die Kleinweidenmühle kam der große wirtschaftliche Aufschwung mit der Verleihung des Lumpenprivilegs im Jahr 1566. Zur Herstellung von weißem Schreib-, sogenanntem Hadernpapier, war eine Erlaubnis seitens des Rates nötig, um

„In der Nähe der Weidenmühle bei Nürnberg“. Die Ansicht Richtung Innenstadt mit der Lorenzkirche rückt die Wehr- und Mühlanlagen der Kleinweidenmühle und den Großweidenmühlsteg in den Blick des Betrachters.
RADIERUNG VON JOHANN ADAM KLEIN, 1822.

die Hadern oder auch Lumpen sammeln und aus ihnen Papier produzieren zu dürfen. Für mehr als 200 Jahre bezogen Rat und Stadtverwaltung ihr Papier von der Kleinweidenmühle. Mittlerweile trug dieses auch das Stadtwappen als Wasserzeichen. Aber auch die Patrizier und Kaufleute bezogen aus St. Johannis ihr Papier. Entsprechend ihrer damaligen Bedeutung expandierte die Kleinweidenmühle auch baulich. Es entstand ein Mühlenkomplex mit mehreren Wasserrädern. Aus dieser Zeit stammen die heute noch sichtbaren Bauten, allen voran das ehemalige, in Fachwerkbauweise gehaltene Gesindehaus mit seinem mehreckigen Treppenturm, welcher das Wahrzeichen des Bereiches Kleinweidenmühle bildet. Desweiteren mehrere kleine Fachwerkbauten mit Sandsteinerdgeschoß, sowie das Kerngebäude der Anlage, ein langgestreckter zweistöckiger Bau westlich des Steges. Um 1830 fand die Papierherstellung in der Kleinweidenmühle ein Ende. Die Anlage wurde in eine Sägemühle und kurz darauf in eine Kunstmühle umgewandelt. Ab 1897 bis zur Zerstörung im Zweiten Weltkrieg waren nur noch kleine Handwerksbetriebe in ihr untergebracht. Nach dem Wiederaufbau wurde die ehemalige Mühlenanlage ausschließlich für kunstgewerbliche Werkstätten, Läden, Büros und Wohnungen genutzt.

Kurz nachdem die Mühlenkomplexe beiderseits der Pegnitz von der Stadt erworben worden waren, richtete man im Jahre 1439 in der Großweidenmühle eine Drahtzieherwerkstatt ein. Wenig später wurden die beiden Mühlen durch einen Steg über

„Im Höfische Weidenmühl an der Haller Wiesen nechst der Stadt Nürnberg liegend“. Die Darstellung vermittelt einen guten Eindruck von dem Gebäudeensemble der Großweidenmühle zu Beginn des 18. Jahrhunderts. Der Großweidenmühlsteg und die bereits von Dürer abgebildete und heute noch existierende ehemalige Pferdeschwemme erleichtern die Orientierung.
Kupferstich von Johann Jakob Schwarz aus dem Jahr 1723.

die Pegnitz miteinander verbunden. 1515 kaufte der Handelsunternehmer Hans Imhoff von der Stadt die Großweidenmühle und verpachtete sie fortan. Dies ist ein gutes Beispiel dafür, wie die städtische, großbürgerliche Kaufmannsschicht versuchte, die Gewinne aus dem Handel in Grundbesitz zu investieren, um sich so durch Pachteinnahmen für Krisenzeiten ein zweites Standbein zu schaffen, denn mit der Entdeckung Amerikas und dem Aufstieg von Portugal und Spanien zu großen Handelsnationen verlor Nürnberg seine wichtige Funktion als Handelsdrehscheibe.

Einen völligen Wandel erfuhr die Großweidenmühle, nachdem sie 1856 von Georg Andreas Froescheis aufgekauft und zur Bleistiftfabrik umgewandelt wurde. Das Unternehmen von Froescheis, besser bekannt unter dem späteren Markennamen „Lyra“, verlagerte in den Folgejahren seine Produktion in erster Linie auf angrenzende Grundstücke.

Die Mühlenanlage wurde bis zum Zweiten Weltkrieg von verschiedenen kleinen Betrieben genutzt, ein Großteil nach der Zerstörung nicht wieder aufgebaut. Bis 1967 existierte noch eine einzige Mühle, die Fehnsche Kunstmühle, in der sich mittlerweile ein Restaurant befindet.

Die alten Mühlgebäude (Bildmitte) der Großweidenmühle sind seit der Wende zum 20. Jahrhundert von mehrstöckigen Mietshäusern umgeben. Zur Zeit der Aufnahme sind die Wehranlagen und die Radstuben mit den Mühlrädern noch intakt.
FOTOGRAFIE 1942.

HOCHWASSERGEFAHR UND GEGENMASSNAHMEN

Die größte Gefahr für die Mühlen und die ufernahe Bebauung stellte Hochwasser dar. Bereits aus dem 16. Jahrhundert sind Quellen überliefert, welche die enormen Zerstörungen, vor allem an den Mühlrädern, nach heftigen Regenperioden im Februar dokumentieren. Im Bereich der Mühlen mit ihren Wehren und Rädern staute sich der im Fluß treibende Unrat auf und verhinderte ein rasches Weiterfließen des Wassers.

Das bislang schlimmste Hochwasser brach in der Nacht vom 4. auf den 5. Februar 1909 über die Stadt und somit auch über St. Johannis herein. Betroffen war hier der Uferbereich vom Hallertor bis zur Stadtgrenze nach Fürth. Nach einer langen Frostperiode setzten plötzlich starke Regenfälle ein und ließen den Wasserpegel binnen zwei Stunden um ganze zwei Meter ansteigen. In einer Sekunde transportierte die Pegnitz 370 m^3 Wasser durch St. Johannis. Manche Gebäude standen teilweise bis zu den Obergeschossen unter Wasser, und die Schäden waren erheblich.

Die Stadtverwaltung entwickelte als Reaktion darauf ab 1910 ein Konzept zum Schutz vor Hochwasser, als Bemessungsgrundlage für den notwendigen Ausbau der Pegnitz diente das Hochwasser von 1909. Ab 1914 wurden im Westen der Stadt Engstellen und Flußschleifen beseitigt, um den Lauf der Pegnitz zu begradigen, mit dem Ziel, das Wasser schneller abfließen zu lassen.

Allein westlich der Altstadt wurde der Lauf der Pegnitz um 1.200 Meter verkürzt und Deiche beiderseits des Flußes errichtet. Die Stadt blieb nun von starkem Hochwasser verschont; durch die Begradigung der Pegnitz und den massiven Ufervorbau mit Beton und Stahlträgern sowie den teilweisen Verlust der Talaue verschwand aber zugleich der wichtige „Lebensraum am Fluß“ für Mensch, Tier und Pflanzenwelt.

Durch die Umstrukturierungsmaßnahmen gingen auch die sich im Uferbereich befindlichen Bauern- und Nutzgärten verloren, welche dem Abschnitt der Pegnitz westlich der Altstadt sein charakteristisches Aussehen verliehen hatten. Erste Veränderungen in der Talaue waren allerdings bereits mit Errichtung des Ledererstegs als Fußwegverbindung von St. Johannis nach Gostenhof im Jahre 1886 sowie der Fertigstellung der Johannisbrücke 1893 entstanden, welche bis heute den einzigen Übergang bildet, um St. Johannis mit dem Auto nach Süden hin zu verlassen.

Der in ein Korsett gezwängte Fluß und die ausgeräumte und begradigte Talaue ermöglichte den Ausbau der Kläranlagen, eine Vergrößerung des ab 1875 entstandenen Westfriedhofes und – Jahrzehnte später – 1966 die Anlage des Westbades. Eine vom Stadtrat 1979 bereits beschlossene Ergänzung des Westbades durch ein Hallenbad sowie eine wettkampftaugliche 400-Meter-Eis- und Rollschnellbahn konnte aus finanziellen Gründen nicht realisiert werden. Eine weitere Verkleinerung der grünen Talaue blieb den Johannisern damit erspart.

Die Renaturierung der Pegnitz

Im Jahre 1996 beschlossen die Städte Nürnberg und Fürth, ein Entwicklungskonzept für die Pegnitz westlich der Altstadt unter dem Titel „Stadt am Fluß“ zu erarbeiten. Ausgehend von einer ganzheitlichen Betrachtungsweise sollten die Interessen der Wasserwirtschaft, des Naturschutzes und der Naherholungssuchenden in Einklang mit der Neugestaltung des Flusses gebracht werden. Dabei wurde versucht, im Rahmen der lokalen Agenda 21 Bürgervereine und Umweltverbände in den Entscheidungsprozeß zu integrieren.

Bereits 1997 konnte ein detaillierter Plan bezüglich der Renaturierung vorgestellt werden, dessen Umsetzung im Sommer 1998 begann. Auf einer Länge von 3,5 Kilometern werden die Flußkorrekturen von 1914 heutigen Anforderungen angepaßt, ohne den Hochwasserschutz zu vernachlässigen. Der Lauf der Pegnitz soll durch Flußschlingen, zeitweilig durchströmte Altwasserzonen, Inseln und Beseitigung des massiven Ufervorbaus naturnaher und abwechslungsreicher werden. Zugleich wird der Zugang zum Wasser für Spaziergänger und Tiere erleichtert. Mit dem Anlegen eines Wassererlebnisspielplatzes für Kinder, einer Fläche für Eislauf und Fußball sowie dem Bau einer neuen Geh-und Radwegbrücke über den Fluß im Bereich der Ringbahn soll die Attraktivität für die Bewohner von St. Johannis gesteigert werden, die Flußauen vor der Haustüre als Erholungsgebiet zu nutzen.

Darüber hinaus entsteht unter dem Motto „Skulpturenufer“ ein Projekt zur Kunst im öffentlichen Raum. Die Künstlergruppe „Foro di Ferro“ stellt zunächst auf ein Jahr befristet vier überlebensgroße Plastiken am Pegnitzufer auf. Die Fundamente für die teilweise einige hundert Kilogramm schweren Statuen wurden bereits vom Wasserwirtschaftsamt errichtet. Über eine dauerhafte Installation sowie eine Ausweitung des „Skulpturenufers“ auf weitere Kunstwerke entscheidet der „Beirat Bildende Kunst“ im Sommer 2001. Das komplette Renaturierungsprojekt zwischen Johannisbrücke und Stadtgrenze soll bereits 2001 abgeschlossen sein.

C.J.Z.

Leben in St. Johannis heute

Kerwa, Kunst und Klinikum

Moderne Architektur in der Großweidenmühlstraße 21. Das Atelierhaus „Zumikon" wurde nach Plänen des renommierten Architekten Max Bill errichtet.
Fotografie 2000.

Wer durch die Straßen dieses zentrumsnahen und vielschichtigen Stadtteils spaziert, wird bei genauerem Hinsehen neben Modernem viel Altes finden. Die Ansiedlung um die Johanniskirche, einst vor den Mauern der Reichsstadt Nürnberg gelegen, ist von einer 800jährigen Geschichte geprägt. Deutlich wird dies entlang der Kreuzwegstationen des Adam Kraft, anhand der Barockhäuser mit den dahinterliegenden Hesperidengärten in der Johannisstraße, im Johannisfriedhof und an dem in Nachbarschaft zur Pegnitz gebauten Sebastianspital. Durch die Zerstörung des Pilgerspitals Heilig-Kreuz, der Klein- und Großweidenmühlen und vieler alter Wohngebäude im Zweiten Weltkrieg gingen zwar historische Zeugnisse verloren, doch die Möglichkeit, die Entwicklung dieses Nürnberger Viertels über die Jahrhunderte nachzuvollziehen, und seine zentrale Lage machen St. Johannis zu einem vielbesuchten Teil Nürnbergs.

Vor allem aber ist St. Johannis mit nur mehr wenig industriellen Ansiedlungen ein beliebter Stadtteil zum Wohnen. Auf etwa einem Prozent der Nürnberger Gesamtfläche leben etwa 24.400 Menschen, was knapp fünf Prozent der Nürnberger Bevölkerung entspricht. Ungefähr 4.400 sind ausländische Bürger und Bürgerinnen. Ihr Anteil an der Bevölkerung bewegt sich mit 17,9 Prozent etwas über dem Nürnberger Durchschnitt, ist jedoch weit niedriger als beispielsweise im benachbarten Gostenhof. Die Einwohnerschaft von St. Johannis unterscheidet sich von der übrigen Nürnberger Bevölkerung zwar nicht im Durchschnittsalter, wohl aber in der Verteilung auf die unterschiedlichen Altersgruppen. Knapp ein Drittel der Bewohner von St. Johannis sind zwischen 25 und 40 Jahren alt. Sie leben hauptsächlich in den Bereichen rings um den Kirchenweg, südlich der Bucher Straße und nördlich der Johannisstraße, ebenso am Sandberg und in der Villengegend im Südosten des Stadtteils. Im Gegensatz zu den durchschnittlichen gut 25 Prozent ihrer Altersgruppe im gesamten Stadtgebiet bilden sie eine prägende Gruppe im Viertel. Viele von ihnen leben alleine, was die Zahl der Ein-Personen-Haushalte von 57 Prozent gegenüber 47 Prozent in der Gesamtstadt erklärt. In der wbg-Siedlung im Südwesten des Viertels leben viele Kinder und Jugendliche, im ganzen Stadtteil jedoch ist der Anteil der schulpflichtigen Kinder unterdurchschnittlich. Der

(Links) Über den Dächern von St. Johannis. Blick vom Turm der Friedenskirche in die Wielandstraße.
Fotografie 2000.

Das Haus Großweidenmühlstraße 3 des Architektenbüros Schweighöfer und Wallraff wurde 1995 in bewußtem Kontrast zur angrenzenden gründerzeitlichen Sandsteinvilla des Bleistiftfabrikanten Froescheis gebaut.
FOTOGRAFIE 2000.

Anteil der 15- bis 25jährigen dagegen liegt schon etwas über dem Durchschnitt, was durch die Schwesternwohnheime der Kliniken Nord und Hallerwiese bedingt ist. Nur in den Ein- und Zweifamilienhäusern im Bereich der Hufelandstraße und in Umgebung der Hallerwiese leben mehr Menschen in fortgeschrittenem Alter.

St. Johannis bietet ein ansehnliches Angebot an Geschäften und Lokalen für alle Altersgruppen und ist damit nicht nur ein Wohngebiet, sondern ein attraktiver Stadtteil zum Leben. Es ist noch möglich, die Produkte und Dienstleistungen eigenständiger Fachgeschäfte und Handwerksbetriebe in Anspruch zu nehmen. Exemplarisch genannt seien nur die vielen Bäckereien, Metzgereien, Elektro- und Sanitärbetriebe sowie mehrere Bekleidungs- und Schuhgeschäfte um die Ecke. Wer sich weiter umsieht, findet neben gängigen Geschäften auffällig viele Grabmalhersteller, Bestattungsinstitute und Blumengeschäfte um den Johannis- und den Westfriedhof. Neugierige stoßen auf drei Buchhandlungen, mehrere Spezialitätenläden, einige Geschäfte der Ökologie- und Gesundheitsbranche und stellen fest, daß relativ viele Galerien sowie Kunst- und Antiquitätenhandlungen die ehemals für St. Johannis typischen Firmen abgelöst haben. Fabriken zur Bleistift- oder zur Pinselherstellung, die Munitions- und Modelleisenbahnproduktion und die Lebkuchenbäckereien sind nur mit stark eingeschränkter Produktion oder gar nicht mehr vorhanden. In der Burgschmiet-Werkstatt Lenz ist noch eine Kunstgießerei untergebracht, doch par-

allel dazu eröffnen in St. Johannis neue Betriebe. Wir finden Call Center, Multimediafirmen und weitere Unternehmen, deren Bezeichnung und Firmenzweck wahrscheinlich erst in ein paar Jahren vertraut sein werden, wie etwa bei dem ansässigen Development Center.

Entsprechend modern gibt sich auch ein Teil der Architektur in St. Johannis – vor allem in der Großweidenmühlstraße. Nicht nur das Haus Nr. 3 mit seiner Aluminiumfassade, sondern auch die übrige Wohnbebauung der wbg (Nr. 23-27 und Lindengasse 4-8) sowie das vom Architekten Max Bill entworfene Gebäude „Zumikon" (Nr. 21) bringen frischen Wind in den Stadtteil.

Tradition hingegen haben in St. Johannis Einrichtungen des Sozial- und Gesundheitswesens. Die Keimzelle des Stadtteils bildeten Kapelle, Spital und Siechkobel. Im Laufe der Jahrhunderte entstanden um sie herum das Sebastianspital als Pestlazarett, die Tbc-Fürsorgestelle, das Städtische Brause- und Wannenbad und die Desinfektionsanstalt. Es entwickelten sich das städtische Krankenhaus – das heutige Klinikum Nürnberg Nord – die Klinik Hallerwiese und die Cnopfsche Kinderklinik, die heute wichtige Arbeitgeber im Viertel darstellen. Das Haus Großweidenmühle für Wohnungslose im ehemaligen Sebastianspital und etliche Verbände sowie Anlaufstellen für Frauen

Großbürgerliches Wohnen im historistischen Stil: Sandsteinfassaden und Vorgärten prägen die Nordseite der Rieterstraße.
Fotografie 2000.

180 Grad Panorama von St. Johannis: Der Blick vom Turm der Friedenskirche reicht vom Sandbergviertel (links) bis zur Wielandstraße mit der Burg im Hintergrund (rechts). FOTOMONTAGE 2000.

ergänzen den medizinischen und sozialen Bereich. Neben diversen Beratungsstellen werden in einer Einrichtung des Christlichen Jugenddorfwerkes außerbetrieblich Jugendliche ausgebildet. Darüber hinaus sind viele Kindergärten und selbstorganisierte Kinderläden, Jugendtreffs, sowie Wohn- und Freizeiteinrichtungen für ältere Menschen im Viertel angesiedelt.

Für das leibliche Wohl ist in St. Johannis ebenfalls gesorgt. Zwar werden die traditionellen Wirtshäuser und Eckkneipen weniger, doch eröffnen immer wieder neue Restaurants und Kneipen. Das gastronomische Angebot reicht von vielen deutschen und griechischen über einige italienische und chinesische Lokale bis hin zu spanischen, jugoslawischen, türkischen, thailändischen, koreanischen oder kaukasischen Restaurants. Preise und Publikum können dabei von Lokal zu Lokal recht unterschiedlich sein. Während die Restaurants, ausgenommen in den reinen Wohngebieten, eher über den Stadtteil verteilt sind, befinden sich die meisten Kneipen im Quartier zwischen Johannisstraße und Pegnitz. Bars und Diskotheken gibt es keine. Allenfalls im Stadtteilzentrum Desi, das mit Vischers Culturia einen Teil des kulturellen Angebotes im Stadtteil abdeckt, kann in St. Johannis getanzt werden.

Wer sich auf die Suche nach Kultur im Viertel macht, stößt dann neben Geschichte Für Alle e. V. – Institut für Regionalgeschichte, dem Bürgerverein St. Johannis-Schniegling-Wetzendorf auf das Krankenhausmuseum und im Medienbereich auf das Mobile Kino e.V. Kunst fördern oder bieten der Zumikon Art Club, Impro e. V. und das Theater Pygmalion dar, während im interkulturellen Bereich der Vietnamesische Kulturtreff und der Irakisch-Deutsche- Kulturverein aktiv sind. Und hätten Sie's gewußt, daß in St. Johannis der Erste Deutsche Edelkatzenzüchterverband gegründet wurde, daß sich hier nicht nur der Männergesangsverein 1896, sondern auch der Science Fiction Club Deutschland und der Bridgeclub Nürnberg treffen, während der Verein türkischer Unternehmer und Akademiker und der Allgemeine Deutsche Fahrrad

Club sich ihren Vereinsinteressen widmen? Vielen ist dies wohl ebensowenig bekannt, wie die Arbeit mit Migranten von Gruppen der Desi, die Gesellschaft Museum oder das Engagement des Forums für jüdische Geschichte und Kultur und der Antroposophischen Gesellschaft Nürnberg mit der angegliederten Eurythmieschule. Richtig schwer vorstellbar ist dann noch, daß und vor allem wie in St. Johannis bei der hier ansässigen Bodensee-Schifffahrts-Schule eine Prüfung abgelegt werden soll. Es erscheint fraglich, wie weit die Pegnitz für solche Zwecke geeignet ist.

Für die Menschen in St. Johannis bieten die Hallerwiese und der renaturierte Pegnitzgrund westlich der Brückenstraße Freizeit- und Erholungsmöglichkeiten vor Ort. An den Ufern der Pegnitz arbeiten keine Mühlen mehr, sondern Jogger, Inlineskater oder Fußballspieler an ihrer Kondition. Die Pegnitz wird nicht mehr wie in früheren Jahrhunderten zur Abwasser- und Müllentsorgung genutzt, dafür dienen ihre Talauen zum Spazieren gehen oder Grillen. Bratwürste gibt es jedoch nicht nur an der Pegnitz. In den Tagen um den 24. Juni ist die Johannisstraße sehr belebt. Die „Johanniskerwa", eine der am besten frequentierten Stadtteil-Kirchweihen Nürnbergs, lockt auch heute noch. Nur einige klassische Landkirchweihen in den Randbezirken der Stadt erfreuen sich größerer Besucherzahlen. Von der Johannisstraße in die Hallerstraße hinein bis zum Palmplatz sind etliche Buden, einige Fahrgeschäfte und viele Bierbänke aufgestellt. Im Gegensatz zum multikulturellen Südstadtfest etwa sind musikalisches und kulinarisches Angebot eher traditionell gehalten. Das Publikum ist trotzdem relativ gemischt. Ob sich unter ihm natürlich der „typische Johanniser" ausmachen läßt, konnte im Rahmen dieses Buches nicht wissenschaftlich erwiesen werden. Wir können Ihnen daher nur empfehlen, sich selber auf die Suche nach ihm oder ihr zu machen.

M.K.

Anmerkungen:

Dürer
1) Bürgerverein, Curiosa, S. 27.
2) Grimm, Dürerfeier, S. 7.
3) Thomas Mann: Dürer, zitiert nach: Heinz Lüdecke/Susanne Heiland: Dürer und die Nachwelt, Berlin 1955, S. 239.

Heilig-Kreuz-Spital:
1) Die folgenden Zitate nach: Haller und Eichhorn, Pilgrimspital, S. 40.
2) Das folgende nach einem freundlichen Hinweis von Berthold Haller von Hallerstein bei der Tagung „Wallfahrten in Nürnberg um 1500" der Willibald-Pirckheimer-Gesellschaft am 29./30. September 2000.

Kreuzwegstationen Adam Kraft:
1) Das folgende nach: Zittlau, Heiliggrabkapelle und Kreuzweg, S. 6-10.
2) Zitiert nach: Ebd.
3) Freundlicher Hinweis von Dr. Randall Hertz, Aschaffenburg, bei der Jahrestagung der Willibald-Pirckheimer-Gesellschaft. Demnächst nachzulesen im Pirckheimer-Jahrbuch für das Jahr 2000.

Johann Jakob Kirchner:
1) Mende, Kirchner, S. 169.

Hallerwiese:
1) zitiert nach Schöffel, Hallerwiese, S. 9.

Schießplatz und Schießhaus:
1) Zitiert nach Bub, Feuerschützenwesen, S. 16.

Hesperidengärten:
1) Stadtarchiv Nürnberg, Nachlass Nagel, E 10/21Nr. 7.
2) Zitiert aus Nagel, Die Gärten bei St. Johannis in Nürnberg, aus: Mitteilungsblatt des Vorstadtvereins Nr. 7, April 1957, S. 6 und 13.
3) Friedrich, Vom Hesperidengarten zum Volkspark, S. 23.
4) Nürnberger Anzeiger vom 16. November 1983.
5) Nürnberger Nachrichten vom 20. Juni 1999.

Gesundheitsfürsorge:
1) Zitiert nach Busse, Siechkobel St. Johannis, S. 97.
2) Rebel, Dürer, S. 227.
3) Zitiert nach: Vasold, S. 252.
4) Stadtarchiv Nbg. C 23/I, Nr. 41.
5) Zit. nach Windsheimer, Klinikum, S. 47.
6) V. Jahresbericht Frauenwohl.
7) Zit. nach Windsheimer, Klinikum, S. 107.
8) Wallraff, Heinrich: Bau und Einrichtungen des Neuen Städtischen Krankenhauses, in: Festschrift Krankenhaus 1898, S. 137.
9) Verwaltungsbericht der Stadt Nürnberg 1926/27, S. 199f.
10) Verwaltungsbericht der Stadt Nürnberg 1957, S. 211.

Private Krankenfürsorge:
1) Zitiert nach: Jahresbericht der Cnopfschen Kinderklinik 1880.
2) Jahresbericht der Klinik Hallerwiese 1909.

Desinfektionsanstalt:
1) Aus: „Dienstes-Anweisungen für die Desinfektoren der städtischen Desinfektionsanstalt - Nürnberg", 1909.
2) Verwaltungsbericht 1945-1949, S. 221.

Johanniskaserne und Sebastianspital:
1) Verwaltungsbericht der Stadt Nürnberg 1898, S. 158.

Religiöses Leben
1) Dieses und das folgende Zitat aus: Pfarrarchiv St. Michael, Chronik der Pfarrei St. Michael, Bd. I Einleitung.
2) Ebd. S. 4.
3) Ebd. S. 5.
4) Ebd. S. 65.

Industrie und Gewerbe
1) Die Staedtler-Geschichte, Nürnberg 1986, S. 8.
2) Zit. nach Museen der Stadt Nürnberg, Paradestücke, S. 51 u. 53.

Villen
1) Elisabeth Reynst: Friedrich Campe und sein Bilderbogenverlag zu Nürnberg, Nürnberg 1962, S. 36.

WBG-Siedlung
1) Stadtarchiv Nürnberg F 2 Nr. 40, S. 289
2) Erwin Stein: Monografien Deutscher Städte Band XXIII. Nürnberg, Berlin/Friedenau 1927, S. 355.
3) Ebd.
4) Ebd.
5) August Sieghardt: Nürnberg alt und neu. Handbuch und Stadtführer, Nürnberg 1954, S. 225f.
6) Stein, Nürnberg, S. 355.

Vereine
1) Stadtarchiv Nbg. C //V, Nr. 473.
2) Zit. nach: Sonnenberger, Franz: Wie der Justizpalast in die Fürther Straße kam, in: MVGN 76 (1989), S. 325-340, hier S. 331.

Literatur:

Zu St. Johannis allgemein:

Diefenbacher, Michael; Endres, Rudolf (Hg.): *Stadtlexikon Nürnberg*, Nürnberg 1999.
Eisen, Ludwig: *Das alte Johannis*, Nürnberg 1929.
Ellner, Friedrich: *Die geschichtlichen Ursprünge von St. Johannis. Versuch einer Geschichte dieses Vororts von Nürnberg*, Nürnberg 1988.
Hirschmann, Gerhard: *750 Jahre St. Johannis 1234 – 1984. Vom Siechkobel zur Vorstadt*, Nürnberg 1984.
Kropp, Sabine: *Ortsbezogene und bürgerschaftliche Anteilnahme am Beispiel von St. Johannis*, unveröff. Magisterarbeit Universität Erl.-Nbg 1991.
Mulzer, Erich: *Vor den Mauern Nürnbergs. Kunst und Geschichte der Vorstädte*, Nürnberg 1961.
Schramm, Godehard: *Sankt Johannis – rosenschön. Mein Nürnberger Lieblingsviertel*, Nürnberg 1999.
Schreyl, Karl Heinz: *St. Johannis. Ein Nürnberger Stadtteil in Aquarellen und Handzeichnungen aus städtischem Besitz* (= Ausstellungskatalog der Stadtgeschichtlichen Museen Nürnberg 11), Nürnberg 1977.
Weth, Wolfgang: *Spaziergang durch die Vorstadt St. Johannis*, unveröffentlichtes Typoskript 1978.

Zum Johannisfriedhof:

Bürgerverein St. Johannis-Schniegling-Wetzendorf: *Handwerker Epitaphien*, Nürnberg 1984.
Ders.: *Curiosa. Handwerker Epitaphien, Patriziergräber*, Nürnberg 1991.
Fehring, Günther; Ress, Anton: *Bayerische Kunstdenkmale, Stadt Nürnberg*, 3. Auflage bearbeitet von Wilhelm Schwemmer, München 1977.
Gerlach, Martin; Boesch, Hans: *Die Bronceepitaphien der Friedhöfe zu Nürnberg. Photographische Naturaufnahmen*, Wien 1896.
Glossner, Otto: *Der St. Johannisfriedhof zu Nürnberg*, München/Berlin 1991.

Herold, Max: *Die St. Johanniskirche in Nürnberg.* Diss. Erlangen 1917.
Herpich, Walter: *Das unterirdische Nürnberg. Von „geheimen Gängen" und Felsengewölben,* Nürnberg 1987.
Imhoff, Christoph von (Hg.): *Berühmte Nürnberger aus neun Jahrhunderten,* Nürnberg 1992.
Mattausch, Hubert: *Das Beerdigungswesen der Freien Reichsstadt Nürnberg,* Diss. Würzburg 1970.
Müllner, Johannes: *Die Annalen der Reichsstadt Nürnberg von 1623. Teil I: Von der Anfängen bis 1350.* Nürnberg 1972.
Nagel, Friedrich Gustav: *Der St. Johannisfriedhof in Nürnberg. Seine Entstehung und seine Erweiterung,* Kirchliches Monatsblatt von St. Johannis, 10/1928.
PEDA Kunstführer Nr. 406/1997 hrsg. von der Ev. Gemeinde St. Johannis.
Pilz, Kurt: *St. Johannis und St. Rochus in Nürnberg. Die Kirchhöfe mit den Vorstädten St. Johannis und Gostenhof,* Nürnberg 1984.
Vorstadtverein St. Johannis, Schniegling, Wetzendorf und Kriegsopfersiedlung: *Nürnberg westlich der alten Kaiserburg, Die Holzschuherkapelle im St. Johannisfriedhof,* Nr. 23/1961.
Zahn, Peter: *Die Inschriften der Friedhöfe von St. Johannis, St. Rochus und Wöhrd zu Nürnberg,* München 1972.

Zu Dürer und Nürnberg allgemein:

Mende, Matthias: *Nürnberg und Dürer,* in: Museen der Stadt Nürnberg/Albrecht-Dürer-Haus-Stiftung (Hg.): *Albrecht Dürer – ein Künstler in seiner Stadt,* Nürnberg 2000, S. 107-127.
Rebel, Ernst: *Albrecht Dürer. Maler und Humanist,* München 1996.
Strieder, Peter: *Dürer,* Augsburg 1996.

Zu Dürers Aquarellen in St. Johannis:

Bier, Justus: *Die Örtlichkeit von Dürers „Drahtziehmühle",* in: MVGN 28 (1928), S. 334-339.
Fiore-Hermann, Kristina: *Das Problem der Datierung bei Dürers Landschaftsaquarellen,* in: Anzeiger des Germanischen Nationalmuseums 1971/72, S. 122-142.
Leber, Hermann: *Albrecht Dürers Landschaftsaquarelle. Topografie und Genese,* Hildesheim/Zürich/New York 1988.
Piel, Friedrich: *Albrecht Dürer. Aquarelle und Zeichnungen,* Köln 1983.
Zink, Fritz: *Der Lindenbaum auf Dürers Pariser Aquarell der Nürnberger Großweidenmühle um 1496/97,* in: Jahrbuch des Historischen Vereins für Mittelfranken 92(1984/85), S. 277-282.
Zink, Fritz: *Dürers Weiherhäuschen in Nürnberg-St. Johannis,* in: Zeitschrift für Kunstgeschichte 12 (1949), S. 41-45.

Zu Dürergrab und Dürerkult:

Bürgerverein St. Johannis-Schniegling-Wetzendorf: *Curiosa, Handwerkerepitaphien, Patriziergräber,* Nürnberg 1991, S. 24-27.
Grimm, Ludwig Emil: *Die Nürnberger Dürerfeier von 1828,* Nürnberg 1971 (hg. von den Museen der Stadt Nürnberg).
Lüdecke, Heinz/Heiland, Susanne: *Dürer und die Nachwelt,* Berlin 1955.
Nürnberger Dürerfeiern 1828-1928. Ausstellungskatalog der Museen der Stadt Nürnberg und des Stadtarchivs Nürnberg, Nürnberg 1971.
Schmidt, Alexander: *Große Kunst und Dürerschnitzel. Nürnberger Dürerfeiern zwischen nationalem Pathos, künstlerischem Anspruch und Geschäftstüchtigkeit,* in: I Believe in Dürer, Ausstellungskatalog der Kunsthalle Nürnberg, Nürnberg 2000, S. 15-23.
Schwemmer, Wilhelm: *Albrecht Dürers Grab auf dem Johannisfriedhof,* in: MVGN 62 (1975), S. 279-284.

Zum Pilgerspital Heilig-Kreuz:

Haller, Helmut Frhr. von; Eichhorn, Ernst: *Pilgrimspital zum Heiligen Kreuz vor Nürnberg,* (Nürnberger Forschungen 12), Nürnberg 1969.

Zu den Kreuzwegstationen von Adam Kraft:

Eckmann, Notker: *Kleine Geschichte des Kreuzweges. Die Motive und ihre künstlerische Darstellung* (= Welt des Glaubens in der Kunst 6), Regensburg 1968.
Eiber, Eva: *Die Kreuzwegstationen des Adam Kraft in Nürnberg,* Magisterarbeit an der Friedrich-Alexander-Universität, Erlangen-Nürnberg 1984.
Kramer, Ernst: *Kreuzweg und Kalvarienberg. Historische und baugeschichtliche Untersuchung* (= Studien zur deutschen Kunstgeschichte 313), Kehl 1957.
Wegmann, Susanne: *Der Kreuzweg von Adam Kraft in Nürnberg. Ein Abbild Jerusalems in der Heimat,* in: MVGN 84 (1997), S. 93-117.
Zittlau, Reiner: *Heiliggrabkapelle und Kreuzweg. Eine Bauaufgabe in Nürnberg um 1500* (= Nürnberger Werkstücke zur Stadt- und Landesgeschichte 49), Nürnberg 1992.

Zu Kirchner:

Mende, Matthias: *Johann Jakob Kirchner (1788-1837),* in: Fränkische Lebensbilder 16, Neustadt/Aisch 1996, S. 159-171.

Zur Hallerwiese:

Großberger, Hermann: *Die Hallerwiese im Spiegel ihrer Geschichte,* in: Mitteilungsblatt des Vorstadtvereins St. Johannis-Schniegling-Wetzendorf Nr. 13, Jahrgang 1958.
Krehn, Ludwig: *Aus 600 Jahren Schützengeschichte,* 2 Bände, Nürnberg 1981.
Schöffel, Joachim: *Die Hallerwiese in Nürnberg. Historische Entwicklung und aktuelle Probleme eines innerstädtischen Freiraums,* Diplomarbeit Freising 1991.

Zum Logenhaus an der Hallerwiese:

Das Freimaurerlogen-Museum in Nürnberg, München 1938.
Festschrift 200 Jahre St. Johannisloge Joseph zur Einigkeit im Orient Nürnberg 1761–1961, Nürnberg 1961.
Das Nürnberger Logenhaus in der Hallerwiese 16a und seine Eigentümer im Spiegel der Zeit 1761–1969, Nürnberg 1969.
Goldmann, Karlheinz: *Die Freimaurerei in Nürnberg. Die Vorläufer, die Logen und die verwandten Einrichtungen,* Nürnberg 1972 (= Ausstellungskatalog der Stadtbibliothek Nürnberg 78).
200 Jahre St. Johannis Freimaurerloge „Zu den drei Pfeilen" im Orient Nürnberg, Nürnberg 1989.

Zu Schießplatz und Friedensfeuerwerk:

Bub, G.: *Geschichte des Feuerschützenwesens zu Nürnberg,* in: Festschrift zur Feier des 500jährigen Bestehens der Hauptschützengesellschaft Nürnberg 1429-1929, Nürnberg 1929, S. 11-143.
Krehn, Ludwig: *Aus 600 Jahren Schützengeschichte,* 2 Bände, Nürnberg 1981.
Meyer, Wolfgang: *Das Vereinswesen der Stadt Nürnberg im 19. Jahrhundert* (= Schriftenreihe des Stadtarchivs Nürnberg 3), Nürnberg 1970.
Schmit, J.C.: *Historische Schilderung des Schießhauses und der Schützengesellschaft zu St. Johannis,* Nürnberg 1838.

Zu Hesperidengärten und Barockhäusern:

Friedrich, Theo: *Die Nürnberger Hesperiden,* in: Mitteilungsblatt des Vorstadtvereins St. Johannis-Schniegling-Wetzendorf 14 (1983).
Friedrich, Theo: *Vom Hesperidengarten zum Volkspark,* Nürnberg 1993.
Nagel, Friedrich August: *Der bildnerische Schmuck der Nürnberger Barockgärten,* Diss. Universität Erlangen 1932.
Ders.: *Die Bau- und Kunstdenkmale des Sebalder Burgfriedens, insbesondere die Gärten bei St. Johannis, Hinter der Veste und bei Wöhrd,* Teildruck, München 1913.
Nehring, Dorothee: *Die „Hesperidengärten" in Nürnbergs Stadtteil St. Johannis,* in: MVGN 71 (1984), S. 212-241.
Dies.: *Die Hesperidengärten in St. Johannis,* Nürnberg 1985.
Schierarend, Carsten/Heilmeyer, Martina: *Die goldenen Äpfel,* Ausstellungskatalog, Berlin 1996.
Schwemmer, Wilhelm: *Die Anwesen Johannisstraße 39 und Sulzbacher Straße*

32 als Beispiele der Alt-Nürnberger Gartenkultur, in: MVGN 64 (1977), S. 183-200.

Zu den Einrichtungen der Gesundheitsfürsorge:

BÜHL, CHARLOTTE: *Die Pestepidemien des ausgehenden Mittelalters und der frühen Neuzeit in Nürnberg (1483/84-1553/54)*, in: Endres, Rudolf (Hg.): *Nürnberg und Bern. Zwei Reichsstädte und ihre Landgebiete* (=Erlanger Forschungen 46), S. 121-168, Erlangen 1990.

BUSSE, INGRID: *Der Siechkobel St. Johannis vor Nürnberg (1234 bis 1807)*, Nürnberg 1974 (= Nürnberger Werkstücke zur Stadt- und Landesgeschichte 12).

MURKEN, AXEL: *Vom Armenhospital zum Großklinikum. Die Geschichte des Krankenhauses vom 18. Jahrhundert bis zur Gegenwart*, Köln 1988.

MUMMENHOFF, ERNST: *Die öffentliche Gesundheits- und Krankenpflege im alten Nürnberg*, in: Festschrift zur Eröffnung des neuen Krankenhauses der Stadt Nürnberg, Nürnberg 1898.

DERS.: *Zur Geschichte der Seuchenhäuser*, in: Festschrift, dargeboten den Mitgliedern und Teilnehmern der 65. Versammlung der Gesellschaft deutscher Naturforscher und Ärzte vom Stadtmagistrat Nürnberg, Nürnberg 1892, S. 222-240.

STADT NÜRNBERG (HG.): *Festschrift zur Eröffnung des neuen Krankenhauses der Stadt Nürnberg*, Nürnberg 1898.

VASOLD, MANFRED: *Cholera und Choleranotspitäler in Nürnberg im 19. Jahrhundert*, in: MVGN 82/1995, S. 249-274.

WINDSHEIMER, BERND: *100 Jahre Klinikum. Die Geschichte des Nürnberger Gesundheitswesens im späten 19. und 20. Jahrhundert*, Nürnberg 1997.

Zur Cnopfschen Kinderklinik und Klinik Hallerwiese:

ENGELHARDT, FRITZ: *Die Geschichte der Cnopfschen Kinderklinik Nürnberg e.V. 1859-1968*, Med.Diss Erlangen-Nürnberg 1969.

Festschrift 75 Jahre Hallerwiese 1899-1974, o. O. 1974, S. 4-6.

Festschrift anläßlich der Feier des 50jährigen Bestehens des Cnopfschen Kinderspitals 1864-1914, Nürnberg 1914.

MÜLLER, LENI; BEST, HILDEGARD: *Geschichte der Klinik Hallerwiese Nürnberg*, in: Festschrift Klinik Hallerwiese Nürnberg, 50 Jahre Filiale des Evang.-Luth. Diakoniewerkes Neuendettelsau, Neuendettelsau 1983, S. 6-11.

NACHRODT, HANS WERNER: *„Eine solche Anstalt hat viel Ähnlichkeit mit einem Menschenleben ...". Die Cnopf'sche Kinderklinik in Nürnberg zählt zu den ältesten pädiatrischen Heilstätten Europas*, in: Gut ist, was hilft. Lehrreiches, Lustiges und Legendäres aus der Geschichte der fränkischen Heilkunde, Hof 1988, S. 215-244.

STICHT, FRIEDRICH: *Zur Geschichte der Klinik Hallerwiese in Nürnberg*, in: Korrespondenzblatt der diakonischen Gemeinschaften von Neuendettelsau, Nr. 7 und Nr. 8/9, Juli und August/September 1983, S. 128-134 und S. 146-158.

STICHT, FRIEDRICH: *Zur Geschichte der Klinik Hallerwiese und der Cnopf'schen Kinderklinik*, in: Das Klinikum Hallerwiese in Nürnberg. Festschrift zur Einweihung, Neuendettelsau 1987, S. 17-21.

Zur „Desi":

GOLDSCHMIDT, FERDINAND: *Die öffentliche Desinfektionsanstalt*, in: Festschrift der Stadt Nürnberg zur 65. Versammlung deutscher Naturforscher und Ärzte 1892, Nürnberg 1892, S. 317-320.

Verwaltungsberichte der Stadt Nürnberg 1884-1974.

GEYER, EVA: *Wandel der soziokulturellen Realität – dargestellt am Beispiel des Stadtteilzentrums Desi e.V. Nürnberg*, Diplomarbeit Fachhochschule Nürnberg 2000.

Zu Johanniskaserne und Altenheim:

LEHNERT, WALTER: *Das Sebastian-Spital*, in: Glaser, H.;Ruppert, W.; Neudecker, N.: Industriekultur in Nürnberg. Eine deutsche Stadt im Industriezeitalter, München 1983, S. 245-247.

Zum religiösen Leben in St. Johannis:

EVANG.-LUTH. PFARRAMT ST. JOHANNIS (HG.): St. Johannis Nürnberg, Nürnberg 1964.

Festschrift zur Einweihung der Friedenskirche in Nürnberg-St. Johannis, 1. Advent 1928.

ULRICH, KARL: *Die katholischen Gemeinden von Nürnberg und Fürth im 19. und 20. Jahrhundert*, Bamberg 1989.

Zu Industrie und Gewerbe im Stadtteil:

FRANZKE, JÜRGEN (HG.): *Fleischmann, vom Blechspielzeug zur Modelleisenbahn 1887-2000*, Nürnberg 2000.

GUTH, KARL: *Die Rückwirkungen des Wirtschaftskrieges auf Nürnberger Spezialindustrien*, Erlangen 1912.

JEGEL, AUGUST: *Die wirtschaftliche Entwicklung von Nürnberg-Fürth, Stein und des Nürnberger Raumes seit 1806*, Nürnberg 1950.

LYRA (HG.): *Gedenkschrift anläßlich des 100jährigen Bestehens der Lyra Bleistiftfabrik Nürnberg*, Nürnberg 1906.

MAUERSBERG, HANS: *Wirtschaft und Gesellschaft Fürths in neuerer und neuester Zeit. Eine städtegeschichtliche Studie*, Göttingen 1974.

MUSEEN DER STADT NÜRNBERG (HG.): *Paradestücke. Zinnfiguren aus Nürnberg und Fürth* (= Schriften des Spielzeugmuseums Nürnberg IV), Nürnberg 2000.

SCHÖLLER LEBENSMITTEL GMBH & CO. KG (HG.): *Vom Gipfelschnee ... zur fröhlichen Eiszeit*, Nürnberg 1987.

SCHWARZMÜLLER, WILHELM: *Die Entwicklung des Nürnberg-Fürther Exports nach den Vereinigten Staaten von Nordamerika von seinen Anfängen bis zur Gegenwart*, Nürnberg 1912.

SEILER, KARL (HG.): *Das Wirtschaftsleben der Stadt Nürnberg von 1050-1950*, Nürnberg 1950.

STADTSPARKASSE NÜRNBERG (HG.): *Nürnbergs Weg in die Moderne. Wirtschaft, Politik und Gesellschaft im 19. und 20. Jahrhundert*, Nürnberg 1996.

STAEDTLER MARS GMBH & CO. (HG.): *Die Staedtler Geschichte*, Nürnberg 1986.

Zu Burgschmiet:

GRIMME, FRANZ: *Bronzekunstguß in Nürnberg. Zum 150jährigen Bestehen der Kunstgießerei Burgschmiet-Lenz in Nürnberg 1829-1979*, Nürnberg 1979.

HÄUßLER, HELMUT: *Die Erzgießerei Burgschmiet-Lenz, letztes Glied einer großen Kunsttradition*, Faltblatt zur Ausstellung des Stadtarchivs Nürnberg 1984.

IMHOFF, CHRISTOPH VON (HG.): *Berühmte Nürnberger aus neun Jahrhunderten*, Nürnberg 1989.

MENDE, MATTHIAS: *Erzgießerei Burgschmiet, Denkmalsherstellung*, in: Glaser, Hermann u.a. (Hg.): *Industriekultur in Nürnberg. Eine deutsche Stadt im Maschinenzeitalter*, München 1980, S. 149-153.

Zu Bürger, Fabrikanten, Privatiers:

GESCHICHTE FÜR ALLE E. V. (HG.): *Arbeiterwohnungen, Villen und Herrensitze. Der Nürnberger Nordosten*, Nürnberg 1998, S. 24-70.

HEYDEN THOMAS: *Ludwig Ruff (1878-1934). „Des Führers zweiter Baumeister", in:* Stadtarchiv Nürnberg (Hg.) : Bauen in Nürnberg 1933-1945, Nürnberg 1995, S. 180-202.

JANETZKO, MAREN: *Haben Sie nicht das Bankhaus Kohn gesehen? Ein jüdisches Familienschicksal in Nürnberg 1850-1950*, Nürnberg 1998.

Zu wbg-Siedlung und Rotem Sandberg:

BEER, HELMUT: *Widerstand gegen den Nationalsozialismus in Nürnberg* (= Nürnberger Werkstücke zur Stadt- und Landesgeschichte 20), Nürnberg 1976.

STEIN, ERWIN: *Monografien Deutscher Städte Band XXIII. Nürnberg*, Berlin/Friedenau 1927.

wbg DER STADT NÜRNBERG (HG.): *Geschäftsberichte 1928ff.*

Zu den Schulen im Stadtteil:

BARTHEL, OTTO: *Die Schulen in Nürnberg 1905-1960*, Nürnberg 1960.

Zu den Vereinen in St. Johannis:

NAGEL, FRIEDRICH AUGUST: *Jubiläums-Festschrift 50 Jahre Vorstadt-St. Johannis-Verein 1874-1924*, Nürnberg 1924.

Nürnberg westlich der alten Kaiserburg. Mitteilungsblatt des Vorstadtvereins St.

Johannis-Schniegling-Wetzendorf und Kriegsopfersiedlung, 1955-1971.
Bürgerverein St. Johannis-Schniegling-Wetzendorf, Nr.1/1977 – Nr. 48/2000.
Jubiläumsschrift zum 100jährigen Bestehen des TSV Johannis 1883, Nürnberg 1983.
Sportvereinigung St. Johannis 07 (Hg.): *Festschrift 90 Jahre,* Nürnberg 1997.
Meyer, Wolfgang: *Das Vereinswesen der Stadt Nürnberg im 19. Jahrhundert* (Schriftenreihe des Stadtarchivs Nürnberg 3), Nürnberg 1970.

Zum Kapitel Pegnitz:

Centrum Industriekultur (Hg.): *Räder im Fluß. Die Geschichte der Nürnberger Mühlen,* Nürnberg 1986.
Fleischmann, Peter: *Nürnberg – Von der Reichsstadt zur fränkischen Metropole,* Köln 1997.
Wasserwirtschaftsamt Nürnberg (Hg.): *Stadt am Fluß – Nürnberg an der Pegnitz,* Regensburg 2000.

Bildnachweis:

Bischof & Broel: S. 27.
BMF Firmenarchiv: S. 141, 142.
Diakoniearchiv Neuendettelsau: S. 100, 102, 103, 104, 105, 138o., 170u.
Gebr. Fleischmann Firmenarchiv: S. 139.
Geschichte Für Alle e.V. - Institut für Regionalgeschichte: S. 16, 21, 24l., 25o., 42, 49, 56, 61, 62, 63, 82, 84, 85, 87, 92o., 94, 97, 99, 116, 129, 135u., 136, 137l., 144, 145, 146l., 148, 149, 151, 152, 153, 155, 156, 157, 161, 164l., 170o., 172r.u., 190, 191, 192, 193, 194, 195, 200.
Germanisches Nationalmuseum: S. 12, 19, 24, 25u., 34, 36, 58, 66, 67, 68, 88, 110, 121.
Familie Glafey: S. 150u., 180.
H. C. Kurz Firmenarchiv: S. 130, 131, 132u.
Lyra Firmenarchiv: S. 107, 133, 134.
Pfarrarchiv St. Michael: S. 118, 126u., 127, 128, 167.
Museen der Stadt Nürnberg, Graphische Sammlung: S. 8, 9, 11, 13, 17, 19, 20, 26, 28, 29, 30, 31, 32, 50, 51, 52, 53, 54, 57, 59, 65, 70, 74, 90, 98, 119, 138, 147, 150o., 184, 186, 187.
Uwe von Poblocki: S. 37, 60, 95, 96, 122, 125, 126o., 132o., 137r., 168, 171, 175.
Privat: S. 159.
Privilegierte Hauptschützengesellschaft Nürnberg: S. 64.
Rheinisches Bildarchiv Köln: S. 83.
Schöller Firmenarchiv: S. 143.
Grundschule Schnieglinger Straße: S. 176, 177.
Staatsarchiv Nürnberg: S. 1, 88.
Stadtarchiv Nürnberg, Bild-, Film- und Tonarchiv: S. 10, 39, 55, 71, 72, 75, 76, 81, 86, 89, 91, 92, 106, 112, 113, 114, 115, 123, 124, 146r., 172o., 172l.u., 174, 188.
Stadtbibliothek Nürnberg: S. 22, 43, 44, 45, 46, 47, 48.
Staedtler Firmenarchiv: S. 135o.
Sportvereinigung Johannis 07: S. 183.
Turn- und Sportverein Johannis 1883: S. 178, 181, 182.
Vereinigte Pinselwerke Leonhardy Firmenarchiv: S. 140.
wbg Gruppe Nürnberg, Bildarchiv: S. 158, 160, 162, 163, 164r., 165, 166, 169, 173.

Autoren:

Dorothea Freese, D.F., geb. 1949, Gymnasiallehrerin, ehrenamtliche Mitarbeiterin bei Geschichte Für Alle e.V. seit 1991.

Matthias Honold, M.H., geb. 1967, Historiker M.A., Leiter des Diakoniearchivs Neuendettelsau, ehrenamtlicher Mitarbeiter bei Geschichte Für Alle e.V. seit 1998.

Mary Küst, M.K., geb. 1974, Studium der sozialen Arbeit, lebt seit zehn Jahren in St. Johannis, ehrenamtliche Mitarbeiterin bei Geschichte Für Alle e.V. seit 1999.

Andrea Mahler, A.M., geb. 1970, Historikerin M.A., ehrenamtliche Mitarbeiterin bei Geschichte Für Alle e.V. seit 1996.

Christian Jörg Zink, C.J.Z., geb. 1976, Studium der sozialen Arbeit, ehrenamtlicher Mitarbeiter bei Geschichte Für Alle e.V. seit 1999.

Martin Schieber, M.S., geb. 1966, Historiker M.A., hauptamtlicher Mitarbeiter bei Geschichte Für Alle e.V., zahlreiche Veröffentlichungen zur Stadt- und Regionalgeschichte.

Alexander Schmidt, A.S., geb. 1963, Historiker M.A., hauptamtlicher Mitarbeiter bei Geschichte Für Alle e.V., zahlreiche Veröffentlichungen zur Stadt- und Regionalgeschichte.

Bernd Windsheimer, B.W., geb. 1959, Historiker M.A., hauptamtlicher Mitarbeiter bei Geschichte Für Alle e.V., zahlreiche Veröffentlichungen zur Stadt- und Regionalgeschichte.

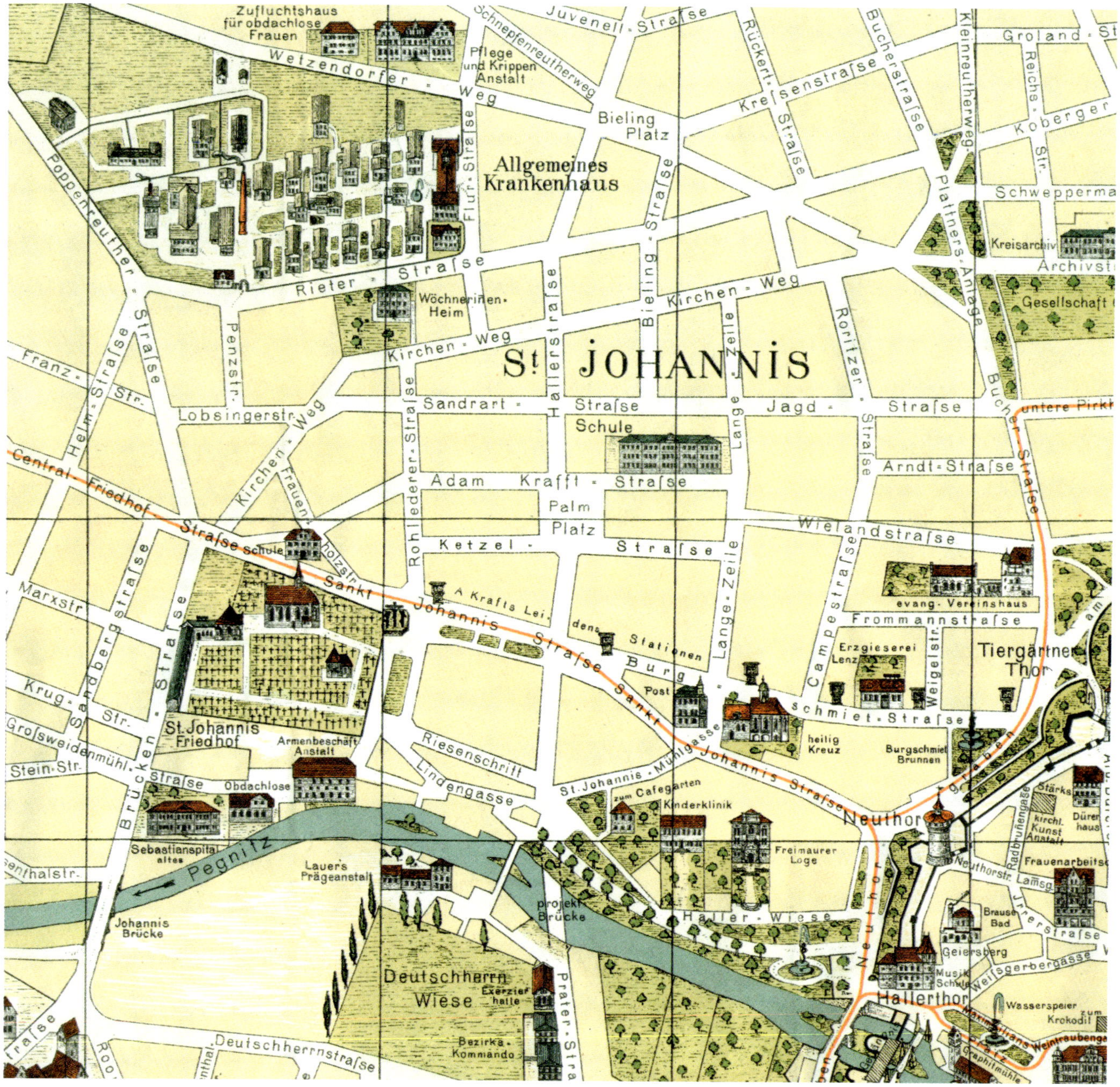

St. Johannis, Ausschnitt aus dem Monumentalplan der Stadt Nürnberg aus dem Jahre 1906.